眾樂樂

新樂府
truthist

中国音乐考古丛书

王子初／主编

两周越地青铜编钟研究

隋郁／著

人民音乐出版社·北京

LIANGZHOU YUEDI QINGTONG BIANZHONG YANJIU

图书在版编目（CIP）数据

两周越地青铜编钟研究 / 隋郁著． -- 北京 ： 人民音乐
出版社，2019.5（2024.12 重印）
（中国音乐考古丛书 / 王子初主编）
ISBN 978-7-103-05675-2

Ⅰ．①两… Ⅱ．①隋… Ⅲ．①青铜器（考古）—编钟—
研究—中国—周代 Ⅳ．① K875.54

中国版本图书馆 CIP 数据核字（2019）第 074787 号

责任编辑：邹　璐
责任校对：张顺军

人民音乐出版社出版发行
（北京市东城区朝阳门内大街甲 55 号　邮政编码：100010）
Http://www.rymusic.com.cn
E-mail:rmyy@rymusic.com.cn
新华书店北京发行所经销
北京新华印刷有限公司印刷
787×1092 毫米　　16 开　　24.5 印张
2019 年 5 月北京第 1 版　　2024 年 12 月北京第 4 次印刷
定价：88.00 元

"中国音乐考古丛书"总序

    "中国音乐考古丛书"由人民音乐出版社出版,当为中国音乐考古学科发展史上又一起值得关注的事件。虽然于此之前,已发表的中国音乐考古学专业的博士学位论文不下一二十部,但是作为丛书出版,则是首次!这是中国音乐考古学高层次专业人才培养成果的一次集中展示,也为学科的建设和发展,贡献出了一份耀眼的力量!

    音乐考古学无论在国际还是国内,都是一门较新的学科。1977年,在美国加州大学伯克利分校举办的国际音乐学会会议,首次将音乐学与考古学两个不同学科合而为一。伯克利的亚述专家基尔默(Anne D. Kilmer)将一首用胡里安人语言演唱的青铜时代晚期的赞美诗进行了解读,并转译成西方通用的注释系统而受到关注。在伯克利音乐学家克罗克(Richard L. Crocker)和乐器制作家布朗(Robert Brown)复制出苏美尔人七弦竖琴的同时,基尔默提出的胡里安人赞美诗的演唱版本也被记录下来。受此启发,在一次圆桌会议上,"音乐与考古"的议题被提出来,各国专家受邀讨论古代文化中的音乐遗存问题。这一事件,被看作是国际音乐考古学会建立的缘起。1981年,在韩国汉城(今首尔)举办的国际传统音乐学会(ICTM)的会议期间,成立了国际音乐考古学会。

不过，从严格意义上讲，基尔默对古代诗歌的解读，并非欧亚传统意义上的"考古学"研究。何为现代学科意义上的"考古学"？英国学者D.G.赫果斯（D.G.Hogarth）认为考古学是"研究人类过去物质遗存的科学"；法国学者S.列纳克（S.Reinach）认为考古学是"根据造型或加工的遗物来解明过去的科学"；苏联时期的学者A.B.阿尔茨霍夫斯基（A.B.Apщxcbckцǔ）对考古学的定义为"根据地下的实物史料来研究人类历史上的过去的科学"；日本学者滨田耕作说考古学是"研究过去人类物质遗物的科学"①。这四位较有国际影响的考古学家在"研究人类过去的物质遗存"这一点上，有着明显的一致性。《中国大百科全书·考古学》中有关考古学的定义更为完整："考古学是根据古代人类通过各种活动遗留下来的实物以研究人类古代社会历史的一门科学。"②基尔默对古代诗歌的解读，并非人类物质遗存的研究；而是带有浓重的"美国式"的理解：美国的"考古学"，可以摩尔根对印第安人的研究为标志，属"民族学"范畴。

在中国，真正意义上的音乐考古学研究的出现，有着极其深厚和肥沃的历史文化土壤。它比国际音乐考古学会的成立要早得多，可以追溯到20世纪30年代。但它的前身，更可上溯到北宋以来的"金石学"。如薛尚功的《历代钟鼎彝器款识法帖》③和王厚之的《钟鼎款

---

① 参见蔡凤书、宋百川主编《考古学通论》，山东大学出版社1988年版，第13页。

② 参见夏鼐、王仲殊《考古学》，载《中国大百科全书·考古学》卷，中国大百科全书出版社1986年版，第2页。

③ ［南宋］薛尚功《历代钟鼎彝器款识法帖》，中华书局1986年版。

识》[1]，都注意到了当时出土于湖北安陆的两件楚王熊章钟（又作曾侯之钟）。其中薛氏不仅著录最早，还正确地指出两件编钟上的铭文是用来标示"所中之声律"。当然，薛氏对铭文的具体含意，还一时说不清楚。这个千古之谜随着1978年湖北随县曾侯乙编钟出土，才被真正揭开谜底。[2]

在金石学卵翼下经历了八百余年的漫长岁月，中国音乐考古学诞生了！学者刘复（半农）于1930年至1931年的两年间，发起并主持了对北京故宫和天坛所藏清宫古乐器的测音研究，著成《天坛所藏编钟编磬音律之鉴定》[3]一文，应为中国音乐考古学史上的标志性事件。

刘复在故宫的测音研究历时一年有余。所测的乐器种类较多，单是编钟、编磬两项，达五百多件。他以音叉为定律的标准器，以三张"审音小准"为测音工具，测定了清康熙、乾隆间所造编钟、编磬各一套。他的手法是，先取其各音音高的弦长值，换算成频率数；再算出三准数据的平均数，进而换算成音分数，并将这些数据列表，与国际通行的十二平均律、中国传统的三分损益律做了比较；最后又将测音结果与上述两种律制绘成图像，从而使清宫乐悬的音律混乱情况，让人一目了然。刘复的研究，已经完全摆脱了旧学陋习，引进了现代物理学

---

① ［宋］王厚之撰《钟鼎款识》，载《宋人著录金文丛刊》，中华书局1985年版，第65页。

② 参见王子初《论宋代安陆出土"曾侯钟"之乐律标铭》，《音乐研究》2015年第3期。

③ 刘复《天坛所藏编钟编磬音律之鉴定》，载《国立北京大学国学季刊》第三卷第二号，出版于中华民国二十一年（1932年）六月。本书作者所据为中国艺术研究院音乐研究所藏抽印本，封面有半农手书"颖兄惠存弟复廿二年三月一日"，墨迹甚草。据手迹及该书出版日期，可订正正文末尾落款"（二十一年十一月十九日北平）"。其中"二十一年"应为"二十年"之误。出版日期及赠书日期无疑应在测音工作本身及刘复著文之后。

的原理和计算方法,引进了诸如英国比较音乐学家埃里斯所创的音分数计算法。在介绍西方自公元前6世纪古希腊学者毕达哥拉斯以来的重要乐律学理论的同时,首次在现代科学的意义上精辟地阐述了中国明代朱载堉的划时代伟大发明,即今天通行世界的十二平均律的数理原理——新法密率。特别是,他考察这些古乐器的目的,不再局限于它们的外观、重量、年代及铭文训诂,而是转向其音乐性能,即他的研究目标转向了音乐艺术本身。这应是中国音乐考古学脱胎于旧学而逐步成形的起端和界碑。①

当然,刘复此时的研究对象还比较单一(局限于清宫乐器),研究范围比较狭窄(限于音律),研究手段比较原始(用音准测音),尚未建立起一定数量和质量的专家队伍和学术成果(仅有几个"知音"和为数不多的考察研究论文),更没有形成本学科系统的基本理论和方法,以及进入作为考古学主体的发掘领域。但这些都不足以否定他在中国音乐考古学上的先驱和奠基人的地位,也不能否认中国音乐考古学学科的诞生!

国际音乐考古学会(The International Study Group on Music Archaeology, 简称ISGMA),由德国柏林的东方考古研究所(DAI)和柏林民族博物馆民族音乐学部门主持创立,后多次参加国际学术会议。中国学者吴钊、王子初、李幼平等多次出席了会议,并向国际学者展示了中国音乐考古学研究的重要成果。1996年在塞浦路斯举行的利马索尔会议上,音乐考古学会决定脱离国际传统音乐学会,而与音

---

① 参见王子初《中国音乐考古学》,福建教育出版社2003年版,第15页。

乐考古学家结成更紧密的学术团体。国际音乐考古学会第一届会议以后，与德国柏林考古研究所密切合作，出版了《音乐考古学研究》（*Studien zur Musikarchäologie*）系列丛书，发表了国际音乐考古学会的会议报告。2010年9月20—25日，首次由中国天津音乐学院主持，成功地举办了第七届国际音乐考古学会的会议。

2012年10月20—25日，经笔者筹划，由东亚音乐考古学会的所在地中国人民大学（苏州校区），联合中国音乐学院共同主办，在苏州、北京两地召开了国际音乐考古学会第八届会议暨东亚音乐考古学会年会的"世界音乐考古大会"。致力于音乐考古学研究的与会国外学者近70人，来自36个国家和地区，他们与中国学者共襄盛举，参加了这一次规模空前的国际盛会。它不仅向世界展示了中国音乐考古的巨大资源优势和八十年来所取得的丰硕成果[①]，也标志着中国在这个学科领域内获得了举足轻重的地位。

中国传统的治史方法和理念，连同既有的中国古代音乐史学科的发展趋向，显然已到了一个转折的关口。自叶伯和、顾梅羹直至集大成者杨荫浏，中国古代音乐史学科已有近一个世纪的历程。传统以文献为史料、以"引经据典"为基本的治史方法，这于前辈们是得心应手；就他们的古文献功底而言，我今后辈自难望其项背。仅于此，古代音乐史学科的发展，再着眼于前人的疏遗来发掘新的文献史料，难度可以想见。即是说，运用传统的研究方法，要使整个中国古代音乐史学科获得较大的、甚至突破性的开拓，已有相当的难度。另外，中国现

---

① 参见王子初等著《中国音乐考古80年》，上海音乐学院出版社2012年版。

代考古学学科的百年建设，尤其是近四十年来相关研究的急剧深入，对数代人以文献史料建立起来的古代音乐史，提出了诸多质疑，特别是对它的前半部，产生了巨大的冲击，改写历史的重大考古发现与成果接踵而来！诸如曾侯乙编钟及钟铭的发现，几乎彻底推倒了一部先秦乐律学史；河南舞阳贾湖七音孔骨笛的成批出土，从根本上改写了远古的音乐文明史！至于能够填补古代音乐历史中的某段空白，或是开拓某个研究新领域的考古发现，比比皆是。诚如"中国音乐考古丛书"首次推出的六部著作：1996年之后新疆出土的且末箜篌、鄯善箜篌和近来又发掘出土的大批哈密箜篌，这种即便在其发源地西亚的两河流域、古埃及等地也难以一见的古乐器实物与1960年以来集安高句丽墓音乐壁画的发现，分别直接造就了贺志凌、王希丹的博士学位论文的卓越选题。曾侯乙编钟堪称人类青铜时代最伟大的作品，但它不是突然从天上掉下来的，2002年春，河南省叶县许灵公墓编钟的出土，为曾侯乙编钟的横空出世提供了重要先绪，也为陈艳的博士学位论文提供了宝贵的写作契机。2004年，南京博物院发掘了无锡鸿山越墓，出土的400件礼仪乐器，鲜明地呈现了"中原"和"越族"两个系统乐器在当时的越国贵族宫廷里并存的场面。它无疑与隋郁、马国伟及朱国伟等人的博士学位论文选题息息相关！本辑六部专著，为一部历经数代人、数十年建立起来的中国古代音乐史研究，各自从不同的角度开创了一小片却是发人深省的崭新畛域，中国音乐考古学学科的独特价值跃然纸上。而且，与文献中多见的似是而非的文字描述相比，考古发现都是历史上遗留下来的实物，所携带的是来自当时社会音乐生活的直接信息，其学术意义自不待言。

本次推出的六部著作，均是博士学位论文，有的曾获得中国音乐史学会全国优秀论文评选博士组的一等奖或二等奖。它们的学术价值和影响，已获得了社会的认可。我在辅导他们的论文选题与写作中，多次申述了如下观点：中国传统的治史方法是"引经据典"，而中国传统的经和典，是以中原文献或说汉族文献为主体的。故而传统的中国历史，仅是一部地道的"中原史"或"汉族史"。诚如上述两周时期吴越先民在我国东南一带开疆拓土，为构筑丰富多彩的华夏文明作出了重要的贡献；传统的历史却没有给生活在中国南部的百越民族留下应有的空间，这显然不符合历史事实！同样是中华民族历史的共同创造者，就音乐史来说，我们目睹了鸿山的实证，虽然还只是百越民族社会音乐生活之一角，但联系迄今发现的越民族：浙江一带的于越，江西、湖南一带的杨越，广东的南越，福建的闽越，云南的滇越……丰富的音乐考古成果，我们已经可以勾勒出越人社会音乐生活的大致情貌，应是有理由、也有可能还古代越人在中国音乐史上的一席之地！

　　中华民族的历史是由各族人民共同创造的！要让中国历史真正体现这样的思想，似乎还任重道远，那么就先让音乐考古学者从中国古代音乐史的研究做起，从百越民族的社会音乐生活研究做起，从无锡鸿山越墓的音乐考古学研究做起！乃至从新疆出土的箜篌、叶县许公墓编钟、集安高句丽音乐壁画墓等音乐考古发现的专题研究做起吧！

2017 年 8 月 18 日

于郑州大学音乐考古研究院

目录

绪论

任何一门学科的研究工作，都无法仅仅采用本学科的研究理论与方法而不涉及其他学科。这一方面是由于很多学科及其理论与其他学科本身就存在交叉及通性；另一方面也是由于各学科已日渐脱离单一领域的基础研究，而向更高层次的跨学科、多学科交叉方向发展。

由于音乐考古学本身为人文学科，因而在这一研究领域中，较为常见的是在人文学科内部（如语言学、民族学、宗教学、哲学、历史学等）的研究方法借鉴。此外，数学也是本学科甚至可以说是各个学科所离不开的有力助手。常用的数学方法包括求平均值、求和、求差等，这些方法早已被熟知并广泛运用于生活中的方方面面。但对音乐考古学范畴的研究而言，使用数学的方法与人文学科内部研究方法的借鉴有质的不同——前者属于定量分析，后者属于定性分析。定量分析注重的是研究对象的数量关系，而定性分析所擅长的是逻辑思维中的归纳、分析和演绎。笔者认为，定量分析与定性分析在研究方法与关注焦点上存在明显差异，合理地运用定量分析是有助于对古代音乐史料进行定性分析时所追求的客观性的。而这种对客观性的追求，也是笔者多年来极其重视借用定量分析的方法进行音乐考古学研究的主要原因。

　　本书便是在音乐考古学研究领域将定量分析与定性分析相结合，对中国先秦编钟进行研究的典型例子，它具有两个突出的"新"——新视角、新方法。笔者希望从研究中国古代百越民族的"新视角"入手，打破中原音乐史一统天下的局面；同时，通过对统计学标准差这一音乐考古学领域"新方法"的应用，得出与前人或同或异的结论，从而对现有的音乐史学研究加以补充。

　　历史的呈现需要媒介，它很难以纯粹而独立的形式存在，这种媒介包括人言相传、典籍记载、文物遗存等。"人言相传"与"典籍记载"需要有传承的主体——人，但由于传承者自身所无法跳出的时间局限与空间局限，再加上秦火等历史原因，使得中国几千年来的历史记载几乎为一部中原文化史，而我们中国音乐史的记载内容，也以中原地区音乐文化为主体。这一记载状况，对占据了中国南方大部的百越地区来说难免显得不公。

　　史料虽少载，但文物遗存不虚。百越地区出土的乐器数量与品类丰富，通过对这些地区出土乐器的研究，进而对百越地区的音乐历史加以梳理并总结委实重要。本书力图通过对中国越地出土的两周青铜编钟进行技术分析，为现有音乐史的研究贡献力量。

一、研究对象和目的

　　乐钟，是中国先秦时期最具代表性的乐器，它不仅仅是乐器，还是象征着地位和权力的礼器，这一情况在先秦时期的中华大地之南亦不例外。我国南方地区所出土的大量青铜乐钟可证，在距今三千多年前的商周时期，存在着与中原地区青铜文明所并行发展的另一支青铜文明——百越地区青铜文明。本书是以出土于我国古代百越民族分布地区的两周时期青铜质编钟为分析对象，通过对相关资料的搜集、整理、分析，以及对分析结果在理论层面的提升所进行的专题研究。

作为中国先秦最具代表性的乐器，编钟在古代是象征着地位和权力的礼器。历代开国君主"王者功成作乐"的观念根深蒂固，铸钟即为"作乐"的核心之事。青铜乐钟在古代"八音"分类法中属金，出于殷商，盛行于周，且沿于后世。其在先秦的辉煌，与当时乐律学、青铜冶铸技术的高度发达密不可分。

在中国历史上，作为"金石学"之"金"的青铜编钟，始终受到文人（如薛尚功、王俅、王厚之等）的极大关注。究其原因，正如王子初所总结，不外乎"贵"与"重"两个原因。[①]乐钟之"贵"，体现在其历史地位的崇高及制作材料的珍贵。乐悬，"其本意是指必须悬挂起来才能进行演奏的钟磬类大型编悬乐器"[②]。周代统治者赋予钟磬类大型编悬乐器以深刻的政治内涵，形成了以钟磬为代表、严格等级化的乐悬制度。《周礼·春官宗伯·小胥》中所载"正乐悬之位，王宫悬，诸侯轩悬，卿大夫判悬，士特悬"[③]，正是当时的礼乐等级制度之写照。同时，青铜编钟的铸造，不但需要使用即使在今日亦十分贵重的"金"

① 王子初《我们的编钟考古》（上），《中国音乐学》2012年第4期。
② 王子初《中国音乐考古学》，福建教育出版社2003年版，第143页。
③ ［汉］郑玄注、［唐］贾公彦疏、［清］臧庸校《周礼注疏》（卷二十三），见《十三经注疏》（上），中华书局1980年版，第795页。

绪论

（青铜）为材料，更要应用代表当时工艺发展至高水平的青铜冶炼铸造技术，青铜编钟之"贵"由此可见一斑。而乐钟之"重"，王子初总结其主要原因是政治含义深与历史的积淀重。归根结底，中国古代乃至今时今日，"礼乐"思想及其制度深入人心，而青铜编钟正是体现这一思想与制度的最好物证。

时至今日，对中国古代音乐史的研究而言，编钟有着不可替代的地位及特殊的意义。文献的重要性自不待言，但学者们也日渐认识到文献的局限性。王子初指出："音乐考古学所依据的实物史料，比起古代的文字记载来，更为直接、更为可靠。"①这是因为，音乐是一种不显像的时间艺术，乐器文物遗存作为已逝音乐的物化载体，比间接的文献记述更能满足学者追寻古代音乐原貌的要求。但作为音乐物化载体的乐器，其自身材质也有着在耐久性方面的差异，如俗语所言"干千年、湿万年、不干不湿就半年"的木质，再如丝弦的不易保存及其张力的不稳定等。而青铜乐钟由于材质的耐久性高，因而可以在较大程度上少受所处环境的影响，从而将古时的音乐信息相对直接地传递给后世。除材质的因素外，许多乐钟上所具有的与乐律学相关的铭文，更是直接向我们提供了古代乐学、律学的讯息。

正是出于对以上诸多原因的考量，本书着眼点集中于两周时期出土于越族分布地区的青铜质编钟。

编钟的相关研究成果极丰，但由于与编钟相关的研究既"重"且"众"，因此仍有许多问题尚存探讨空间。本书研究目的如下：

---

① 王子初《音乐考古学的研究对象和相关学科》，《中国音乐学》2001年第1期。

首先，我国南方地区所出土的大量青铜乐器可证，在距今三千多年前的商周时期，百越地区青铜文明是与中原地区青铜文明并行存在、发展的。对两周越地青铜编钟的研究，无疑是百越地区青铜文明整体研究的重要组成部分。

其次，史书较少的记载与出土遗存的丰富所形成的鲜明对比，让笔者意识到对百越地区音乐文化进行关注的必要性。对两周越地青铜编钟的研究，是对百越地区音乐文化进行全面梳理的有力支撑。

再次，青铜编钟作为中国古代"礼乐"思想与制度的最好物证，对其进行研究本就是中国古代音乐史研究的重中之重。而由于记史、述史者无法跳脱的时间局限与空间局限等多方面原因，造成历史文献对百越文化及其音乐记载较少，也使得中国古代音乐史的研究对象以中原地区音乐文化为主体。但从大量出土乐器所反映出的百越地区音乐文化发展水平来看，对两周越地音乐文化的研究，是中国古代音乐史研究不可缺少的一部分。同时，由于青铜编钟所具有的特殊地位，对两周越地青铜编钟的研究是值得关注并深入的。

二、研究综述

本书所针对的精确研究领域为"两周越地青铜编钟"，但由于论题所涉及的乐钟种类较多（中原系统的镈、甬钟、纽钟[①]，越文化系统

---

① 对于此类钟的命名，学界多使用"纽钟"，亦有使用"钮钟"，本书统一使用"纽钟"。如涉及学界已有研究成果中使用"钮钟"的情况，则保留原名称不变。

的句镯、羊角纽钟、筒形钟），且在研究过程中需要以现有乐钟研究的成果特别是研究方法为助力，因此笔者将青铜乐钟总体的研究状况进行综述。关于越地青铜编钟的研究，在青铜乐钟总体的研究综述之中，属于"民族性专题"，笔者也会在这一专题的综述中简要概括百越民族史学界对百越文化的研究状况，以求更加全面地把握关于这一领域的研究趋势。

综述共分三部分展开，其中前两部分为乐钟研究历史脉络的概述，第三部分是对当代乐钟研究的分类概括。

1. 1950年之前

关于青铜乐钟的研究，一般以北宋时期的"金石学"为其前身。但在北宋之前，亦有文献涉及乐钟研究的相关领域（比如东汉许慎的《说文》，对"铙""镛""钟"等字的含义有所考证）。其中最应受关注的，笔者认为是出于《周礼》的《冬官考工记》（后文简称《考工记》）中的"凫氏"。该文对甬钟钟体各个部位的名称、尺寸比例、胎体厚薄对乐钟音质的影响等问题，以感性经验总结的方式加以记载，[1]突破了先秦铸工家族口传心授的传统传承方式与古代典籍记载中重道轻器的风气，意义颇大。

至宋代，"金石学"的兴盛使对青铜器的研究蔚然成风，且以注重器上铭文之考释为特点。在这一时期，由于礼乐制度的复古、大晟

---

① ［清］孙诒让撰《周礼正义》，中华书局1987年版，第3259页。

钟的铸造、训诂学的发展及科技水平的进步等多方面原因，促进了乐钟研究水平的发展。由于文化转型造成编钟铸造技术失传所导致的金石不调，宋代重建礼乐制度需要铸造编钟的客观需求，使得此时对编钟的铸造材料、形制纹饰、音律等诸多问题十分关注。如在公元1035年，即宋仁宗景祐二年，集贤校理李照从钟的形制、材料及其对乐钟音质的影响等方面进行研究，并造编钟一簴。① 由此观之，宋代对乐钟的研究具有理论与实践相结合的特点。这一时期，在具有古器物图录性质的吕大临《考古图》中，涉及对钟的形制绘制、形制测量、款识、出土地、收藏者的相关记录。此外，薛尚功的《历代钟鼎彝器款识法帖》、王俅的《啸堂集古录》及王厚之的《钟鼎款识》等书，均已涉及当时出土的湖北安陆楚王熊章钟的研究，其研究的关注点多为钟之形制、铭文、断代。其中，薛尚功之《历代钟鼎彝器款识法帖》对于编钟乐律铭文的认识已经涉及钟律，这一研究进展值得关注。

清代以后，受乾嘉学派的影响，金石学进入鼎盛时期，并由于其研究范围有所扩展，而被称为"古器物学"。该时期关于乐钟的研究（如清代阮元《积古斋钟鼎彝器款识》），仍以绘制青铜乐器的外形、铭文训诂等视角为着眼点，尚未将乐钟作为音乐的承载媒介进行探讨，亦未涉及对乐钟音乐性能的研究。

民国时期，针对青铜乐钟的研究开始呈现多元化趋势。一方面，宋代金石学和清代古器物学的研究传统仍在继续；另一方面，部分学

---

① ［元］脱脱等撰《宋史·乐志》，中华书局1985年版，第2937页。

绪论

者开始突破铭文考释、外形绘制的传统模式，深入乐钟器身所有的铭文内容来研究历史、解读文化。其中，王国维突破宋代以来以铭文训诂为主的文字考释范畴，将钟上之金文视为文献资料，并将其与历史学紧密结合，提倡将文献记载与地下之材料互相印证的"二重证据法"，从而对商周历史在更加深入的层面展开综合研究，其代表作有《克钟克鼎跋》《夜雨楚公钟跋》《邵钟跋》《郑公钟跋》四篇。唐兰在其《古乐器小记》中，对古乐器的名称、形制、起源、功用等方面加以探讨，其意义在于将青铜乐器作为单独一类，从宋代金石学、清代古器物学对青铜礼器的整合研究中独立出来，这对音乐史学、音乐考古学和乐钟的研究具有特殊意义。作为中国新文化运动的先驱，刘半农在其于20世纪30年代所组织并主持的故宫、天坛所藏清宫古乐器及河南、南京、上海等地乐钟的测音研究工作中，将源于国外的音乐分析技术及理论（如音分计算方法等）运用到对乐钟音乐性能的分析中，开创了乐钟研究的新局面。杨荫浏为了找到更加准确且便捷的测音工具，在1939至1941年期间，研制了一种"量音尺"，并将其运用到实际测音工作之中，对河南信阳长台关战国楚墓编钟的音准、音阶、音律等方面加以测量与分析。

2. 1950年之后

20世纪50年代中期，陈梦家在《考古学报》1954年第1期发表了《殷代铜器三篇》，从器物类型学的分析着手，探讨西周编钟形制的演变。杨荫浏、黄翔鹏、李纯一、王湘等学者亦紧随其后，积极关注并参与乐钟研究领域。

　　自20世纪70年代末以来，随着图书出版行业的极大发展，学者们的新、旧著述不断得到整理并出版，新的考古发现不断涌现，关于乐钟的研究逐渐成为综合多学科研究方法的交叉研究领域。在这一时期，学者们充分利用不同学科的研究方法及视角，对或传世或出土的乐钟加以研究。如杨荫浏的著作《中国音乐史纲》与《中国古代音乐史稿》，其中引用了许多出土乐钟的资料及研究成果。再如李纯一在其《中国古代音乐史稿（第一分册·夏商）》《先秦音乐史》等著作中，以器物类型学、乐器学等多学科多位一体的独特视角，将传世与出土乐钟的研究成果纳入中国古代音乐史的著述之中。李纯一的另一部著作《中国上古出土乐器综论》更是用了相当大的篇幅来论述乐钟，书中除对乐钟之形制、纹饰、铭文、测音数据等方面进行分析外，还涉及族属、起源、发展时期、音列、编列等多方面。这一时期最为瞩目的成就当属黄翔鹏对"一钟双音"的发现，中国古代青铜乐钟"一钟双音"的设计，在历代文献典籍中未见记载，哪怕位于侧鼓的第二个音曾经在试奏中被使用，仍被视为偶然现象而未引起学界重视。[1]1977年，吕骥、黄翔鹏、王湘、顾伯宝一行四人赴陕西、甘肃、山西、河南四省进行音乐文物普查的过程中，在对大量乐钟文物进行考察和研究的基础上，黄翔鹏明确断言侧鼓音的存在并非偶然。在黄先生此言饱受质

_____

　　[1] 王子初《黄翔鹏，先秦双音钟的"先知"》，见《中国音乐考古80年》，上海音乐学院出版社2012年版，第43页。

疑之时，1978年湖北随县曾侯乙墓编钟的出土，成为黄先生"一钟双音"断言的最好例证。曾侯乙编钟以其65件青铜钟正、侧鼓部明确的双音，辅证以钟体上对应于音响的阶名、律名的铭文，以出土实物的形式，毫无悬念地确认了"双音钟"的存在。曾侯乙编钟的出土，"一钟双音"的证实，在相当大的程度上修正了学界对先秦青铜乐钟发展状况的认知，成为我国青铜乐钟研究中具有里程碑意义的重大事件。

曾侯乙编钟的出土，极大地促进了乐钟研究和音乐考古学自身的成熟与发展。黄翔鹏《曾侯乙钟磬铭文的乐学体系初探》《均钟考——曾侯乙墓五弦器研究》《释"楚商"——从曾侯钟的调式研究管窥楚文化问题》等一系列文章，对曾侯乙编钟从各个不同的角度切入，进行深入研究。黄先生的许多研究与论断（如曾侯乙编钟音律变化音名的"顜—曾"体系、均钟是用于编钟调律的定律器等），不仅在当时的音乐考古界引起了极大反响，在今天仍然是后辈学人研究立足的基石。紧随其后，作为中国音乐考古学基础工程的《中国音乐文物大系》各卷陆续出版，青铜乐钟在《中国音乐文物大系》所收录的乐器文物中占据了相当的分量，这为乐钟研究的继续深入打下了坚实的基础。

3. 当代乐钟研究范畴

编钟研究是当代音乐考古学研究范畴无可争议的显学。黄翔鹏、李纯一、王子初、冯光生、方建军、崔宪、陈应时、李幼平、郑荣达、陈荃有、孔义龙、王清雷、邵晓洁、冯卓慧等几代学人，从音乐学的角度对编

钟各个层次及领域的问题进行了细致研究,大致分类如下:

（1）关于乐钟的起源问题

关于乐钟的起源问题,学者的研究集中于甬钟和镈。

甬钟的起源,学界大多支持"商铙说",只是对其究竟源于南方的大铙还是北方的小铙,尚未形成统一认定。高至喜、彭适凡、殷玮璋、王子初等学者持"南方大铙起源说"。如高至喜认为北方出土的早期甬钟与南方同一时期的甬钟从形制到纹饰完全一致,因此作出了北方西周甬钟的出现极有可能是受到了南方甬钟影响的推断,同时结合南方的甬钟发端于南方大铙等因素,支持甬钟起源大铙说。[①]而容庚、郭沫若、唐兰、马承源、方建军等学者持"北方小铙起源说"。如马承源认为殷墟铙是两周钟之滥觞;[②]再如方建军认为陕西宝鸡竹园沟13号墓兽面纹铙除柄上有旋外,在形制与纹饰上与一般商代小铙完全相同,是商铙发展至甬钟的过渡环节。[③]对于甬钟的起源问题,也有一部分学者持"南北交流起源"的观点。如陈梦家提出甬钟是由北方的编铙经南方大铙演变而成。[④]李纯一认为西周甬钟是在商铙的基础上,吸收了南方大铙在乐器形制、音响性能等方面的长处而逐渐形成的。[⑤]冯光生认为甬钟的形成受到殷钟的影响更多些。[⑥]陈荃有指出"南方

[①] 高至喜《中国南方出土商周铜铙概论》,见《湖南考古辑刊》(第2集),岳麓书社1984年版,第128—135页。

[②] 马承源《商周青铜双音钟》,《考古学报》1981年第1期。

[③] 方建军《陕西出土西周和春秋时期甬钟的初步考察》,《交响》1989年第3期。

[④] 陈梦家《西周铜器断代》(五),《考古学报》1956年第3期。

[⑤] 李纯一《中国上古出土乐器综论》,文物出版社1996年版,第186页。

[⑥] 冯光生《周代编钟的双音技术及应用》,《中国音乐学》2002年第1期。

大铙起源说"与"北方小铙起源说"的两个盲区：一方面，西周早期甬钟的三编列与北方小铙的三编列相似；另一方面，甬钟的钟体形态与北方小铙差异较大，而与南方大铙形制、纹饰相同。[①]

关于镈钟的起源问题，学界的观点大致有搏拊说、大铙说、铜铃说等。唐兰曾在研究初期对于此问题持搏拊说，后又认为镈是将大铙或镛的甬部改为纽而产生的。持铜铃说的学者有陈梦家、高至喜、李纯一、王子初、方建军等人。如方建军认为镈可能是受商代晚期有扉棱的平口合瓦形体铜铃的影响而产生的；[②]李纯一、王子初等人均认为南方的铜镈很有可能是在铜铃的基础上，废舌、改摇奏为敲击、加大腔体而成。[③]

（2）音乐声学领域

由于青铜乐钟制作材质的耐久性较高，可以在较大程度上少受所处环境的影响，从而得以将古时的音乐信息相对直接地传递给后世，因此对青铜乐钟测音与测音结果的分析一直是被普遍使用的研究手段。

在这一领域较为突出的研究，如韩宝强针对先秦青铜编钟音乐性能的检测项目内容（音准、音色、音量、延时）与检测方法的适用情况分项论述，进而对其团队研发成功的"通用编钟测量系统"加以介

① 陈荃有《悬钟的发生及双音钟的厘定》，《交响》2000年第4期。
② 方建军《两周铜镈综论》，《东南文化》1994年第1期。
③ 李纯一《中国上古出土乐器综论》，文物出版社1996年版，第171页；王子初《中国青铜乐钟的音乐学断代——钟磬的音乐考古学断代之二》，《中国音乐学》2007年第1期。

绍。① 韩宝强、刘一青、赵文娟在对编钟音高测量的过程中对测音工作提出了六条规范要求，如依照测音的目的性而选择不同的测试重点，在恰当运用主观听觉的基础上避免主观对测音结果的干预等。② 方建军在其《出土乐器测音研究的几个问题》③ 中，论述了乐器悬挂方式、击奏位置的不同、击奏工具的选择等因素对测音工作的影响。王子初撰文《音乐测音研究中的主观因素分析》④ 指出，测音工作中的客观性是相对的，不能对这种客观性抱有盲从、迷信的态度，要重视人的主观因素在测音研究中的主导地位。王洪军通过对曾侯乙编钟中层二组甬钟多次测音结果的比对分析，认为根据测音数据对编钟进行律制研究的可信度是很弱的，运用测音数据难以或无法开展编钟的律制研究。⑤

（3）乐律学、编列研究相关

自曾侯乙编钟的出土及"一钟双音"的证实，乐律学研究成为乐钟研究领域的中心内容。黄翔鹏《均钟考——曾侯乙墓五弦器研究》一文指出，钟律并非秦汉以来所认为的三分损益律，而是琴律，均钟即为先秦时期专为乐钟调律而设的弦准。⑥ 黄翔鹏另一篇文章《旋宫古

---

① 韩宝强《双音钟音乐性能之检测》，《乐器》2002年第7期。

② 韩宝强、刘一青、赵文娟《曾侯乙编钟音高再测量兼及测音工作规范问题》，《中国音乐学》1999年第3期。

③ 方建军《出土乐器测音研究的几个问题》，《音乐艺术》2008年第4期。

④ 王子初《音乐测音研究中的主观因素分析》，《音乐研究》1992年第3期。

⑤ 王洪军《测音数据在编钟律制研究中的可信度分析》，《音乐艺术》2005年第2期。

⑥ 黄翔鹏《均钟考——曾侯乙墓五弦器研究》，见《黄翔鹏文存》，山东文艺出版社2007年版，第561—591页。

法中的随月用律问题和左旋、右旋》中认为，"之调式""为调式"只是日本学者林谦三创用的新概念，但概念并非"调式"本身而只是称谓的方式，结合曾侯乙墓编钟铭文全部使用"之调式"的右旋体系，因此提出废止左旋的称谓，以免造成名实对应的复杂化。[①]在黄翔鹏对钟律、琴律研究的基础上，崔宪进一步对钟律与琴律作出比较论证，提出钟铭是对琴律的具体描述，认为均钟使用琴上五调作为为编钟调律的程序。[②]

有关乐钟的编列研究，随着《中国音乐文物大系》对乐钟测音工作的全面展开，亦多收获，且因有出土实物为证，学界已有共识：商代编铙三件一套的情况较为多见，音列为三声；对钟上双音有意识地调制并使用的情况出现于西周；成套编钟中第1、第2枚钟（从大到小排列）通常为单音钟（正侧鼓音程关系无序）；西周乐钟音列"五声缺商"；西周末期之后，纽钟在甬钟的基础上产生并在音乐性能上达到了相当的高度，"五声缺商"的历史随之结束；春秋中期以后，编钟的旋律性能发展到新的高度，组合编钟的音列日渐复杂化，音域极大拓展。此类文章有《用乐音系列记录下来的历史阶段——先秦编钟音阶结构的断代研究》[③]、《中国青铜乐钟的音乐学断代——钟磬的音乐考古

---

① 黄翔鹏《旋宫古法中的随月用律问题和左旋、右旋》，见《黄翔鹏文存》，山东文艺出版社2007年版，第276页。

② 崔宪《曾侯乙编钟钟铭校释及其律学研究》，人民音乐出版社1997年版，第186页。

③ 黄翔鹏《溯流探源——中国传统音乐研究》，人民音乐出版社1992年版，第98—108页。

学断代之二》①、《西周乐钟的编列探讨》②、《两周编钟音列研究》③、《太原金胜村251号春秋大墓出土编镈的乐学研究》④等。黄翔鹏《曾侯乙钟磬铭文乐学体系初探》⑤一文,对从曾侯乙墓出土的钟磬器身之铭文内容所得知的律名、阶名的异名现象,变化音名的前后缀词及"顨—曾"体系等问题展开论述,堪称编钟音列研究的典范之作。

(4)地域性专题

在专题研究中,学者们的研究视角主要集中于湖北曾侯乙编钟、山东济南章丘洛庄汉墓编钟、楚钟、河南新郑祭祀遗址出土编钟,以及新近研究的热点——湖北叶家山出土青铜编钟。关于曾侯乙编钟的研究成果,前文所涉颇多,在此不再赘述。

山东济南章丘洛庄西汉墓出土的十九件一组的编钟被誉为"西汉第一编钟",崔大庸、王子初、方建军、王清雷、王宏蕾、刘蓉等学者均对其有所研究。如方建军、郑中曾对编钟的声谱、音列、双音性能等问题加以讨论,认为其中能够发音的三件甬钟正侧鼓音的隔离度不好,推测该钟只能发单音,而十三件纽钟音响性能较好,可发双音。⑥王子

① 王子初《中国青铜乐钟的音乐学断代——钟磬的音乐考古学断代之二》,《中国音乐学》2007年第1期。

② 陈荃有《西周乐钟的编列探讨》,《中国音乐学》2001年第3期。

③ 孔义龙《两周编钟音列研究》,中国艺术研究院博士学位论文,2005年,第11—49页。

④ 王子初《太原金胜村251号春秋大墓出土编镈的乐学研究》,《中国音乐学》1991年第1期。

⑤ 黄翔鹏《曾侯乙钟磬铭文乐学体系初探》,见《黄翔鹏文存》,山东文艺出版社2007年版,第278—317页。

⑥ 方建军、郑中《洛庄汉墓14号陪葬坑编钟研究》,《音乐研究》2007年第2期。

绪论

初对此套编钟的所属年代、纹饰、形制、音梁结构、调音刻凿手法进行分析。[①]此外，还有《山东章丘市洛庄汉墓陪葬坑的清理》《济南洛庄汉墓乐器鉴定工作纪实》等实录性文章。[②]

随着大量楚钟的发掘出土，如信阳编钟、王孙诰编钟、敬事天王钟、天星观M1编钟、上蔡钟、楚公逆钟、楚公镈、叶县旧县M4编镈、徐家岭墓地出土编钟等，针对楚钟的研究颇受关注。李幼平、王子初、殷玮璋、曹淑琴、郑祖襄、邵晓洁等学者均对此有所论述。如王子初对叶县旧县M4出土的两组编镈进行分析，认为两组编镈在音梁的发育水平上处于同一时期，制作年代应当比较接近；[③]邵晓洁的博士论文是专研楚系钟的力作，此文全面搜集了著录、传世、出土的五百余件楚系钟材料，并对楚系钟的特性、演变、分期、音乐音响等一系列问题作出深入探索。

自20世纪初，河南新郑祭祀遗址先后多次出土青铜乐器。蔡全法、马俊才撰文对于其中192件编钟的出土情况、伴出器物、时代推断、乐悬等级等方面进行分析；[④]王子初撰文对1号、4号坑两套编钟加以分析，认为1号、4号坑所出土的编钟属春秋中期前后，从其内唇锉磨状况与测音结果分析来看，4号墓出土编钟的调音状况较为理想；[⑤]

---

① 王子初《洛庄汉墓出土乐器述略》，《中国历史文物》2002年第4期。

② 崔大庸、房道国、孙涛《山东章丘市洛庄汉墓陪葬坑的清理》，《考古》2004年第8期；王清雷《济南洛庄汉墓乐器鉴定工作纪实》，《音乐研究》2001年第1期。

③ 王子初《河南叶县旧县四号春秋墓出土的两组编镈》，《文物》2007年第12期。

④ 蔡全法、马俊才《群钟灿烂觅"郑声"——一九二件春秋郑国公室青铜编钟在新郑出土》，《寻根》1997年第5期。

⑤ 王子初《新郑东周祭祀遗址1、4号坑编钟的音乐学研究》，《文物》2005年第10期。

郑祖襄将河南新郑金城路、城市信用社处出土的两套编钟在出土信息、音位推断、编列与乐悬等方面进行分析，并认为所分析的两套四组编钟的音高、音域相同，并已达到"轩悬"的等级。[①]

叶家山编钟出土于湖北随州的西周墓地M111，全套编钟包括镈一件、编甬钟四件。在2014年11月23至26日举办的"第六届东亚音乐考古学国际研讨会"中，专设了叶家山编钟研究专场，方勤、方建军、冯光生、任宏作了发言。其中方勤《叶家山M111号墓编钟初步研究》[②]对叶家山编钟的相关资料进行介绍与分析，指出叶家山编钟是迄今为止数量最多的西周早期编钟，且这组编钟在右鼓部的小片云纹，是迄今为止发现的最早的双音钟侧鼓音标识。方建军《论叶家山曾国编钟及有关问题》、冯光生《随州叶家山西周早期青铜钟初识》、任宏《叶家山编钟研究二题》都针对叶家山编钟的形制、纹饰、音列结构、文化属性、乐悬等级等多方面进行了分析。冯光生的宣讲还指出，叶家山出土的四件甬钟为"2+2"的杂套组合，通过便携式XRF分析仪对其铜锡合金配比的检测结果进行分析来看，两组钟并非同批铸造。

（5）民族性专题

此专题的研究对象几乎均与百越相关。一方面是由于百越民族支系众多、分布广泛的原因；另一方面也说明百越地区所出土的乐钟无论是从数量还是从音乐文化的发展水平来看，均达到了相当

---

① 郑祖襄《两套新郑出土编钟的乐律学分析》，《中国音乐学》2006年第2期。
② 方勤《叶家山M111号墓编钟初步研究》，《黄钟》2014年第1期。

高的水平。

关于江苏无锡鸿山墓出土乐钟,费玲伢《越国乐器研究》一文以鸿山墓出土乐器为主,对部分越国乐器作了梳理,其中对"越国乐器"(区别于"越族乐器""越地乐器"。——笔者注)的时间范畴、器类器型加以分析,针对其中所涉及的钟类乐器(青瓷甬钟、镈钟、编磬、句鑃、錞于、丁宁、越铎、缶、悬铃)作出了"仿中原系统"和"越系统"的划分。[①]朱国伟《无锡鸿山越墓的音乐考古发现与研究》一文,对鸿山越墓中近四百件战国乐器明器进行分析,其中涉及的乐钟有甬钟、纽钟、镈、越系圆钟,文中从乐器造型、用器组合、越国与他国文化的交流和相互影响等方面着手,对史籍少载的越国音乐文化发展状况加以论述。[②]

除在对越地墓葬出土乐器的集中研究中涉及乐钟外,尚有从单类乐器入手对越族青铜乐钟的研究,如关于句鑃,有方建军《吴越乐器句鑃及其相关问题》[③]、徐孟东《句鑃发微——对一种先秦乐器历史踪迹的寻觅与思考》[④]等。其中研究最深入的是马国伟《句鑃研究》一文,文中从句鑃的名称、出土情况、形制纹饰、功能用途、音乐性能及文化属性等方面进行了相当细致的分析。[⑤]关于镈,有向桃初《南方系统

---

① 费玲伢《越国乐器研究》,《南方文物》2009年第2期。

② 朱国伟《无锡鸿山越墓的音乐考古发现与研究》,中国艺术研究院硕士学位论文,2010年。

③ 方建军《吴越乐器句鑃及其相关问题》,《乐器》1994年第2期。

④ 徐孟东《句鑃发微——对一种先秦乐器历史踪迹的寻觅与思考》,《中国音乐学》1994年第2期。

⑤ 马国伟《句鑃研究》,中国艺术研究院硕士学位论文,2012年。

商周铜镈再研究》^①、李学勤《论"能原镈"》^②等。其中冯卓慧的博士论文《商周镈研究》^③是专研此类乐钟的力作，文中梳理了镈的起源、发展、兴盛与衰亡的历史轨迹，并在其起源阶段着重对目前所知十七件南方镈的形制与纹饰进行逐件分析，将镈的发展变化历程放置于大历史文化背景中进行考察。

也有少数文章对越地出土乐器进行了综合观察，如《古代南方越人音乐舞蹈略论》^④一文有对越地出土的先秦与秦汉乐器的大致罗列，还有统计分析和特点总结。另有方建军《长江流域出土商周乐器分区研究》^⑤一文，对南方出土的商周乐器按西南、南方和东南三个音乐文化区划做了全面收集与综合研究，指出南方和东南地区的商周音乐文化不但具有明显的地方文化特色，还反映出外来文化因素，因而具有音乐文化的复合性或混融性，这些出土乐器也反映出各区内与各区间所具有的文化相似性和亲缘性，反映了古越族各支系间音乐文化的交流与互动。除研究性论文外，尚有关于越族分布地区青铜乐钟发掘报告性质的文章，如《浙江萧山杜家村出土西周甬钟》^⑥、《广西贵县罗泊湾出土的乐器》^⑦等。

① 向桃初《南方系统商周铜镈再研究》，《南方文物》2007年第4期。
② 李学勤《论"能原镈"》，《故宫博物院院刊》1999年第4期。
③ 冯卓慧《商周镈研究》，中国艺术研究院博士学位论文，2008年。
④ 林蔚文《古代南方越人音乐舞蹈略论》，《民族研究》1989年第5期。
⑤ 方建军《长江流域出土商周乐器分区研究》，《星海音乐学院学报》2006年第2期。
⑥ 张翔《浙江萧山杜家村出土西周甬钟》，《文物》1985年第4期。
⑦ 蒋廷瑜《广西贵县罗泊湾出土的乐器》，《中国音乐》1985年第3期。

（6）总论性研究

在《商周青铜双音钟》[①]一文中，马承源从双音钟的形制发展、声学原理、音列结构及音高校正等多方面展开论述。冯光生的研究从理论上界定了双音编钟的类别——原生双音、铸生双音与铸调双音，"原生双音"阶段的乐钟尚未形成对侧鼓音有意识的使用，因此仍属单音钟，随钟形优化而产生了"铸生双音"及随着对调音技术认识的深化而产生了"铸调双音"之后，乐钟才真正成为双音乐器。[②]陈荃有的著作《中国青铜乐钟研究》[③]，对青铜乐钟起源、发展、辉煌、衰微的过程及当代乐钟的研发状况进行论述，厘清了青铜乐钟的发展脉络。王友华的博士论文分析了先秦大型组合编钟的编列、音列、组合关系等问题，厘清了大型组合编钟发展的轨迹，并指出"编列、音列、组合的相对稳定期往往与礼乐制度的稳定期相对应，而编列、音列、组合的骤变往往是礼乐制度演变的表征，也是'礼''乐'关系的平衡被打破的表现"[④]。王清雷《西周乐悬制度的音乐考古学研究》[⑤]一文，对出土西周钟磬的礼仪内涵及其发展演变过程进行研究，借以探索西周乐悬制度的真实面貌。

（7）其他——关于断代、辨伪

随着大量编钟的出土与研究工作的深入展开，关于编钟所属年代

---

① 马承源《商周青铜双音钟》，《考古学报》1981年第1期。
② 冯光生《周代编钟的双音技术及应用》，《中国音乐学》2002年第1期。
③ 陈荃有《中国青铜乐钟研究》，上海音乐学院出版社2005年版。
④ 王友华《先秦大型组合编钟研究》，中国艺术研究院博士学位论文，2009年。
⑤ 王清雷《西周乐悬制度的音乐考古学研究》，文物出版社2007年版。

的鉴定及真伪的识别工作在同时进行。王子初《中国青铜乐钟的音乐学断代——钟磬的音乐考古学断代之二》①一文，对商周青铜乐钟在演奏方法相关的结构设计、音乐性能相关的钟体内腔结构、调音锉磨手法、音列结构等问题深入分析，从出土实物对乐钟发展演变进程的明证入手，建立起我国先秦乐钟的音乐学断代标尺。方建军撰文对藏于美国弗利尔美术馆的虢叔旅钟从测音数据、铭文、形制等方面作出分析，并将其与分散保存于中国、日本的同套编钟中的其他几件综合对比，认为美国所藏虢叔旅钟"器真铭伪"。②王子初《粗陋的珍宝——江苏常熟博物馆所藏完颜璹编钟辨伪》③一文，对收藏于江苏常熟博物馆的三件编镈与上海博物馆的"平江路儒学中吕钟""嘉定儒学钟"的铭文、形制、测音数据进行综合分析，推测这些钟有可能均为清代时所做之伪器，但指出"虽是伪器，但不是'伪文物'"，作为清代的音乐文物，仍具有重要的文物价值。

三、研究思路、方法及可行性

综合上述音乐学界、百越民族史学界的研究状况，笔者认为：音乐学界对越地乐钟的研究重个案、个例，待系统研究；民族史学界在出土

---

① 王子初《中国青铜乐钟的音乐学断代——钟磬的音乐考古学断代之二》，《中国音乐学》2007年第1期。

② 方建军《"虢叔旅钟"辨伪及其他》，《天籁》2009年第1期。

③ 王子初《粗陋的珍宝——江苏常熟博物馆所藏完颜璹编钟辨伪》，《中国音乐学》2010年第3期。

绪论

资料极大丰富的基础上，逐渐关注越地文化的各个层面，以及越族与周边民族的文化互动、文化对比。而本书论题的确定及定位，正是结合了上述研究现状及其走势而作出的选择，即应对商周时期越地的青铜乐钟作出系统研究。

本书对两周越地青铜编钟的研究，主要从编钟的形制、音乐性能、音响性能及存在状态四个角度深入进行，不单对各套编钟自身所具有的乐器性能作出分析，还对各地区的编钟所共有的地域性特点给予总结。文中除较为常规地对编钟的纹饰、音列、宫音高度进行分析外，笔者还力图采用"定量分析"的模式，使用统计学标准差的方法，对两周越地青铜编钟的形制特点、形制规范性、与《考工记》所载钟形的关联程度，以及乐钟正侧鼓音程的音分值及偏离程度等一系列问题进行探索，以图揭示蕴含在乐钟数据资料中却不易被传统的"定性分析"所觉察的现象与规律，挖掘其中有理性因素参与或制约的痕迹。

通过对编钟相关数据的定量分析，可以感知不同时期、不同地域的乐钟形制在设计、铸造层面所具有的规范性要求，可以发现形制规范的程度在不同历史时期的变化，可以反映不同地域的乐钟形制所具有的不同特点。而钟形的特点以及规范程度的状况，亦与乐钟的音乐性能、音响性能及钟上双音的存在状态密切相关。

本书写作中所使用的具体方法，主要有以下几点：

第一，使用中国当代行政区划作为编钟所属区域的划分，而不是用百越内部各支系的名称来命名。即在对出土编钟的所属区域进行划分时，按"湖南地区""广东地区"之类，而非"于越地区""干越地区"。其原因在于，以百越族群来划分存在两方面不稳定因素：一是当代百越民族史学者对百越各族族源、分布区域，以及随历史的变迁而产生的分布变化等细节问题的认知并不统一；二是不同时代对同一称谓所指向的地域不同。笔者认为，只有找出相对稳定的因素，才能妥当地为编钟划分区域，而不是作出一个具有变化因素的划分，再去做一些民族史学界的专业工作（比如考证各族群的历史与变迁）。而稳定的因素，即可用现在的行政区划来命名。行政区划是稳定的，属于古代越族分布的区域这也是肯定的，不论这种划分是否跨族群支系，只要属于"越地"（即百越民族分布区域）这个大范围即可。更何况，本论题的方向设定，是对越地编钟在整体上的观察，而非对各套编钟所属族系进行判定，且从当今民族史学界对百越系列问题的分歧来判断，目前也无法实现对越地乐钟所属族系的判定。

第二，将统计学标准差应用于对编钟形制的分析。在对编钟形制进行分析时，由于钟体大小不等，直接将钟体各部分的尺寸用来比较，仅能得出显而易见的长度差别，难以得出对钟体设计的规律性认识。而根据《考工记》之"凫氏"所载，钟体不同部位的尺寸是存在比例关系的，因此，将单纯的长度换算成不同部位间的比值，再对此比值加以比较应为上策。对繁复的钟体各部分比值进行分析时，离不开统计学的方法，因为统计学本身就是关于数据资料的收集、整理、分析和推断的一门科学。经多方请教，笔者认为将统计学标准差应用于对乐钟形制的分析是可行的。

第三，对编钟音乐性能的分析，主要为对正侧鼓音位的推断。对于这一问题的分析，笔者首先采用逻辑的方法，从每套编钟的正鼓测音数据中，找出较为规律或无法合理解释的数据作为分析的切入点。

当几件钟的正鼓音程关系较为规律时，根据其相互间所呈音程关系，结合编钟正鼓音排列的一般规律，推断其各自所属的音位，继而完成其他钟的正鼓音位推断；当相邻两件钟的正鼓音程关系无法得到合理解释时（如存在增四度、减五度、小二度音程），则通过观察前后其他钟测音数据的合理性，结合编钟正鼓音排列的一般规律，等音改写这两件钟其中一件的原测音数据，使其有合理音位可解，继而完成其他钟的正鼓音位推断。正鼓音列推定完成后，则根据对正侧鼓音程关系的判断，将编钟的侧鼓音位一一确定。

第四，对乐钟音梁设置及调音手法的分析，笔者以王子初《中国青铜乐钟的音乐学断代——钟磬的音乐考古学断代之二》一文的结论作为参照，从对越地青铜编钟的具体分析中，得出或相同或相异的结论。而关于音响性能其他相关因素的分析，主要是将各地编钟的形制特点与古人对钟形、音效的感性总结，以及音乐声学领域对古人感性总结的科学诠释三方面结合起来，进而得出结论。

第五，对乐钟存在状态的观察，是从纹饰及其风格的变化、形制的规范程度与特点、钟上双音的状态三个角度切入。不但结合文中对各套编钟形制分析的结论，还使用统计学标准差的方法，对越地乐钟正侧鼓音程音分值的偏离程度进行分析，同时结合文中对各时期、各地区乐钟形制规范程度的结论，进而观察越地编钟正侧鼓双音关系的存在状态。

总而言之，对两周越地青铜编钟的研究，是梳理商周越族地区青铜音乐文化全貌的重要支撑。笔者对本题的定位，正是通过对两周时期越族分布地区的青铜编钟进行技术分析，从而为越族分布地区的音乐文化、青铜文化全貌的研究贡献一份力量。

第一章
所涉编钟的分布及形制分析方法介绍

本章内容，其一为在对"越地"的大范围及其内部的小区域划分的基础上，对本书所涉越地青铜编钟的分布状况进行总结性介绍；其二为对本书所用定量分析方法——统计学标准差，及其在钟类乐器形制分析中的应用方法加以介绍与说明。而标准差的方法，也将在本书第五章中为观察钟上双音的存在状态而用于乐钟正侧鼓音程音分值偏离度的分析。

第一节　从存世文物看两周越地青铜编钟的分布[①]

在对两周越地出土编钟的分布情况总结之初，对越族族群及其分布区域的界定是无法避开的难题。这一题之难主要在于：首先，民族的分布区域是动态的，不同时代的分布状况绝非框定不变，两周时

---

① 本书所涉出土资料截至2016年4月。

期近八百年，再加上距今约三千年的时间跨度，追溯历史的原貌并不容易；其次，民族与民族支系的融合与分离亦具动态，越族内部之间、越族与外族之间的血统，实难清晰地依照族群名称（如闽越、骆越等）划清界限。正是由于上述障碍的阻隔，对百越内部各族群的划分、分布问题的研究一直存在分歧，而这一问题更是百越民族史学界争论、研究的热点及核心。在这种实际情况下，本书对越地出土编钟在空间上的划分既重要又棘手。

本书中笔者就"越地"的大范围在百越民族史学界具有共识的基础上，对其内部的细分采用我国当代行政区划的方式，这一方式可以在无法按照族群划分的实际状况下，更加清晰且稳定地对出土编钟划分区域。

此外需要说明的是，越地各省区编钟的出土状况不一。如江苏、广东地区多为墓葬集中出土；福建地区仅见单件而无编钟出土；云南、贵州、广西地区分别出土的编钟虽数量不多，但在乐钟的类型上具有显著的特点及一致性。本节将依据各省区的出土状况选择不同的方式总结，并不拘泥于文字表述形式的统一。

一、越地范围

越地，是指中国古代百越各族所分布的区域。从当代民族史学界的研究状况来看，这一区域的具体划分一直存在争议。"中国百越民族史研究会"前会长、厦门大学人类学研究所教授蒋炳钊对这一问题

的学界研究现状概述如下：[①]

　　勾吴领域大抵相当于现在的苏南、皖南和浙江北部部分地区；于越以浙江绍兴为中心；干越分布以江西余干（汗）为中心；东瓯分布于浙江南部瓯江流域；闽越主要在福建，北面可能到赣东，亦有学者认为台湾地区也属于闽越；南海王国领域即今闽、粤、赣三省交界地区；南越地域北达湖南、江西南部，西至广西北部，东抵闽越交界，南到香港；有学者认为西瓯与骆越是一个民族，反对者则认为西瓯的活动中心为当今桂江流域和珠江中游一带，有的认为肇庆一带是南越地盘，西瓯的东界未越过漓江和桂江，骆越分布在今南京邕江及其上游，活动中心在左江流域至越南的红河三角洲，还有学者提出今茂名、贵县一带是西瓯、骆越的杂居地；台湾高山族的祖先为百越的山夷；扬越领域即今湖南和湖北东南部；云贵高原上的越人在史料中有滇越、夷越称谓。

　　虽然从历史上的地域观点来看，古代百越民族群体的分布具有其所共同的地域性，但从当代中国行政区划及周边国家的地域划分来看，古代百越民族群体主要分布于中国的安徽（主要指皖南地区）、江苏、浙江、江西、湖南、福建、广东、云南、贵州等省和广西壮族自治区，以及越南、老挝、泰国、缅甸等国。[②]本书的地域范围局限于中国越地之内，不包括周边其他国家。

　　虽然当代民族史学研究者对百越各族族源、分布区域，以及随历

---

　　① 蒋炳钊《百年回眸——20世纪百越民族史研究概述》，见蒋炳钊主编《百越文化研究》，厦门大学出版社2005年版，第19—20页。

　　② 王文光《百越民族史整体研究述论》，见蒋炳钊主编《百越文化研究》，厦门大学出版社2005年版，第32页。

第一章　所涉编钟的分布及形制分析方法介绍

史的变迁而产生的分布区域的变化等细节问题的认知并不统一，但不能否认的是，安徽（主要指皖南地区）、江苏、浙江、江西、湖南、福建、广东、云南、贵州等省及广西壮族自治区确实是百越民族曾经生活过的地域。从本题的立场来看，不论百越各族分布区域如何划分，上述省、区所出土的青铜乐钟足以证明在中国百越民族曾经生活过的区域，确实存在着与中原地区青铜文明并行存在且发展的越地青铜文明。使用中国当代行政区划作为地域分界，更利于两周越地青铜编钟研究的展开。

二、两周越地编钟分布状况概览

1. 皖南地区

所谓"皖南"，是指安徽长江以南的地区，其中包括马鞍山、芜湖、铜陵、黄山、池州、宣城，这一区域范围内出土了多组青铜钟，现将其中被认定成编的总结如下。

青阳句鑃，1979年7月出土于青阳县土岗坡坡下所发现的窖藏，一套四件。[①]

广德句鑃，一套九件，1985年冬出土于广德县高湖乡章村张家大村的坡状高地，后于1986年3月被广德县文化局文物组于该县贸易公司收购站收购。出土时九件句鑃交错排列，《中国音乐文物大系·安徽卷》（未出版）认定其成编。[②]

---

① 冯伟《皖南出土青铜句鑃的类型和年代分析》，《东方博物》2010年第3期。
② 同注①。

此外尚有泾县南容乡出土的句镯一套三件,收录于《中国音乐文物大系·安徽卷》(未出版)。

2. 江苏地区

江苏出土的编钟较多,较为集中的地区有六合程桥、邳州九女墩、丹徒大港北山顶,此外还有东海庙墩、连云港锦屏山尾矿坝、高淳顾陇松溪村及武进淹城有两周编钟出土。

在六合程桥地区,于1964年7月、1972年1月、1988年1月先后三次发掘出三座春秋末期的吴国墓葬。其中,程桥中学墓被定为1号墓,出土编纽钟一组九件,钟铭上均有"攻敔"(即勾吴)二字;陈岗坡地墓为2号墓,其中出土编镈一组五件、编纽钟一组七件;3号墓无编钟出土。据学者研究,此三墓所出器物的文化属性为楚吴文化共存,当是由于六合的地理位置位于楚吴边境,并曾先后分别属于楚与吴的原因。[①]

邳州九女墩为古代墓葬群,该处有土墩墓葬十余座,相传为梁王九个女儿之墓,因而在当地被俗称为九女墩。其中二号墩出土有编镈一组六件、编纽钟一组八件,以及编磬一组十二件;三号墩出土编镈一组六件、编甬钟一组四件、编纽钟一组九件,以及编磬一组十三件、鼓桴头一件,并有簨簴残迹。据学者研究,从二号墩编镈上的铭文及铜

---

① 江苏省文物管理委员会、南京博物院《江苏六合程桥东周墓》,《考古》1965年第3期;南京博物院《江苏六合程桥二号东周墓》,《考古》1974年第2期;胡运宏《六合程桥春秋三墓述议》,《江南大学学报》(人文社会科学版)2006年第1期。

器的器形风格来看，此批铜器应属吴系；三号墩为春秋晚期徐国王族墓葬，墓中包括编钟在内的铜器带有明显的徐国风格,应为徐器。①

丹徒县（今江苏省镇江市丹徒区）大港北山顶春秋晚期吴国贵族墓于1984年出土遱邟编镈一套五件、遱邟编纽钟一套七件，同出乐器尚有镈于一套三件、丁宁一件、编磬一套十二件、悬鼓环一件、鼓枰头一件。经学者研究认为,此为徐器葬于吴墓。②

江苏省连云港市东海县青湖镇西丁旺村之北的庙墩东周墓葬，出土编甬钟一套九件，有研究认为，从此墓的形制到随葬品的风格来看，属中原商周文化系统；③另有连云港锦屏山尾矿坝出土编纽钟一套九件，高淳顾陇松溪村出土编句镾一套七件，④以及武进淹城出土具有战国时期南方文化特征的编句镾一套七件。⑤

此外，江苏无锡鸿山越国贵族墓出土数量繁多的青瓷、硬陶质仿青铜钟，由于并非青铜材质的编钟，因此并不在本书的核心论题之中。

---

① 徐州博物馆、邳州博物馆《江苏邳州市九女墩春秋墓发掘简报》,《考古》2003年第9期；南京博物院、徐州市文化局、邳州市博物馆《江苏邳州市九女墩二号墩发掘简报》,《考古》1999年第11期；孔令远、陈永清《江苏邳州市九女墩三号墩的发掘》,《考古》2002年第5期；谷建祥、魏宜辉《邳州九女墩所出编镈铭文考辨》,《考古》1999年第11期；孔令远《试论邳州九女墩三号墩出土的青铜器》,《考古》2002年第5期。

② 江苏省丹徒考古队《江苏丹徒北山顶春秋墓发掘报告》,《东南文化》1988年Z1期。

③ 南京博物院、东海县图书馆《江苏东海庙墩遗址和墓葬》,《考古》1986年第12期。

④ 马承源、王子初主编《中国音乐文物大系·上海/江苏卷》，大象出版社1996年版，第198、206页。

⑤ 倪振逵《淹城出土的铜器》,《文物》1959年第4期。

3. 浙江地区

绍兴市亭山公社社员于1977年6月发现两件青铜句鑃,经绍兴市文物管理委员会实地调查,证实其出土于狗头山西南麓,据其自铭而命名为"配儿句鑃"[①]。

江山须江镇达河上江坝村村民,于1969年春在当地发现一件铜甬钟,其后又发现五件甬钟及一块铣部残片,经鉴定为一套七件的春秋早期编甬钟,正鼓音列大致为宫、(商)、角、变徵、徵、羽、变宫。有学者研究认为此套编钟为浙江本地铸造,并非外省传入。[②]

此外,浙江地区出土多套仿青铜编钟,由于并非青铜材质的编钟,因此并不在本书的核心论题之中。但仿青铜编钟在浙江地区的存在,确实是一个相当典型的现象,将其纳入全面地思考,有利于追溯越地编钟存在与发展的客观历史,因此将在本书第五章中略有涉及。

4. 江西地区

江西地区出土的两套编钟,均为西周时期遗物。其中,萍乡彭高甬钟一套两件,出土于1962年7月,为当地村民在彭家桥河中发现,从河中捞起时保持两钟套叠的状态;[③]吉水甬钟一套三件,为20世纪70年代出土,后珍藏于吉安市文物商店。[④]

---

① 绍兴市文管会《绍兴发现两件钩鑃》,《考古》1983年第4期。

② 柴福有《浙江江山出土青铜编钟》,《文物》1996年第6期。

③ 程应麟《萍乡市彭高公社发现周代铜甬钟两件》,《文物工作资料》1963年1月30日(总第31期)。

④ 李家和、刘诗中《吉安地区出土的几件铜钟》,《江西历史文物》1990年第3期。

5. 湖南地区

湖南地区有明确出土地点的编钟有浏阳纸背村编钟。另有横8字纹编钟虽无确切出土信息,但已被研究者判断为由湖南地区的越人铸造,因此亦算在内。

浏阳纸背村编钟,1978年出土于浏阳县北星纸背村山脚边,一套九件,出土时排列整齐,据推断为墓葬的随葬品,有学者从其形制与纹饰来推断,认为其为战国早期楚人铸造。

6. 广东地区

在广东清远三坑圩马头岗村西马头岗上,出土有两批周代遗物,其中包括两套春秋时期编钟。1962年在1号墓出土钟、钲共四套八件(现存四套六件),其中编甬钟一套三件;1963年在距1号墓仅6米远处又发现东周墓葬,据发掘报告记录共出土甬钟七件,其中四件被《中国音乐文物大系·广东卷》认定成编。经研究认为,马头岗出土的两批青铜器具有典型的地域性特征,与中原地区同类出土物相比具有南方地区的特点。[①]

1972年11月底,在肇庆市北岭松山的战国中晚期墓葬中出土一批文物,其中包括编甬钟一套六件。据研究,这套肇庆松山编钟及墓中所同出的铜附耳筒、铜柱,均背面无纹饰,而这正是岭南地区器物纹

---

① 广东省文物管理委员会《广东清远发现周代青铜器》,《考古》1963年第2期;广东省文物管理委员会《广东清远的东周墓葬》,《考古》1964年第3期。

饰风格的显著特点。[①]

广东中部的博罗县，在苏屋岗遗址以及陂头神乡共出土编钟两套。苏屋岗遗址位于广东惠州市博罗县石湾镇铁场村铁场中学的西北部，据信为博罗乃至整个粤东地区较为重要的青铜时代遗存，曾出土少量铜器与陶器，岗顶曾发现一座中型东汉砖室墓。1973年，铁场中学的师生在铁场潭挖鱼塘时，挖出青铜编钟一套两件，曾被鉴定为战国时期遗物，《中国音乐文物大系·广东卷》载其为春秋时期遗物，[②]本书以文物大系所载为准。陂头神编钟一套七件，1984年出土于博罗县公庄镇陂头神乡，经认定为广东本土铸造，而非出于中原地区。[③]

1977年在罗定县太平公社，由三个墓葬出土大量青铜器及少量石器、陶器。1号墓出土物中包含编甬钟一套六件，以及铜钲一件。据发掘报告所载，这套编钟为凑合而成，并非原配；《中国音乐文物大系·广东卷》言其纹饰基本统一。[④]

此外，兴宁市南部的新圩镇大村乡古树窝，于1984年3月27日出土编钟一套六件，经鉴定为春秋时期遗物。[⑤]增城亦曾出土编钟两套，其中一套两件于2006年7月10日出土于增江西岸荔城街棠村庙岭，另

---

① 广东省博物馆、肇庆市文化局发掘小组《广东肇庆市北岭松山古墓发掘简报》，《文物》1974年第11期。

② 黄观礼主编《博罗县文物志》，中山大学出版社1988年版，第20页；孔义龙、刘成基主编《中国音乐文物大系Ⅱ·广东卷》，大象出版社2010年版，第33页。

③ 黄观礼主编《博罗县文物志》，中山大学出版社1988年版，第214页。

④ 广东省博物馆《广东罗定出土一批战国青铜器》，《考古》1983年第1期；孔义龙、刘成基主编《中国音乐文物大系Ⅱ·广东卷》，大象出版社2010年版，第47页。

⑤ 兴宁市博物馆、黄红亮《浅谈兴宁编钟的传奇》，《大众文艺》2014年第6期。

一套两件于1976年出土于石滩天麻山氮肥厂。[①]

7.广西、福建、云南、贵州地区

广西、福建、云南、贵州地区出土的两周编钟数量较少,但类别集中、特色鲜明,在此按乐钟类别总结叙述。

羊角纽钟是一种形制特异的青铜钟,其纽呈羊角状,在中国境内[②]较为集中地出现于云南、贵州、广西地区,湖南南部地区亦有五件出土。从出土现况来看,羊角纽钟所属的时代主要在战国至西汉时期,且常与铜鼓、筒形钟一同出土于贵族墓葬之中。有学者研究认为,羊角纽钟为濮族与越族文化交流融合的产物。从笔者目前收集到的资料来看,我国境内目前出土羊角纽钟中,仅1975年云南楚雄万家坝一号墓出土的一套六件,属于本题"两周"范畴。这套羊角纽编钟经学者研究认为是春秋晚期至战国时期遗物。其他羊角纽钟,除单件出土的云南广南小尖山羊角纽钟和云南新平县腰街细丫口羊角纽钟经研究认为属战国晚期至西汉初期外,其他均被鉴定为汉代遗物。[③]

筒形钟亦是一种形制特异的青铜钟,钟体呈筒状,纽为半环形,常

---

① 孔义龙、刘成基主编《中国音乐文物大系Ⅱ·广东卷》,大象出版社2010年版,第46、51页。

② 在越南北部亦发现羊角纽钟。

③ 蒋廷瑜《羊角钮铜钟初论》,《文物》1984年第5期;蒋廷瑜《羊角钮铜钟补述》,《广西民族研究》1989年第4期;云南省文物工作队《楚雄万家坝古墓群发掘报告》,《考古学报》1983年第3期;黄德荣《云南羊角编钟初探》,《四川文物》2007年第5期;恭城县文物管理所《广西恭城县东寨村发现一件汉代羊角钮铜钟》,《考古》2002年第9期;黄启善《广西西林县出土的汉代羊角钮铜编钟》,《乐器》1985年第1期封底、封三;刘永剑《云南麻栗坡出土人面纹羊角纽钟》,《文物》2008年第10期。

与羊角纽钟、铜鼓相伴出土。从目前收集到的资料来看，我国目前已出土的筒形钟中，牟定县新甸公社福堎村出土的一套六件，经分析认为可能为战国时期遗物，另有云南楚雄州姚安县前场镇现新街小学、原武庙旧址出土的一套四件未被认定所属时期，其余九件均被鉴定为西汉遗物。[①]

此外，从目前收集到的资料来看，福建地区仅有零星的单件钟出土，尚未见到成套编钟。

第二节　统计学标准差在钟类乐器形制分析中的运用

对钟类乐器的形制进行分析，所常用的是考古类型学分型、分式的方法，其研究目的是为了找到器物发展演变的序列关系。但本书并未采用这种方法，而是使用一种定量分析的方法——统计学标准差，来分析钟类乐器的形制数据，其目的是观察编钟的形制在设计、制作层面的规范程度。

定量分析，是与定性分析相辅相成的一种研究方法，常见的定量分析方法有求平均值、百分比等。与擅长归纳、分析、演绎的定性分析相比，定量分析所注重的是研究对象的数量关系，即从数量的角度来

---

① 杨玠《云南牟定出土一套铜编钟》，《文物》1982年第5期；施文辉《云南姚安首次出土一批编钟》，《四川文物》1995年第1期；云南省文物工作队《云南祥云大波那木椁铜棺墓清理报告》，《考古》1964年第12期；蒋廷瑜《广西贵县罗泊湾出土的乐器》，《中国音乐》1985年第3期。

看待学科中的现象和规律。"数量关系的研究不仅能揭示被研究考古资料中内含的，而不易被传统的定性研究所看出的某些现象和规律，而且定量研究排除了在归纳和演绎等推理过程中可能出现的主观任意性。"① 笔者认为，由于定量分析与定性分析在研究方法与关注焦点上所存在的明显差异，定量分析至少应该成为定性分析的有效补充。

在实际操作中，定量分析亦有其自身的优势——软件协助。定量分析的分析对象，往往涉及繁复的计算工作。当面对巨大的工作量时，由计算机软件来完成计算过程，可以使工作人员将精力集中于对计算结果的合理解读，而这也能够保证计算结果输出既快捷方便又精准无误，避免出现研究工作中精力投入与成果产出不成正比的问题。

本书第二章中对编钟形制的研究，是以统计学标准差作为定量分析的工具，以"定量"的思维模式对编钟形制规范的考量。而本节的内容，正是对统计学标准差这一定量分析工具从功能优势、学科融入历程、具体操作方法等多方面的介绍，以期读者能够更加顺利地理解第二章的形制分析。此外，标准差的分析方法亦可以用来观察具有相同音程关系的、不同音分值的偏离程度，这一分析方法已在第五章第三节针对越地乐钟正侧鼓音程音分值偏离程度的分析中加以使用，标准差大则音分值的偏离程度大，乐钟正侧鼓音程关系受理性因素制约的程度小；反之，则理性因素参与的可能性高，乐钟所发双音更可能摆脱了原生状态，而向更高层次的铸生、铸调阶段发展。总之，笔者认为，合理的使用统计学标准差的方法对音乐、乐器相关数据进行

---

① 陈铁梅编著《定量考古学》，北京大学出版社2005年版，第11页。

分析,可操作性很强且科学、准确,能够对音乐学专业的分析、研究有所帮助。

一、标准差及其在考古学研究方法中的引入

由于标准差这一统计学的分析方法所具有的科学性与实用性,考古学界已经将其纳入针对数据资料进行分析的方法之一。

1. 平均值的局限与标准差的优势

在以往所见的针对乐钟形制数据进行分析的方法中,求平均值的方法较为常见。这类分析通常先将众多数据求得均值,继而通过观察单个数据或数据整体与平均值距离的远近,来进行个人的分析与判断。平均值本身并不能表现出众数据对均值的偏离程度,但可以通过对单一数据与均值大小的对比,粗略显示出这些数据与均值偏离的远近。这种求平均值的方法,早已被熟知并广泛运用于日常生活的方方面面;对数据与平均值偏离程度的观察与分析,要视使用者的使用要求与使用目的而定,通常并不要求十分精确。需要肯定的是,求平均值的方法由于简易方便,确实能对研究过程中的分析与判断起到辅助作用,但这一方法并不能用量化的方式精确显示数据整体对于均值的偏离程度,而这即笔者所谓"平均值的局限"。

当涉及的数据少且简单时,其与平均值的关系显而易见;但当数据多且复杂时,对数据与其平均值偏离程度的观察,就绝非一目了然了。而标准差,正是对"数据关于均值的离散程度的一种度量",其公

式①为：

$$\sigma = \sqrt{\dfrac{\sum\limits_{i=1}^{N}\left(x_i - \mu\right)^2}{N}}$$

其中，x_i 表示所统计众数据中的单个数值；i 表示被纳入统计的众数据的序号，本公式中规定 i=1，即从第一个数据开始统计；N 表示被纳入统计的数据的总数量；μ 表示众数据的平均值；Σ 本身表示"求和"，$\left(x_i - \mu\right)^2$ 表示被统计数据中的某一个数据与平均值差值的平方，结合 $\sum\limits_{i=1}^{N}$ 则表示所有被统计数据（第1个到第N个）与平均值差值的平方之和；σ 即代表标准差，标准差越大，则表示数据整体和平均值之间的偏离程度越大；标准差越小，则表示数据整体和平均值之间的偏离程度越小。下面举例说明：

数列一（2、7、9、14）；数列二（5、6、10、11）

上例两组数列，每组的平均值均为8，但显然每组数据对8的偏离程度并不相同，第一组大，第二组小，但这种偏离度无法通过平均值得以显示。将两个数列中的各数分别带入标准差公式，得出如下值：

$$\sigma_1 = \sqrt{\dfrac{\left(2-8\right)^2 + \left(7-8\right)^2 + \left(9-8\right)^2 + \left(14-8\right)^2}{4}} \approx 4.97$$

$$\sigma_2 = \sqrt{\dfrac{\left(5-8\right)^2 + \left(6-8\right)^2 + \left(10-8\right)^2 + \left(11-8\right)^2}{4}} \approx 2.94$$

---

① 〔美〕S.伯恩斯坦、R.伯恩斯坦《统计学原理》（上册），史道济译，科学出版社2002年版，第130页。

显然第二组数据对平均值的偏离程度较小。在处理较少数量的数据时，我们尚可以通过直观的目测来把握数据与平均值的差距远近；但在面对众多繁复数据时，对标准差的计算，将成为分析数据偏差程度的有效手段。

正是由于统计学标准差具有上述功能优势，笔者将其作为分析编钟形制数据及正侧鼓音程音分值偏离度的工具。

2. 标准差在考古学研究方法中的引入

由于考古学历来重视与自然科学的结合，自然科学的定量思维观念与定量研究方法必然会融入考古学研究的领域之中。在我国考古学研究领域中，定量分析的方法已经被学界重视并应用，其中亦包括标准差。

自20世纪80年代末期开始，北京大学与吉林大学的考古系开设了"定量考古学"和"计算机考古"的课程。在教学的过程中，由于没有定量考古学的相关中文教程，考古专业的学生只能通过旁听这方面的课程来补充相关知识。但由于许多学生的数学基础薄弱，且专门的数学课程所涉及的举例往往与考古专业并不相关，因此学习的效果不甚理想。鉴于这一实际情况，北京大学考古系教授陈铁梅于2005年编著了国内第一本定量考古学的专门著作《定量考古学》。此书将定量研究的方法与考古学研究的实例相结合，更易于考古专业的学生理解并接受。关于标准差，书中提到考古学家黄蕴平曾用这一方法对周口店第一地点和南京汤山两地出土的肿骨鹿腿骨的直径做了统计检验；袁靖等人曾用这一方法，对山东贝丘遗址各层贝壳的尺寸做统计检验。①

　　总之,标准差分析的方法,在定量研究日益受到考古学研究者关注的趋势下,已经被使用于考古学领域的研究之中。

　　3. 标准差可用于钟类乐器的形制分析

　　标准差之所以可应用于钟类乐器的形制分析,是由钟类乐器自身的形制特点决定的。根据《考工记》之"凫氏"所载,钟体不同部位的尺寸存在比例关系。由于钟体大小不等,直接将钟体各部分的尺寸用来比较,仅能得出显而易见的长度差别,难以得出对钟体设计的规律性认识。因此,将单纯的长度换算成不同部位之间的比值,再对比值加以比较应为上策。分析对象自身的"总体标准差"所显示出的钟体比例对其平均值的离散程度,能够说明研究对象在设计、制作层面的规范程度。此外,将《考工记》之"凫氏"所载比值代替平均值(即作为标准差公式中的 μ 值)代入标准差公式,其计算结果(即本书所言"对比标准差")能够显示出研究对象在设计层面与《考工记》之"凫氏"所载钟形的相近或相别。

　　总而言之,依笔者之见,器物的尺寸数据有两种情况可以使用标准差的方法进行分析:其一为尺寸固定的状况,符合这一状况的器物,其理论尺寸固定不变,用标准差的方法对实物的尺寸数据进行分析时,标准差大则器物制作的规范性弱,反之则规范性强;其二为器物各部分的尺寸存在固定比例关系的状况,符合这一状况的器物,虽然不

---

① 陈铁梅编著《定量考古学》,北京大学出版社2005年版,第10页。

同实物各部位的具体尺寸可以按照既有的比例关系放大或缩小,但由于这类器物各部分尺寸的比例关系固定不变,因此可以用标准差的方法对比值进行分析,标准差大则器物制作的规范性弱,反之则规范性强。而钟类乐器的形制数据之所以能够使用标准差的方法进行分析,正是由于其形制尺寸中存在固定比例关系的原因。

二、对钟类乐器的形制进行标准差分析的方法

由于艺术生通常存在数学基础薄弱的实际状况,在运用与数学相关的分析方法时,稍有烦琐或生僻便往往会被表面现象吓到。其实,计算机程序完全可以代替人工运算,而我们需要做的只是对程序运算的结果进行合理的解读。对标准差方法的运用亦是如此,复杂的公式绝不该成为阻挠我们使用标准差这一方法的障碍。我们可以借助EXCEL软件能够输入公式自动运算的功能来完成数据计算的中间环节,从而直接进入数据解读阶段。

通过对个人实际操作经验的总结,笔者认为,使用标准差的方法对钟类乐器的形制进行分析,可分为五个步骤。下面将逐一对每个步骤的具体操作方法加以说明,其中涉及EXCEL公式的设置方法在此不做深入展开,如有需要可查阅相关书籍。

1. 资料与数据的准备阶段

首先,需要定义表格的栏目,横向定义为乐钟不同部分的名称,例如笔者的设置顺序为舞脩、舞广、中长、铣长、铣间、鼓间;纵向定义为

不同乐钟的名称、编号；还需在所统计的数据底部，设置"平均值《考工记》理论值、总体标准差、对比标准差"四项。其次，将需要整理的乐钟形制数据录入在定义好的表格栏目中，并将各部位的数据逐一计算成比值。比值的计算可以使用EXCEL公式自动完成。例如：舞脩数据在F列，舞广数据在G列，$\frac{舞脩}{舞广}$则位于表格第3行的乐钟，其数据的计算公式应定义为"=F3/G3"。本书对自动运算的结果保留两位小数。由于所有乐钟的同一项比值（如"$\frac{舞脩}{舞广}$"）都在相同的"列"中，因而每一列比值只需设置本列第一行的公式，其他各行的公式可以通过格式复制来完成输入。

2. 平均值与理论值

平均值的计算可以使用EXCEL公式自动完成。例如：求Q列第3至20行所有数据的平均值，则应在表格"平均值"的相应单元格中输入公式"=AVERAGE(Q3:Q20)"，其他各列的公式可以通过格式复制来完成。平均值可以用来与《考工记》所载理论值进行对比，以便粗略观察实际值与理论值的差距。本书对自动运算的结果保留两位小数。

关于《考工记》中所载钟体各部位的相对长度，笔者曾在《〈周礼·考工记·凫氏〉两种解读方式之比较》[1]一文中作出计算，结果如下：

部位名称	舞脩	舞广	中长[2]	铣长	铣间	鼓间
相对长度	6.4分	5.12分	8分	10分	8分	6.4分

---

[1] 拙文发表于《中国音乐》2011年第1期。
[2]《考工记》中所言"征长"，即今言"中长"。笔者在本书中一律统一为"中长"。

将此六处相对长度的比例依次取值，除去分子、分母相互颠倒的倒数之一，结果如下：

舞脩舞广	舞脩中长	舞脩铣长	舞脩铣间	舞脩鼓间	舞广中长	舞广铣长	舞广铣间	舞广鼓间	中长铣长	中长铣间	中长鼓间	铣长铣间	铣长鼓间	铣间鼓间
1.25	0.80	0.64	0.80	1.00	0.64	0.5125	0.64	0.80	0.80	1.00	1.25	1.25	1.5625	1.25

至此，可将上列计算结果填入表格中"《考工记》理论值"的相应位置。

3. 总体标准差

总体标准差的计算可以使用EXCEL公式自动完成。例如：求Q列第3至20行所有数据的标准差，其公式为"=STDEVP(Q3:Q20)"。总体标准差只需设置第一列的公式，其他各列可以通过格式复制来完成。本书对自动运算的结果保留两位小数。总体标准差可以用来观察各列数据距其平均值的偏离度，从而反映出钟体各部位在设计、制作层面的规范程度。总体标准差大，则偏差较大、规范程度弱；反之则偏差较小、规范程度强。

4. 对比标准差

对比标准差的计算相对复杂，由于需要手动将《考工记》理论值作为 μ 值代入标准差公式，因此需要将标准差公式分为以下两个步骤。

步骤一：先求得公式中 $(x_i-\mu)^2$ 的部分，μ 值在此即《考工记》理论值。这一部分公式原先的意义为"与平均值的差的平方"，当将《考工记》理论值作为 μ 值代入其中后，这部分公式的意义即转换为

　　　　　　　第一章　所涉编钟的分布及形制分析方法介绍

"与理论值的差的平方"，其计算可以使用EXCEL公式自动完成。例如：原数据在Q列第3行，理论值在Q列第9行，则"该数据与理论值的差的平方"的公式为"=(Q3-Q9)^2"。设置第一列第一行的公式后，其他各列的第一行可以通过格式复制来完成；各列的其他各行则需要在公式复制之后再逐一进行公式改写（如"=(Q4-Q9)^2""=(Q5-Q9)^2"等），不能通过复制直接完成。为保证运算结果的精确性，此处自动运算的结果建议保留无限小数。

步骤二：标准差公式中剩余的计算，是先对多个"数据与理论值的差的平方"求得平均值，再对平均值开方。这一系列计算可以使用EXCEL公式自动完成。例如：一套编钟中每件钟的"实际数据与理论值的差的平方"位于表格Q列第13至17行，则标准差公式中剩余部分的计算公式应为"=SQRT [AVERAGE(Q13:Q17)]"。自动运算的结果保留两位小数。在这一步骤中只需设置第一列的公式，其他各列可以通过格式复制来完成。

对比标准差可以用来观察各列数据距离《考工记》所载理论值的偏离度，从而反映出各套钟的形制与《考工记》所载钟形的相符程度。对比标准差大，则偏离度大，与理论形制相差较大；反之则偏离度小，与理论形制较为相符。

5. 数据复查

为了保证数据计算结果的准确有效，需要对数据进行复查。在能够保证公式设置完全正确的状况下，对数据的复查只需校对舞脩、舞广等原始数据与数据来源是否一致即可，各部位数据的比例以及标准差、平均值的设置，由于是由EXCEL公式自动计算，当原始数据改动时，由公式计算的结果便会自动更新，无须重新输入公式、重新计算。但在分析编钟形制数据的过程中，经常会碰到由于乐钟局部损坏而出现的数据不全的状况，由于统一设置的EXCEL公式并不能自动剔除无效数据，因此需要手动删除。

至此，形制分析的数据资料全部准备完成，可根据分析的结果，对数据的意义进行后续解读。

三、标准差在钟类乐器形制分析中的意义

使用标准差的方法对编钟形制数据进行分析，是研究方法上的新尝试。笔者经过审慎的思考，对本书中使用标准差的方法求得乐钟形制总体标准差及对比标准差的意义作出了总结。

1. 求钟体各部位数据比例"总体标准差"的意义

（1）成编列的钟，其总体标准差的大小所指向的是此套钟在设计、制作层面的规范程度，总体标准差越小，则全套钟的设计与制作越规范，反之则规范程度越弱。

（2）同一地域所出土的同类、单件钟，其总体标准差的大小是此地区对此类钟在设计层面是否具有统一规范的显示，标准差越小则代表越可能具有一定之规，反之则代表形制差异较大而规范度较弱。

（3）当总体标准差较小时，则可将所统计的此组比值之平均值，视为此组钟体设计的相对规范，并将此相对规范与《考工记》所载理

论规范相对比,进一步分析形制的差异。

（4）不同统计对象同组数据（如均为$\frac{舞脩}{舞广}$）的总体标准差可以进行比较,其所指向的是不同编钟相同部位设计规范程度的对比。

（5）相同统计对象的不同组数据之总体标准差可以进行比较,其所指向的是同一套编钟不同部位之间设计规范程度的差别。

（6）不同统计对象的不同组数据之总体标准差,笔者认为对其进行比较是无意义的。

2. 求钟体各部位数据比例"对比标准差"的意义

关于《考工记》的文化属性,经学者研究认定其为齐国官书。就此问题,虽然有学者持反对意见,[①]但当代学者郭沫若、闻人军、汪启明等人从《考工记》中所提到的列国、水渎名号、地方方言、度量衡制度等方面进行论证,从中找到了与齐国文化相关联的蛛丝马迹,他们所持的"齐国官书论"在学界是居于绝对的主导地位的。[②]

《考工记》所载"凫氏",是对甬钟钟体各部位间形制数据比例关系的总结。笔者在文中针对越地出土编钟形制的分析时,不但将各套编甬钟的实际数据与《考工记》所载理论值进行对比,还将中原系统其他钟类（镈、纽钟、句鑃）的数据也进行了对比分析,这主要是出于对《考工记》之"凫氏"的价值与地位的认同而作出的选择。《考

---

① 刘洪涛《〈考工记〉不是齐国官书》,《自然科学史研究》1984年第4期。

② 郭沫若《十批判书》,新文艺出版社1951年版,第30页;闻人军《〈考工记〉导读》,巴蜀书社1988年版,第126页;汪启明《〈周礼·考工记〉齐语拾补——〈考工记〉为齐人所作再证》,《古汉语研究》1992年第4期。

工记》所载乐钟形制比例，是关于此类问题的唯一记载。它所具有的这种唯一性，既是它自身的价值所在，亦将其推至了一个特殊的地位——其中所载虽然并非所有地区、所有钟类形制标准的绝对参照物，但却被"唯一性"推至相对参照物的地位。

正是出于上述思考，笔者将据信为齐国官书的《考工记》中所载甬钟形制的理论比例，也作为相对参照值，与越地出土的中原系统其他钟类的数据作出比较分析。笔者认为这种实际值与理论值的对比，具有以下意义：

第一，将《考工记》所载钟体各部位数据的比例作为 μ 值代入标准差公式，则得出所统计的钟体各部位数据比例与《考工记》所载比例的标准差，本书中称其为"对比标准差"。

第二，总体标准差较小的钟组，可通过对比标准差来与《考工记》所载钟形的设计规范相比较。对比标准差值的大小，所指向的是统计对象与《考工记》所载钟形在设计规范层面的离合程度。差值越大则说明其形制越有别于《考工记》；反之则说明其与《考工记》所载钟形在一定程度上相符，且存在相关的可能。

第三，不同统计对象同组数据之间的对比标准差可以进行比较，其所指向的是不同编钟相同部位的形制与《考工记》所载离合程度的对比。

第四，相同统计对象的不同组数据之对比标准差可以进行比较，其所指向的是同一套编钟不同部位的设计规范与《考工记》所载钟形差别的大小。

第五，不同统计对象的不同组数据之对比标准差，笔者认为对其进行比较是无意义的。

第六，统计对象的总体标准差与对比标准差越接近，则说明其平均值越贴近《考工记》所载比例。

第七，某组数据的总体标准差较小但对比标准差较大时，可将这组数据的平均值与《考工记》理论比例相比较，进一步分析此比值偏大或偏小与分母、分子的关系，进而把握钟体形制的细微区别。

第八，当数据分析结果呈现出总体标准差和对比标准差均较大的状况时，由于总体标准差大，说明统计对象自身所具有的统一规范性弱，因此哪怕是与《考工记》相对比的对比标准差亦大，也不能说明统计对象有别于《考工记》而趋向于自成体系，因其形制的统一性差而无所谓"体系"可言。

第二章
两周越地青铜编钟的形制及其规范

　　本章内容为使用统计学标准差的分析方法，对越地出土的青铜编钟之形制进行数据分析，以期对每套编钟在设计、制作层面所具有的规范给予认知，进而对同一地区的编钟所具有的统一形制规范进行总结。

　　使用统计学标准差这一分析手段进行形制分析，是笔者根据编钟形制的特性而作出的选择。第一，正如王子初所总结的，先秦青铜编钟有着制作材料"贵"，历史地位及政治内涵"重"，以及铸造、调音技术被为统治阶层服务的铸工家族所集中掌握的特点，其形制绝非随意，应有一定之规；第二，根据《考工记》的"凫氏"所载，甬钟不同部位的尺寸是存在比例关系的，越地乐钟的形制虽未必与《考工记》所载完全相符，但笔者相信"比例关系的存在"是一定的；第三，将钟体各部位单纯的长度数据换算成不同部位间的比值，再使用统计学标准差的方法对这些繁复的比值进行分析，可以得出这些比值对其平均值的离散度（即本书所言"总体标准差"），离散度的大小直指乐钟形制在设计、制作层面的规范程度；第四，将《考工记》所载钟体形制比例代入标准差公式，可以得出越地编钟的形制比值对《考工记》所载比例的偏离度（即本书所言"对比标准差"），而将对比标准差的结果与总体标准差的结果结合观察，可以反映出观察对象的形制是否有别于《考工记》而自成体系；第五，本书中总体标准差与对比标准差的值均以0.05为判断界限，大于0.05被认为偏差较大，小于0.05（含）则偏差较小。

在从整体上对钟体总体标准差及对比标准差进行把握，进而判断其设计、制作规范程度之余，亦可以将与钟体某一外形特征相关的一项或几项比例的平均值与理论值进行对比观察，从而得出钟体所具外形特征与《考工记》所载的异同。笔者在本书第一章第二节针对"对比标准差"的论述中已经指出，《考工记》经学者研究认为是齐国的官书，其中"凫氏"所载，为甬钟钟体各部位间形制数据的比例，而非所有地区、所有乐钟类别的钟体形制规范。但从该文献所具有的价值与地位来看，《考工记》所载乐钟形制比例是关于此类问题的唯一记载，这种唯一性反而将其推至相对参照物的地位。因此，笔者将越地出土的其他中原系统编钟与编甬钟一同进行了实际值与《考工记》所载理论值的"对比标准差"分析。总之，笔者认为，这种实际值与理论值的对比参照是有意义的。

第一节　钟身形制标准差分析

本节是专门针对越地编钟钟身形制所进行的数据分析及解读。本书所谓"钟身"，是指钟体除甬（纽）以外的部分。针对钟身形制的分析，其方法为：先将舞脩、舞广、中长、铣长、铣间、鼓间六个部位的尺寸数据依次进行比值计算，共得15项比例（去掉分子、分母互为颠倒的倒数之一）；之后，使用EXCEL软件计算好一套钟所有的15项比例，再求得各项整体的平均值，填写《考工记》所载理论值作为参照，计算总体标准差、对比标准差（详见本书第一章第二节）；完成数据准备工作后，即可对总体标准差、对比标准差，以及与钟身某一外形特征相关的一项或几项数据进行解读。

一、镈

以下为对本书所涉编镈钟身形制标准差的逐一分析。

1. 春秋晚期江苏六合程桥2号墓编镈

表2–1　江苏六合程桥2号墓编镈形制分析表[①]

钟名	馆藏编号	舞脩舞广	舞脩中长	舞脩铣长	舞脩铣间	舞脩鼓间	舞广中长	舞广铣长	舞广铣间	舞广鼓间	中长铣长	中长铣间	中长鼓间	铣长铣间	铣长鼓间	铣间鼓间
江苏六合程桥2号墓编镈	10:16947-1	1.34	0.80	0.79	0.86	1.21	0.60	0.59	0.65	0.90	0.99	1.08	1.51	1.09	1.52	1.40
	10:16947-2	1.40	0.79	0.78	0.87	1.22	0.56	0.56	0.62	0.87	0.99	1.10	1.55	1.11	1.56	1.41
	10:16947-3	1.29	0.77	0.76	0.88	1.18	0.59	0.59	0.68	0.91	0.99	1.15	1.53	1.16	1.55	1.34
	10:16947-4	1.36	0.78	0.86	0.78	1.15	0.58	0.63	0.57	0.84	1.09	0.99	1.47	0.91	1.34	1.48
	10:16947-5	1.31	0.77	0.76	0.90	1.13	0.59	0.58	0.68	0.86	0.99	1.17	1.47	1.18	1.49	1.26
平均值		1.34	0.78	0.79	0.86	1.18	0.58	0.59	0.64	0.88	1.01	1.10	1.51	1.09	1.49	1.37
理论值		1.25	0.80	0.64	0.80	1.00	0.64	0.5125	0.64	0.80	0.80	1.00	1.25	1.25	1.5625	1.25
总体标准差		0.04	0.01	0.04	0.04	0.03	0.01	0.02	0.04	0.03	0.04	0.06	0.03	0.10	0.08	0.07
对比标准差		0.10	0.02	0.15	0.07	0.18	0.06	0.08	0.04	0.08	0.22	0.12	0.26	0.19	0.11	0.14

---

① 本书中数据如无特别注明，均以《中国音乐文物大系》所公布的数据为准进行计算。

（1）此套编镈的总体标准差范围在0.01至0.10，其中相对偏大的项有$\frac{中长}{铣间}$、$\frac{铣长}{铣间}$、$\frac{铣长}{鼓间}$、$\frac{铣间}{鼓间}$，其他数据的标准差相对小且均匀，说明此套编镈在设计、制作层面具有一定规范性；同时，由于此套编镈的对比标准差除$\frac{舞脩}{中长}$、$\frac{舞广}{铣间}$两项外，全面偏大，说明仅有$\frac{舞脩}{中长}$、$\frac{舞广}{铣间}$两项的值与《考工记》所载较为符合，其他项的值与文献所载的理论数据相符程度较低。综合上述两方面来看，本套编镈的形制表现出有别于《考工记》所载的、自成体系的规范性特点。

（2）$\frac{舞脩}{舞广}$、$\frac{铣间}{鼓间}$两项关系到钟体浑圆的程度。观察这两项的平均值与理论值之间的关系可知，两项的平均值均大于理论值。一个分数偏大有两种可能——分子大或分母小，但对这两项分数来说，无论是分子大还是分母小，都能说明钟体舞部和口部的宽度大于厚度，由此可以推断出此套编镈在整体上较《考工记》所载偏扁。此外，由于$\frac{铣间}{鼓间}$一项平均值大于理论值的程度高于$\frac{舞脩}{舞广}$，说明从整体上来看，本套编镈口部的浑圆程度小于舞部。

（3）$\frac{舞脩}{铣间}$、$\frac{舞广}{鼓间}$两项关系到钟口外侈的程度。从这两项的平均值与理论值之间的关系可知，两项的平均值均大于理论值，且$\frac{舞广}{鼓间}$一项平均值大于理论值的程度略大于$\frac{舞脩}{铣间}$。此两项的数据越大，则越说明钟体正、侧的上宽偏大或下宽偏小，即外侈程度小。由此可见，本套编镈从整体状况来看，正、侧的外侈程度均小于《考工记》所载，侧面外侈程度略小于正面。

（4）$\frac{铣长}{铣间}$一项关系到钟体的修长程度。观察此项的平均值与理论值可知，此项的平均值小于理论值。此项数据越小，则越说明钟体的长度偏短或宽度偏阔，因此，从这一项的数据可见，本套编镈的钟体比

《考工记》所载短阔。

2. 春秋晚期江苏邳州九女墩3号墓编镈

表2-2　江苏邳州九女墩3号墓编镈形制分析表

钟名	馆藏编号	舞脩/舞广	舞脩/中长	舞脩/铣长	舞脩/铣间	舞脩/鼓间	舞广/中长	舞广/铣长	舞广/铣间	舞广/鼓间	中长/铣长	中长/铣间	中长/鼓间	铣长/铣间	铣长/鼓间	铣间/鼓间
邳州九女墩3号墓编镈	93PJM3:1	1.21	0.80	0.77	0.84	1.01	0.66	0.64	0.69	0.84	0.97	1.05	1.27	1.08	1.31	1.21
	93PJM3:2	1.30	0.81	0.80	0.80	1.06	0.62	0.62	0.61	0.82	0.99	0.98	1.31	0.99	1.33	1.33
	93PJM3:3	1.21	0.80	0.80	0.82	0.99	0.68	0.66	0.68	0.82	0.98	1.00	1.21	1.02	1.24	1.21
	93PJM3:4	1.28	0.83	0.82	0.81	1.16	0.65	0.64	0.63	0.91	0.98	0.97	1.39	0.99	1.42	1.44
	93PJM3:5	1.29	0.81	0.81	0.84	1.35	0.63	0.63	0.65	1.05	1.00	1.04	1.66	1.04	1.66	1.60
	93PJM3:6	1.38	0.84	0.84	0.80		0.61	0.61	0.58		1.00	0.96		0.96		
平均值		1.28	0.82	0.81	0.82	1.12	0.64	0.63	0.64	0.89	0.99	1.00	1.37	1.01	1.39	1.36
理论值		1.25	0.80	0.64	0.80	1.00	0.64	0.5125	0.64	0.80	0.80	1.00	1.25	1.25	1.5625	1.25
总体标准差		0.06	0.02	0.02	0.02	0.13	0.02	0.02	0.04	0.09	0.01	0.04	0.16	0.04	0.15	0.15
对比标准差		0.07	0.02	0.17	0.02	0.17	0.02	0.12	0.04	0.12	0.19	0.04	0.20	0.24	0.23	0.19

本套编镈第93PJM3:6号由于鼓间变形而无测量数据。根据其他数据分析如下：

（1）此套编镈的总体标准差范围在0.01至0.16，呈现出部分数据偏大且不甚均匀的特点。从舞脩/铣间、舞广/中长、中长/铣长等项的总体标准差中可看出其形制在设计、制作层面有一定规范度，但舞脩/鼓间、中长/铣间、铣长/鼓间、铣间/鼓间等项又反映出其在设计、制作层面的规范度并不强。从对比标准差来看，总共十五项中有十项数据偏大（大于0.05），可见此套编镈的形制有别于《考工记》所载，但由于其自身形制所具规范度并不强，因此无法说明其有着自成体系的形制规范。

（2）与鼓间相关的所有项（共五项），其总体标准差均偏大，且这五项的值为所有数据中最大的五项，表明此套编镈鼓间这一部位的尺寸偏差明显，规范度较其他部位弱。

（3）$\frac{舞脩}{舞广}$、$\frac{铣间}{鼓间}$两项关系到钟体的浑圆程度。观察这两项的平均值与理论值之间的关系可知，两项的平均值均大于理论值，且$\frac{舞脩}{舞广}$平均值大于理论值的程度小于$\frac{铣间}{鼓间}$。由于这两项值越大就越说明钟体的宽度大于厚度，由此可以推断出此套编镈在整体上较《考工记》所载偏扁。此外，本套编镈从整体上来看，口部浑圆度低于舞部。

（4）$\frac{舞脩}{铣间}$、$\frac{舞广}{鼓间}$两项关系到钟口外侈的程度。这两项的平均值均大于理论值，且$\frac{舞广}{鼓间}$一项平均值大于理论值的程度大于$\frac{舞脩}{铣间}$。此两项的数据越大，则越说明钟体正、侧的上宽偏大或下宽偏小，即外侈程度小。由此可见，本套编镈从整体状况来看，正、侧的外侈程度均小于《考工记》所载，而侧面的外侈度小于正面。

（5）$\frac{铣长}{铣间}$一项关系到钟体的修长程度。此套编镈该项的平均值小于理论值。此项数据越小，则越说明钟体的长度偏短或宽度偏阔，因此，从本套编镈这一项的数据中可见，其钟体比《考工记》所载短阔。

3. 春秋晚期江苏遾乊编镈

表2-3　江苏遾乊编镈形制分析表

钟名	馆藏编号	$\frac{舞脩}{舞广}$	$\frac{舞脩}{中长}$	$\frac{舞脩}{铣长}$	$\frac{舞脩}{铣间}$	$\frac{舞脩}{鼓间}$	$\frac{舞广}{中长}$	$\frac{舞广}{铣长}$	$\frac{舞广}{铣间}$	$\frac{舞广}{鼓间}$	$\frac{中长}{铣长}$	$\frac{中长}{铣间}$	$\frac{中长}{鼓间}$	$\frac{铣长}{铣间}$	$\frac{铣长}{鼓间}$	$\frac{铣间}{鼓间}$
遾乊编镈	10:25291	1.19		0.79	1.04				0.66	0.87						1.31
	10:25292	1.24		0.86	1.02				0.70	0.82						1.18
	10:25293	1.32		0.86	1.08				0.65	0.82						1.26
	10:25294	1.31		0.89	1.09				0.68	0.83						1.23
	10:25295	1.27		0.86	1.10				0.67	0.86						1.28

钟名	馆藏编号	舞脩/舞广	舞脩/中长	舞脩/铣长	舞脩/铣间	舞脩/鼓间	舞广/中长	舞广/铣长	舞广/铣间	舞广/鼓间	中长/铣长	中长/铣间	中长/鼓间	铣长/铣间	铣长/鼓间	铣间/鼓间
平均值		1.27			0.85	1.07			0.67	0.84						1.25
理论值		1.25	0.80	0.64	0.80	1.00	0.64	0.5125	0.64	0.80	0.80	1.00	1.25	1.25	1.5625	1.25
总体标准差		0.05			0.03	0.03			0.02	0.02						0.04
对比标准差		0.05			0.06	0.07			0.04	0.05						0.04

由于没有关于此套编镈中长、铣长的相关数据，因此仅就目前所掌握的数据来分析可知：

（1）从现有数据来看，此套编镈的总体标准差范围在0.02至0.05，呈现出相对小且均匀的特点，可看出其形制在设计、制作层面是具有规范性的。从对比标准差来看，现有数据的对比标准差亦呈现分布均匀的特点，个别数据稍有偏大。可见从目前所掌握的数据来看，此套编镈的形制与《考工记》所载具有一定的相符程度。

（2）$\frac{舞脩}{舞广}$、$\frac{铣间}{鼓间}$两项关系到钟体的浑圆程度。本套编镈$\frac{舞脩}{舞广}$的平均值略大于理论值，$\frac{铣间}{鼓间}$的平均值等于理论值。由于这两项的值越大，就越说明钟体的宽度大于厚度，由此可以推断出此套编镈从整体上来看，舞部较《考工记》所载偏扁，口部的浑圆程度与《考工记》所载相当。

（3）$\frac{舞脩}{铣间}$、$\frac{舞广}{鼓间}$两项关系到钟口外侈的程度。本套编镈这两项的平均值均大于理论值，$\frac{舞脩}{铣间}$一项的平均值大于理论值的程度略大于$\frac{舞广}{鼓间}$。此两项的数据越大，则越说明钟体正、侧的上宽偏大或下宽偏小，即外侈程度小。由此可见，本套编镈从整体状况来看，正、侧的外侈程度均小于《考工记》所载，而侧面外侈程度大于正面。

4. 战国早期江苏邳州九女墩2号墩1号墓编镈

表2-4　江苏邳州九女墩2号墩1号墓编镈形制分析表

钟名	编号	舞修/舞广	舞修/中长	舞修/铣长	舞修/铣间	舞修/鼓间	舞广/中长	舞广/铣长	舞广/铣间	舞广/鼓间	中长/铣长	中长/铣间	中长/鼓间	铣长/铣间	铣长/鼓间	铣间/鼓间
邳州九女墩2号墩1号墓编镈	1	1.30	0.79	0.78	0.83	1.06	0.61	0.60	0.64	0.82	0.98	1.04	1.34	1.06	1.36	1.28
	2	1.36	0.80	0.78	0.84	1.11	0.58	0.58	0.61	0.82	0.98	1.05	1.40	1.07	1.42	1.33
	3	1.31	0.83	0.82	0.86	1.10	0.63	0.63	0.66	0.85	0.99	1.04	1.33	1.05	1.35	1.28
	4	1.33	0.81	0.80	0.83	1.12	0.61	0.61	0.63	0.85	0.99	1.03	1.39	1.04	1.39	1.35
	5	1.35	0.82	0.82		1.19	0.60	0.60		0.88	1.00		1.46		1.46	
	6	1.38	0.83	0.81	0.85	1.16	0.60	0.59	0.62	0.84	0.98	1.03	1.41	1.05	1.43	1.36
平均值		1.34	0.81	0.80	0.84	1.13	0.61	0.60	0.63	0.84	0.99	1.04	1.39	1.05	1.40	1.32
理论值		1.25	0.80	0.64	0.80	1.00	0.64	0.5125	0.64	0.80	0.80	1.00	1.25	1.25	1.5625	1.25
总体标准差		0.03	0.01	0.02	0.01	0.04	0.01	0.02	0.02	0.02	0.01	0.01	0.04	0.01	0.04	0.03
对比标准差		0.05	0.01	0.14	0.03	0.06	0.03	0.09	0.00	0.02	0.18	0.04	0.09	0.19	0.20	0.03

此套编镈5号镈正面右侧铣部残，因此无铣间数据。根据其他数据进行分析可知：

（1）此套编镈的总体标准差范围在0.01至0.04，呈现出小且均匀的特点，说明此套编镈在设计、制作层面具有强规范性。从对比标准差来看，在所有十五项中有七项的对比标准差超过0.05，表现出既在一定程度上与《考工记》所载相符合，又不乏自身特点的强规范性。

（2）$\frac{舞修}{舞广}$、$\frac{铣间}{鼓间}$两项关系到钟体浑圆的程度。本套编镈该两项的平均值均大于理论值，同时，$\frac{铣间}{鼓间}$平均值大于理论值的程度小于$\frac{舞修}{舞广}$。由于这两项值越大就越说明钟体的宽度大于厚度，由此可以推断出此套编镈在整体上较《考工记》所载偏扁，且口部的浑圆度高于舞部。

（3）$\frac{舞脩}{铣间}$、$\frac{舞广}{鼓间}$两项关系到钟口外侈的程度。本套编镈这两项的平均值均大于理论值，且两项平均值大于理论值的程度相当。此两项的数据越大，则越说明钟体正、侧的上宽偏大或下宽偏小，即外侈程度小。由此可见，本套编镈从整体状况来看，正、侧的外侈程度均小于《考工记》所载，而正面与侧面的外侈程度相当。

（4）$\frac{铣长}{铣间}$一项关系到钟体的修长程度。此套编镈该项的平均值明显小于理论值。该项数据越小，则越说明钟体的长度偏短或宽度偏阔，可见本套编镈钟体比例比《考工记》所载短阔。

二、甬钟

以下为对本书所涉编甬钟钟身形制标准差的逐一分析。

1. 春秋横8字纹编钟

表2-5　横8字纹编钟形制分析表

钟名	馆藏编号	舞脩舞广	舞脩中长	舞脩铣长	舞脩铣间	舞脩鼓间	舞广中长	舞广铣长	舞广铣间	舞广鼓间	中长铣长	中长铣间	中长鼓间	铣长铣间	铣长鼓间	铣间鼓间
横8	21918	1.60	0.58	0.51	0.83	1.24	0.36	0.32	0.52	0.77	0.88	1.43	2.14	1.63	2.42	1.49
字纹	21914	1.66	0.56	0.51	0.86	1.28	0.34	0.30	0.52	0.77	0.90	1.53	2.28	1.70	2.54	1.49
编钟	21913	1.63	0.58	0.51	0.88	1.35	0.35	0.31	0.54	0.83	0.88	1.53	2.34	1.73	2.65	1.53
平均值		1.63	0.57	0.51	0.86	1.29	0.35	0.31	0.53	0.79	0.89	1.50	2.25	1.69	2.54	1.50
理论值		1.25	0.80	0.64	0.80	1.00	0.64	0.5125	0.64	0.80	0.80	1.00	1.25	1.25	1.5625	1.25
总体标准差		0.03	0.01	0.00	0.02	0.04	0.01	0.01	0.01	0.03	0.01	0.05	0.09	0.05	0.09	0.02
对比标准差		0.38	0.23	0.13	0.06	0.29	0.29	0.20	0.11	0.03	0.09	0.50	1.00	0.44	0.98	0.25

（1）此套编钟的总体标准差范围在0.00至0.09，除$\frac{中长}{鼓间}$和$\frac{铣长}{鼓间}$两项外，其他项的总体标准差相对小且均匀，说明此套编钟在设计、制作层面具有较强的规范性。在具较强规范性的同时，由于此套编钟的对比标准差除$\frac{舞广}{鼓间}$一项外其他全部偏大，因此又表现出有别于《考工记》所载的、自成体系的规范性特征。

（2）$\frac{舞修}{舞广}$、$\frac{铣间}{鼓间}$两项关系到钟体浑圆的程度。观察这两项的平均值与理论值之间的关系可知，两项的平均值均大大高于理论值。由于一个分数偏大有分子大或分母小两种可能，但对这两项数值来说，无论是分子大还是分母小，都能说明钟体的宽度大于厚度，由此可以推断出此套钟在整体上呈现钟体较扁的形制。此外，由于$\frac{舞修}{舞广}$平均值大于理论值的程度高于$\frac{铣间}{鼓间}$，说明本套编钟口部的浑圆度大于舞部。

（3）$\frac{舞修}{铣间}$、$\frac{舞广}{鼓间}$两项关系到钟口外侈的程度。本套编钟$\frac{舞修}{铣间}$的平均值大于理论值，而$\frac{舞广}{鼓间}$的平均值略小于理论值。此两项的数据越大，则越说明分子大或分母小，即钟体正、侧的上宽偏大或下宽偏小，也就是外侈程度小；反之则外侈程度偏大。由此可知，从此套编钟的整体状况来看，钟体正面的外侈程度小于《考工记》所载，侧面的外侈程度则略微偏大。

（4）$\frac{铣长}{铣间}$一项关系到钟体的修长程度。观察此项的平均值与理论值可知，此项的平均值大大高于理论值。此项数据越大，越说明钟体的长度偏长或宽度偏窄，因此，从本套编钟这一项的数据中可见，本套编钟钟体格外修长。

（5）$\frac{中长}{铣长}$关系到于口弧曲的幅度。此套编钟本项的平均值大于理论值。而此项的数值越大，则说明于口的弧曲度越小，由此可见，从整体上来看,本套编钟的于口弧度小于《考工记》所载,中长偏长。

2. 西周江西吉水甬钟

表2-6　江西吉水甬钟形制分析表

钟名	馆藏编号	舞脩/舞广	舞脩/中长	舞脩/铣长	舞脩/铣间	舞脩/鼓间	舞广/中长	舞广/铣长	舞广/铣间	舞广/鼓间	中长/铣长	中长/铣间	中长/鼓间	铣长/铣间	铣长/鼓间	铣间/鼓间
吉水甬钟	296	1.23		0.67	0.79	1.06		0.55	0.64	0.86				1.17	1.57	1.34
	297	1.43		0.76	0.87	1.21		0.53	0.61	0.84				1.14	1.59	1.39
	298	1.44		0.68	0.75	1.37		0.47	0.52	0.95				1.10	2.00	1.82
平均值		1.37		0.70	0.80	1.21		0.52	0.59	0.88				1.14	1.72	1.52
理论值		1.25	0.80	0.64	0.80	1.00	0.64	0.5125	0.64	0.80	0.80	1.00	1.25	1.25	1.5625	1.25
总体标准差		0.10		0.04	0.05	0.13		0.03	0.05	0.05				0.03	0.20	0.21
对比标准差		0.15		0.07	0.05	0.25		0.03	0.07	0.10				0.12	0.25	0.34

由于没有关于此套编钟中长的相关数据,因此仅就目前所掌握的数据来分析可知:

（1）此套编钟的总体标准差范围在0.03至0.21,呈现出数据偏大且不均匀的特点。从 舞脩/铣长、舞广/铣长、铣间 等项的总体标准差中可看出其形制尚有一定规范度,但从 舞脩/舞广、舞脩/铣间、铣长/鼓间、铣间/鼓间 四项可见其在设计、制作层面的规范度很弱。从对比标准差来看,由于除 舞脩/铣长、舞广/铣长 两项外,其他项的值均偏大,可见此套钟的形制有别于《考工记》所载,但由于其自身形制所具规范度较弱,因此并不能说明其有着自成体系的形制规范。

（2）从总体标准差来看,所有与鼓间相关项的数值均偏大,表现出较大的偏离度,可见鼓间部位的形制规范度弱。

（3）舞脩/舞广、铣间/鼓间 两项关系到钟体浑圆的程度。本套编钟该两项的平均

59　　　　　　　　　第二章　两周越地青铜编钟的形制及其规范

值均大于理论值，且$\frac{铣间}{鼓间}$一项平均值超出理论值的程度大大高于$\frac{舞脩}{舞广}$。由于这两项的数据越大，说明钟体宽度大于厚度的程度越大，因此，从此套编钟的整体状况来看，钟体较《考工记》所载偏扁，且钟体口部的浑圆程度小于舞部。

（4）$\frac{舞脩}{铣间}$、$\frac{舞广}{鼓间}$两项关系到钟口外侈的程度。观察这两项的平均值与理论值之间的关系可知，$\frac{舞脩}{铣间}$的平均值等于理论值，而$\frac{舞广}{鼓间}$的平均值大于理论值。此两项的数据越大，则越说明钟体正、侧的上宽偏大或下宽偏小，即外侈程度小。由此可见，本套编钟从整体状况来看，钟体正面的外侈程度与《考工记》所载相当，侧面比《考工记》所载的外侈程度小。

（5）$\frac{铣长}{铣间}$一项关系到钟体的修长程度。本套编钟此项的平均值小于理论值，此项数据越小，则越说明钟体的长度偏短或宽度偏阔。因此，从本套编钟钟体整体的长宽比来看，比《考工记》所载短阔。

3. 西周江西萍乡彭高甬钟

表2-7　江西萍乡彭高甬钟形制分析表

钟名	馆藏编号	舞脩舞广	舞脩中长	舞脩铣长	舞脩铣间	舞脩鼓间	舞广中长	舞广铣长	舞广铣间	舞广鼓间	中长铣长	中长铣间	中长鼓间	铣长铣间	铣长鼓间	铣间鼓间
萍乡彭高甬钟	14945-1	1.33	0.84	0.72	0.84	1.15	0.63	0.54	0.63	0.87	0.86	0.99	1.37	1.16	1.60	1.38
	14945-2	1.31	0.84	0.72	0.82	1.12	0.64	0.55	0.63	0.86	0.86	0.98	1.34	1.14	1.56	1.37
平均值		1.32	0.84	0.72	0.83	1.14	0.64	0.55	0.63	0.86	0.86	0.99	1.35	1.15	1.58	1.37
理论值		1.25	0.80	0.64	0.80	1.00	0.64	0.5125	0.64	0.80	0.80	1.00	1.25	1.25	1.5625	1.25
总体标准差		0.01	0.00	0.00	0.01	0.02	0.00	0.00	0.00	0.00	0.01	0.01	0.01	0.01	0.02	0.01
对比标准差		0.07	0.04	0.08	0.03	0.14	0.01	0.03		0.01	0.06	0.02	0.11	0.10	0.02	0.12

（1）此套编钟的总体标准差范围在0.00至0.02，呈现低且平均的特点，全部十五项中有七项的总体标准差为0.00、六项0.01、两项0.02，可见其在设计、制作层面的规范度已经达到相当高的水准；从对比标准差来看，由于所有十五项中有八项数据偏大（大于0.05），其余七项的值相对较小，可见此钟的形制表现出既在一定程度上与《考工记》所载相应，又不乏自身特征的强规范性。

（2）$\frac{舞脩}{舞广}$、$\frac{铣间}{鼓间}$两项关系到钟体浑圆的程度。观察这两项的平均值与理论值之间的关系可知，两项的平均值均大于理论值，且$\frac{铣间}{鼓间}$一项平均值超出理论值的程度大于$\frac{舞脩}{舞广}$。由于这两项的数据越大，说明钟体宽度大于厚度的程度越大，因此，从此套编钟的整体状况来看，钟体较《考工记》所载偏扁，且钟体口部的浑圆程度小于舞部。

（3）$\frac{舞脩}{铣间}$、$\frac{舞广}{鼓间}$两项关系到钟口外侈的程度。观察这两项的平均值与理论值之间的关系可知，两项的平均值均大于理论值，而$\frac{舞广}{鼓间}$一项的平均值大于理论值的程度大于$\frac{舞脩}{铣间}$。此两项的数据越大，则越说明钟体正、侧的上宽偏大或下宽偏小，即外侈程度小。由此可见，本套编钟从整体状况来看，正、侧的外侈程度均小于《考工记》所载，正面外侈度大于侧面。

（4）$\frac{铣长}{铣间}$一项关系到钟体的修长程度。观察此项的平均值与理论值之间的关系可知，此项的平均值小于理论值。此项数据越小，则越说明钟体的长度偏短或宽度偏阔，因此，从本套编钟钟体整体的长宽比来看，比《考工记》所载短阔。

（5）$\frac{中长}{铣长}$关系到于口弧曲的幅度。此套编钟本项的平均值大于理论值，此项数值越大则说明于口的弧曲度越小，可见此套编钟从整体上看于口弧度小于《考工记》所载，中长偏长。

第二章　两周越地青铜编钟的形制及其规范

4. 春秋早中期江苏东海庙墩编钟

表2-8　江苏东海庙墩编钟形制分析表

钟名	馆藏编号	舞脩/舞广	舞脩/中长	舞脩/铣长	舞脩/铣间	舞脩/鼓间	舞广/中长	舞广/铣长	舞广/铣间	舞广/鼓间	中长/铣长	中长/铣间	中长/鼓间	铣长/铣间	铣长/鼓间	铣间/鼓间
东海庙墩编钟	449	1.27	0.80	0.67	0.87	1.13	0.63	0.52	0.68	0.89	0.84	1.09	1.42	1.30	1.70	1.30
	450	1.25	0.78	0.66	0.83	1.16	0.62	0.53	0.66	0.92	0.85	1.07	1.49	1.26	1.75	1.39
	451	1.26	0.77	0.67	0.82	1.17	0.62	0.53	0.65	0.93	0.86	1.06	1.51	1.23	1.75	1.42
	452	1.40	0.85	0.69	0.84	1.24	0.61	0.50	0.60	0.89	0.82	0.99	1.46	1.21	1.79	1.48
	454	1.35	0.77	0.67	0.86	1.18	0.57	0.49	0.64	0.87	0.86	1.12	1.53	1.29	1.77	1.37
	453	1.34	0.81	0.68	0.85	1.16	0.61	0.51	0.64	0.87	0.85	1.05	1.43	1.24	1.70	1.36
	455	1.38	0.83	0.71	0.88	1.18	0.60	0.52	0.64	0.86	0.86	1.06	1.43	1.23	1.66	1.35
	456	1.31	0.80	0.68	0.83	1.15	0.61	0.52	0.63	0.88	0.85	1.04	1.44	1.23	1.70	1.38
	457	1.33	0.79	0.67		1.18	0.59	0.51		0.89	0.85		1.50		1.76	
平均值		1.32	0.80	0.68	0.85	1.17	0.61	0.51	0.64	0.89	0.85	1.06	1.47	1.25	1.73	1.38
理论值		1.25	0.80	0.64	0.80	1.00	0.64	0.5125	0.64	0.80	0.80	1.00	1.25	1.25	1.5625	1.25
总体标准差		0.05	0.02	0.02	0.02	0.03	0.02	0.01	0.02	0.02	0.01	0.03	0.04	0.03	0.04	0.05
对比标准差		0.09	0.02	0.04	0.05	0.18	0.04	0.01	0.02	0.09	0.05	0.07	0.22	0.03	0.17	0.14

此套编钟第457号无铣间数据,其他数据分析如下:

（1）此套编钟的总体标准差范围在0.01至0.05,呈现低且均匀的特点,由此可见其在设计、制作层面具有相当强的规范度。从对比标准差来看,由于所有十五项中有七项数据偏大（大于0.05）,其余八项的值相对较小,可见此钟的形制表现出既在一定程度上与《考工记》所载相应,又不乏自身特征的强规范性。

（2）$\frac{舞脩}{舞广}$、$\frac{铣间}{鼓间}$两项关系到钟体浑圆的程度。观察这两项的平均值与理论值之间的关系可知,两项的平均值均大于理论值,且$\frac{铣间}{鼓间}$一项平均值超出理论值的程度大于$\frac{舞脩}{舞广}$。由于这两项的数据越大,说明钟体宽度大于厚度的程度越大,因此,从此套编钟的整体状况来看,钟体较《考工记》所载偏扁,且钟体口部的浑圆程度小于舞部。

（3）$\frac{舞脩}{铣间}$、$\frac{舞广}{鼓间}$两项关系到钟口外侈的程度。观察这两项的平均值与理论值之间的关系可知,两项的平均值均大于理论值,而$\frac{舞广}{鼓间}$一项的平均值大于理论值的程度大于$\frac{舞脩}{铣间}$。此两项的数据越大,则越说明钟体正、侧的上宽偏大或下宽偏小,即外侈程度小。由此可见,本套编钟从整体状况来看,正、侧的外侈程度均小于《考工记》所载,正面外侈度大于侧面。

（4）$\frac{铣长}{铣间}$一项关系到钟体的修长程度。观察此项的平均值与理论值之间的关系可知,此项的平均值等于理论值。因此,从本套编钟钟体的长宽比来看,与《考工记》所载相当。

（5）$\frac{中长}{铣长}$关系到于口弧曲的幅度。此套编钟本项的平均值大于理论值,而此项的数值越大则说明于口的弧曲度越小,由此可见,此套编钟从整体上来看于口弧度小于《考工记》所载,中长偏长。

5.春秋晚期江苏邳州九女墩3号墓编钟

表2-9　江苏邳州九女墩3号墓编钟形制分析表

钟名	馆藏编号	舞脩/舞广	舞脩/中长	舞脩/铣长	舞脩/铣间	舞脩/鼓间	舞广/中长	舞广/铣长	舞广/铣间	舞广/鼓间	中长/铣长	中长/铣间	中长/鼓间	铣长/铣间	铣长/鼓间	铣间/鼓间
邳州九女墩3号墓编钟	93PJM3:7	1.22	0.84	0.68		1.10	0.69	0.56		0.90	0.82		1.31		1.61	
	93PJM3:8															
	93PJM3:9	1.24	0.85	0.65		1.09	0.69	0.53		0.88	0.77		1.27		1.66	
	93PJM3:10	1.22	0.82	0.66		1.05	0.68	0.54		0.86	0.80		1.27		1.60	
平均值		1.22	0.84	0.66		1.08	0.68	0.54		0.88	0.79		1.29		1.62	

钟名	馆藏编号	$\frac{舞脩}{舞广}$	$\frac{舞脩}{中长}$	$\frac{舞脩}{铣长}$	$\frac{舞脩}{铣间}$	$\frac{舞脩}{鼓间}$	$\frac{舞广}{中长}$	$\frac{舞广}{铣长}$	$\frac{舞广}{铣间}$	$\frac{舞广}{鼓间}$	$\frac{中长}{铣长}$	$\frac{中长}{铣间}$	$\frac{中长}{鼓间}$	$\frac{铣长}{铣间}$	$\frac{铣长}{鼓间}$	$\frac{铣间}{鼓间}$
理论值		1.25	0.80	0.64	0.80	1.00	0.64	0.5125	0.64	0.80	0.80	1.00	1.25	1.25	1.5625	1.25
总体标准差		0.01	0.01	0.01		0.02	0.01	0.01		0.02	0.02		0.02		0.03	
对比标准差		0.03	0.04	0.03		0.08	0.04	0.03		0.08	0.02		0.04		0.07	

　　此套编钟8号钟因破裂而无形制数据，其余钟无铣间数据。从现有资料入手分析可知：

　　（1）此套编钟总体标准差范围在0.01至0.03，呈现小且均匀的特点，可见其在设计、制作层面具有很高的规范度。从对比标准差来看，除$\frac{舞脩}{鼓间}$、$\frac{舞广}{鼓间}$、$\frac{铣长}{鼓间}$三项的值偏大外，其他值均小且均匀，可见此钟的形制表现出在一定程度上与《考工记》所载较为吻合的强规范性。

　　（2）$\frac{舞脩}{舞广}$、$\frac{铣间}{鼓间}$两项关系到钟体浑圆的程度，由于此套编钟无铣间数据，在此仅对$\frac{舞脩}{舞广}$一项进行观察。$\frac{舞脩}{舞广}$一项的平均值小于理论值。由于此项数据越小，则说明钟体宽度小于厚度的程度越大，因此从此套编钟的整体状况来看，钟体的舞部较《考工记》所载更加浑圆。

　　（3）$\frac{舞脩}{铣间}$、$\frac{舞广}{鼓间}$两项关系到钟口外侈的程度。由于此套编钟无铣间数据，在此仅对$\frac{舞广}{鼓间}$一项进行观察。此项的平均值大于理论值。由于此项的数据越大，则越说明钟体侧面的上宽偏大或下宽偏小，即外侈程度小。由此可见，本套编钟从整体状况来看，侧面的外侈程度小于《考工记》所载。

　　（4）$\frac{中长}{铣长}$关系到于口弧曲的幅度。此套编钟本项的平均值略小于理论值。而此项的数值越小则说明于口的弧曲度越大，可见此套编钟从整体上来看于口弧度大于《考工记》所载，中长偏短。

6. 春秋广东博罗陂头神编钟

表2-10　广东博罗陂头神编钟形制分析表

钟名	馆藏编号	舞脩/舞广	舞脩/中长	舞脩/铣长	舞脩/铣间	舞脩/鼓间	舞广/中长	舞广/铣长	舞广/铣间	舞广/鼓间	中长/铣长	中长/铣间	中长/鼓间	铣长/铣间	铣长/鼓间	铣间/鼓间
博罗陂头神编钟	0638	1.34	0.78	0.58	0.86	1.15	0.58	0.43	0.65	0.86	0.74	1.11	1.48	1.50	2.00	1.33
	0639	1.37	0.77	0.58	0.84	1.10	0.56	0.42	0.62	0.80	0.75	1.10	1.43	1.46	1.90	1.30
	0640	1.40	0.78	0.63	0.88	1.19	0.56	0.45	0.63	0.85	0.81	1.13	1.53	1.40	1.88	1.35
	0641	1.31	0.78	0.61	0.88	1.14	0.59	0.47	0.67	0.88	0.79	1.13	1.47	1.43	1.87	1.30
	0642	1.30	0.82	0.64	0.86	1.17	0.64	0.49	0.66	0.90	0.78	1.04	1.42	1.34	1.83	1.37
	0643	1.28	0.67	0.64	0.81	1.04	0.52	0.50	0.63	0.81	0.95	1.20	1.55	1.26	1.63	1.29
	0644	1.34	0.83	0.65	0.89	1.29	0.62	0.49	0.67	0.96	0.79	1.08	1.56	1.37	1.97	1.44
平均值		1.33	0.77	0.62	0.86	1.15	0.58	0.46	0.65	0.87	0.80	1.11	1.49	1.39	1.87	1.34
理论值		1.25	0.80	0.64	0.80	1.00	0.64	0.5125	0.64	0.80	0.80	1.00	1.25	1.25	1.5625	1.25
总体标准差		0.04	0.05	0.03	0.03	0.07	0.04	0.03	0.02	0.05	0.06	0.05	0.05	0.07	0.11	0.05
对比标准差		0.09	0.05	0.04	0.07	0.17	0.07	0.06	0.02	0.08	0.06	0.12	0.25	0.16	0.33	0.10

（1）此套编钟的总体标准差范围在0.02至0.11之间，除$\frac{舞脩}{鼓间}$、$\frac{中长}{铣长}$、$\frac{铣长}{铣间}$、$\frac{铣长}{鼓间}$四项偏大外，其他项的总体标准差值基本均匀，可见其在设计、制作层面是具有一定规范性的。从对比标准差来看，除$\frac{舞脩}{中长}$、$\frac{舞脩}{铣长}$、$\frac{舞广}{铣间}$三项较小外，其他项均偏大，表现出有别于《考工记》的、具有一定规范性的特点。

（2）$\frac{舞脩}{舞广}$、$\frac{铣间}{鼓间}$两项关系到钟体的浑圆程度。观察这两项的平均值与理论值之间的关系可知，两项的平均值均大于理论值，且$\frac{铣间}{鼓间}$一项平均值超出理论值的程度稍大于$\frac{舞脩}{舞广}$。由于这两项的数据越大，则说明钟体宽度大于厚度的程度越大，因此，从此套编钟的整体状况来看，钟体较《考工记》所载偏扁，而舞部的浑圆程度大于口部。

（3）$\frac{舞脩}{铣间}$、$\frac{舞广}{鼓间}$两项关系到钟口外侈的程度。本套编钟该两项的平均值均大于理论值，且$\frac{舞广}{鼓间}$一项平均值超出理论值的程度稍大于$\frac{舞脩}{铣间}$。此两项的数据越大，则越说明钟体正、侧的上宽偏大或下宽偏小，即外侈程度小。由此可见，本套编钟从整体状况来看，正、侧的外侈程度均小于《考工记》所载，而钟体正面的外侈程度稍大于侧面。

（4）$\frac{铣长}{铣间}$一项关系到钟体的修长程度。本套编钟此项的平均值大于理论值，由于此项数据越大，则越说明钟体的长度偏长或宽度偏窄，因此，从本套编钟钟体的长宽比来看，比《考工记》所载修长。

（5）$\frac{中长}{铣长}$关系到于口弧曲的幅度。从此项的平均值与理论值可知，此套编钟本项的平均值等于理论值。由此可见，本套编钟于口弧曲的幅度在整体上较为符合《考工记》所载。

7. 春秋广东兴宁古树窝编钟

表2-11 广东兴宁古树窝编钟形制分析表

钟名	馆藏编号	舞脩/舞广	舞脩/中长	舞脩/铣长	舞脩/铣间	舞脩/鼓间	舞广/中长	舞广/铣长	舞广/铣间	舞广/鼓间	中长/铣长	中长/铣间	中长/鼓间	铣长/铣间	铣长/鼓间	铣间/鼓间
兴宁古树窝编钟	0001	1.41	0.64	0.56	0.81	1.17	0.45	0.40	0.57	0.83	0.88	1.27	1.83	1.44	2.09	1.44
	0002	1.43	0.65	0.55	0.86	1.16	0.45	0.39	0.60	0.81	0.85	1.33	1.80	1.55	2.11	1.36
	0003	1.47	0.65	0.57	0.82	1.15	0.44	0.39	0.56	0.78	0.87	1.27	1.77	1.46	2.02	1.39
	0004	1.49	0.61	0.53	0.80	1.16	0.41	0.35	0.54	0.78	0.86	1.30	1.89	1.51	2.20	1.45
	0005	1.48	0.61	0.52	0.80	1.15	0.41	0.35	0.54	0.78	0.85	1.32	1.89	1.54	2.21	1.43
	0006	1.51	0.62	0.54	0.79	1.16	0.41	0.36	0.52	0.77	0.87	1.28	1.87	1.48	2.16	1.46
平均值		1.46	0.63	0.54	0.81	1.16	0.43	0.37	0.56	0.79	0.86	1.29	1.84	1.50	2.13	1.42
理论值		1.25	0.80	0.64	0.80	1.00	0.64	0.5125	0.64	0.80	0.80	1.00	1.25	1.25	1.5625	1.25
总体标准差		0.04	0.02	0.02	0.02	0.01	0.02	0.02	0.02	0.02	0.01	0.02	0.05	0.04	0.06	0.04
对比标准差		0.22	0.17	0.10	0.03	0.16	0.21	0.14	0.09	0.02	0.06	0.29	0.59	0.25	0.57	0.18

（1）此套编钟的总体标准差范围在0.01至0.06之间，虽$\frac{铣长}{鼓间}$一项略微偏大，但所有项的总体标准差基本呈现小且均匀的特点，可见其在设计、制作层面具有较强的规范性。从对比标准差来看，除$\frac{舞广}{铣间}$、$\frac{广间}{鼓间}$两项较小外，其他项均偏大，特别是$\frac{中长}{鼓间}$、$\frac{铣长}{鼓间}$两项的对比标准差之大，更是在除广东以外的其他越族分布地区所未见，明显表现出有别于《考工记》而自成体系的强规范性。

（2）$\frac{舞修}{舞广}$、$\frac{铣间}{鼓间}$两项关系到钟体的浑圆程度。这两项的平均值均大于理论值，$\frac{铣间}{鼓间}$一项偏大的程度小于$\frac{舞修}{舞广}$。这两项数据越大，说明钟体宽度大于厚度的程度越大，因此，从此套编钟的整体状况来看，钟体较《考工记》所载偏扁，而口部的浑圆程度大于舞部。

（3）$\frac{舞修}{铣间}$、$\frac{舞广}{鼓间}$两项关系到钟口外侈的程度。观察这两项的平均值与理论值之间的关系可知，$\frac{舞修}{铣间}$一项的平均值略大于理论值，而$\frac{舞广}{鼓间}$一项的平均值略小于理论值。由于这两项的总体标准差仅为0.02，其差距或可忽略不计。由此可见，本套编钟从整体状况来看，正、侧的外侈程度均与《考工记》所载相差不大，这也是本套编钟唯一与《考工记》相符的形制特征。

（4）$\frac{铣长}{铣间}$一项关系到钟体的修长程度。本套编钟此项的平均值大于理论值，由于此项数据越大，则越说明钟体的长度偏长或宽度偏窄，因此，从整体上的钟体长宽比来看，本套编钟比《考工记》所载修长。

（5）$\frac{中长}{铣长}$关系到于口弧曲的幅度。本套编钟此项的平均值大于理论值，而此项的数值越大则说明于口的弧曲度越小，可见本套编钟于口弧曲的幅度小于《考工记》所载，中长偏长。

8. 春秋广东清远马头岗1号墓甬钟

表2–12　广东清远马头岗1号墓甬钟形制分析表

钟名	馆藏编号	舞脩/舞广	舞脩/中长	舞脩/铣长	舞脩/铣间	舞脩/鼓间	舞广/中长	舞广/铣长	舞广/铣间	舞广/鼓间	中长/铣长	中长/铣间	中长/鼓间	铣长/铣间	铣长/鼓间	铣间/鼓间
清远马头岗1号墓甬钟	甲4391	1.43	0.68	0.56	0.77	1.14	0.48	0.39	0.54	0.80	0.83	1.14	1.67	1.38	2.03	1.47
	甲4392	1.46	0.66	0.59	0.80	1.17	0.45	0.40	0.55	0.80	0.89	1.21	1.77	1.37	1.99	1.46
	甲4393	1.46	0.71	0.59	0.81	1.28	0.49	0.41	0.56	0.88	0.83	1.14	1.80	1.38	2.17	1.58
平均值		1.45	0.68	0.58	0.80	1.20	0.47	0.40	0.55	0.83	0.85	1.16	1.75	1.37	2.06	1.50
理论值		1.25	0.80	0.64	0.80	1.00	0.64	0.5125	0.64	0.80	0.80	1.00	1.25	1.25	1.5625	1.25
总体标准差		0.01	0.02	0.01	0.02	0.06	0.02	0.01	0.01	0.04	0.03	0.03	0.05	0.01	0.08	0.05
对比标准差		0.20	0.12	0.02	0.02	0.21	0.17	0.11	0.09	0.05	0.17	0.50	0.12		0.51	0.26

（1）此套编钟的总体标准差范围在0.01至0.08之间，除舞脩/鼓间、铣长/鼓间两项略偏大外，其他项的总体标准差较小且均匀，可见其在设计、制作层面具有较强的规范性。从对比标准差来看，除舞脩/铣长、舞广/鼓间、中长/铣长三项较小外，其他项均偏大，特别是中长/铣间、铣长/鼓间两项的对比标准差之大，更是在除广东以外的其他越族分布地区所未见，明显表现出有别于《考工记》而自成体系的强规范性。

（2）舞脩/舞广、铣间/鼓间两项关系到钟体的浑圆程度。本套编钟这两项的平均值均大于理论值，舞脩/舞广一项偏大的程度小于铣间/鼓间。这两项数据越大，说明钟体宽度大于厚度的程度越大，因此，从此套编钟的整体状况来看，钟体较《考工记》所载偏扁，而口部的浑圆程度小于舞部。

（3）舞脩/铣间、舞广/鼓间两项关系到钟口外侈的程度。观察这两项的平均值与理论值之间的关系可知，舞脩/铣间的平均值等于理论值，舞广/鼓间的平均值大于理论值。由于这两项的值越大，则说明钟口的外侈程度越小，因此，本套编钟从整体状况来看，正面的外侈程度与《考工记》所载相当，侧面的外侈程度小于正面。

（4）$\frac{铣长}{铣间}$一项关系到钟体的修长程度。本套编钟此项的平均值大于理论值，由于此项数据越大，则越说明钟体的长度偏长或宽度偏窄，因此，从本套编钟钟体整体上的长宽比来看，比《考工记》所载修长。

（5）$\frac{中长}{铣长}$关系到于口弧曲的幅度。本套编钟此项的平均值大于理论值，此项的数值越大则说明于口的弧曲度越小，可见本套编钟于口弧曲的幅度小于《考工记》所载，中长偏长。

9.春秋广东清远马头岗甬钟

表2-13　广东清远马头岗甬钟形制分析表

钟名	馆藏编号	舞脩舞广	舞脩中长	舞脩铣长	舞脩铣间	舞脩鼓间	舞广中长	舞广铣长	舞广铣间	舞广鼓间	中长铣长	中长铣间	中长鼓间	铣长铣间	铣长鼓间	铣间鼓间
清远马头岗甬钟	甲4453	1.53	0.67	0.51		1.22	0.44	0.34		0.80	0.77		1.83		2.37	
	甲4454	1.46	0.65	0.54	0.82	1.24	0.45	0.37	0.56	0.85	0.84	1.26	1.90	1.50	2.28	1.51
	甲4455	1.45	0.63	0.53	0.83	1.23	0.44	0.36	0.57	0.84	0.83	1.31	1.94	1.57	2.33	1.48
	甲4457	1.43	0.66		0.87		0.46		0.61			1.32				
平均值		1.47	0.65	0.53	0.84	1.23	0.45	0.36	0.58	0.83	0.81	1.29	1.89	1.54	2.32	1.50
理论值		1.25	0.80	0.64	0.80	1.00	0.64	0.5125	0.64	0.80	0.80	1.00	1.25	1.25	1.5625	1.25
总体标准差		0.04	0.01	0.01	0.02	0.01	0.01	0.02	0.02	0.02	0.03	0.03	0.05	0.03	0.04	0.01
对比标准差		0.22	0.15	0.11	0.05	0.23	0.19	0.16	0.06	0.04	0.03	0.29	0.64	0.29	0.76	0.25

此套编钟甲4453无铣间数据，甲4457号无铣长（残）和鼓间数据，根据其他数据分析如下：

（1）此套编钟的总体标准差范围在0.01至0.05之间，呈现小且均匀的特点，可见其在设计、制作层面具非常高的规范性。从对比标准差来看，除$\frac{舞脩}{铣间}$、$\frac{舞广}{鼓间}$、$\frac{中长}{铣长}$三项较小外，其他项均偏大，特别是$\frac{中长}{鼓间}$、$\frac{铣长}{鼓间}$两项的对比标准差之大，更是在除广东以外的其他越族分布地区所未见，明显表现出有别于《考工记》而自成体系的强规范性。

（2）$\frac{舞脩}{舞广}$、$\frac{铣间}{鼓间}$两项关系到钟体的浑圆程度。本套编钟这两项的平均值均大于理论值，$\frac{舞脩}{舞广}$一项偏大的程度小于$\frac{铣间}{鼓间}$。这两项数据越大，则说明钟体宽度大于厚度的程度越多，因此，从此套编钟的整体状况来看，钟体较《考工记》所载偏扁，而舞部的浑圆程度大于口部。

（3）$\frac{舞脩}{铣间}$、$\frac{舞广}{鼓间}$两项关系到钟口外侈的程度。这两项的平均值均大于理论值，$\frac{舞脩}{铣间}$一项的数值微大于$\frac{舞广}{鼓间}$。由于值越大则说明钟口的外侈程度越小，因此，本套编钟从整体状况来看，正、侧的外侈程度均小于《考工记》所载，且正面的外侈程度略小于侧面。

（4）$\frac{铣长}{铣间}$一项关系到钟体的修长程度。本套编钟此项的平均值大于理论值，由于此项数据越大，则越说明钟体的长度偏长或宽度偏窄，因此，从本套编钟钟体的长宽比来看，比《考工记》所载修长。

（5）$\frac{中长}{铣长}$关系到于口弧曲的幅度。本套编钟此项的平均值略大于理论值，由于此项数据越大，则说明于口的弧曲度越小，可见本套编钟于口弧曲幅度小于《考工记》所载，中长偏长。

10. 春秋广东博罗苏屋岗编钟

表2–14 广东博罗苏屋岗编钟形制分析表

钟名	馆藏编号	$\frac{舞脩}{舞广}$	$\frac{舞脩}{中长}$	$\frac{舞脩}{铣长}$	$\frac{舞脩}{铣间}$	$\frac{舞脩}{鼓间}$	$\frac{舞广}{中长}$	$\frac{舞广}{铣长}$	$\frac{舞广}{铣间}$	$\frac{舞广}{鼓间}$	$\frac{中长}{铣长}$	$\frac{中长}{铣间}$	$\frac{中长}{鼓间}$	$\frac{铣长}{铣间}$	$\frac{铣长}{鼓间}$	$\frac{铣间}{鼓间}$
博罗苏屋岗编钟	甲1705	1.45	0.90	0.75	0.86	1.24	0.62	0.52	0.60	0.86	0.83	0.96	1.38	1.15	1.66	1.44
	甲1704	1.36	0.88	0.73	0.85	1.13	0.65	0.54	0.63	0.83	0.83	0.97	1.28	1.16	1.53	1.32
平均值		1.40	0.89	0.74	0.86	1.18	0.63	0.53	0.61	0.84	0.83	0.96	1.33	1.16	1.60	1.38
理论值		1.25	0.80	0.64	0.80	1.00	0.64	0.5125	0.64	0.80	0.80	1.00	1.25	1.25	1.5625	1.25
总体标准差		0.04	0.01	0.01	0.01	0.06	0.01	0.01	0.02	0.02	0.00	0.00	0.05	0.00	0.06	0.06
对比标准差		0.16	0.09	0.10	0.06	0.19	0.02	0.02	0.03	0.05	0.03	0.04	0.10	0.09	0.07	0.14

（1）此套编钟的总体标准差范围在0.00至0.06之间，除$\frac{舞脩}{鼓间}$、$\frac{铣长}{鼓间}$、$\frac{铣间}{鼓间}$三项略微偏高（仅为0.06）外，呈现小且均匀的特点，可见其在设计、制作层面具较高的规范性。从对比标准差来看，除$\frac{舞广}{中长}$、$\frac{舞广}{铣长}$等六项的值小于或等于0.05外，其他项均偏大，表现出既在一定程度上与《考工记》所载相应，又不乏自身特征的规范性特征。

（2）$\frac{舞脩}{舞广}$、$\frac{铣间}{鼓间}$两项关系到钟体的浑圆程度。本套编钟这两项的平均值均大于理论值，$\frac{舞脩}{舞广}$一项偏大的程度大于$\frac{铣间}{鼓间}$。这两项数据越大，则说明钟体宽度大于厚度的程度越多，因此，从此套编钟的整体状况来看，钟体较《考工记》所载偏扁，而舞部的浑圆程度小于口部。

（3）$\frac{舞脩}{铣间}$、$\frac{舞广}{鼓间}$两项关系到钟口外侈的程度。这两项的平均值均大于理论值，且$\frac{舞脩}{铣间}$一项的数值大于$\frac{舞广}{鼓间}$。由于值越大则说明钟口的外侈程度越小，因此，本套编钟从整体状况来看，正、侧的外侈程度均小于《考工记》所载，且正面的外侈程度小于侧面。

（4）$\frac{铣长}{铣间}$一项关系到钟体的修长程度。本套编钟此项的平均值小于理论值，由于此项数据越小，则越说明钟体的长度偏短或宽度偏阔，因此，从本套编钟钟体的长宽比来看，比《考工记》所载短阔。

（5）$\frac{中长}{铣长}$关系到于口弧曲的幅度。本套编钟此项的平均值大于理论值，而此项的数值越大则于口的弧曲度越小，可见本套编钟于口弧曲的幅度小于《考工记》所载，中长偏长。

11. 东周广东增城庙岭编钟

表2–15　广东增城庙岭编钟形制分析表

钟名	馆藏编号	舞脩/舞广	舞脩/中长	舞脩/铣长	舞脩/铣间	舞脩/鼓间	舞广/中长	舞广/铣长	舞广/铣间	舞广/鼓间	中长/铣长	中长/铣间	中长/鼓间	铣长/铣间	铣长/鼓间	铣间/鼓间
增城庙岭编钟	1	1.43	0.72				0.50									
	2	1.36	0.66	0.53	0.83	1.10	0.49	0.39	0.61	0.81	0.80	1.26	1.66	1.57	2.07	1.32
平均值		1.40	0.69	0.53	0.83	1.10	0.50	0.39	0.61	0.81	0.80	1.26	1.66	1.57	2.07	1.32
理论值		1.25	0.80	0.64	0.80	1.00	0.64	0.5125	0.64	0.80	0.80	1.00	1.25	1.25	1.5625	1.25
总体标准差		0.04	0.03				0.01									
对比标准差		0.15	0.11	0.11	0.03	0.10	0.14	0.12	0.03	0.01	0.00	0.26	0.41	0.32	0.51	0.07

此套编钟1号钟由于残破，缺少铣长、铣间、鼓间的数据。现根据其他数据分析可知：

（1）增城庙岭编钟共两件，由于1号钟缺少铣长、铣间、鼓间数据，导致与这三个部位相关的十二项比例无法计算，从而使得这十二项的总体标准差无法计算，[1]更无法观察设计、制作的规范程度。从对比标准差来看，除$\frac{舞脩}{铣间}$、$\frac{舞广}{铣间}$、$\frac{舞广}{鼓间}$、$\frac{中长}{铣长}$四项较小外，其他项均偏大，特别是$\frac{中长}{鼓间}$、$\frac{铣长}{铣间}$两项的对比标准差偏大明显，是在除广东以外的其他越族分布地区所未见，明显表现出有别于《考工记》的形制特点。

（2）$\frac{舞脩}{舞广}$、$\frac{铣间}{鼓间}$两项关系到钟体浑圆的程度。本套编钟这两项的平均值均大于理论值，$\frac{舞脩}{舞广}$一项偏大的程度大于$\frac{铣间}{鼓间}$。这两项数据越大，则说明钟体宽度大于厚度的程度越多，因此，从此套编钟的整体状况来看，钟体较《考工记》所载偏扁，2号钟舞部的浑圆程度小于口部。

（3）$\frac{舞脩}{铣间}$、$\frac{舞广}{鼓间}$两项关系到钟口外侈的程度。本套编钟2号钟这两项的平均值均大于理论值，且$\frac{舞脩}{铣间}$一项的数值大于$\frac{舞广}{鼓间}$。由于值越大则说明钟口的外侈程度越小，因此，2号钟的正、侧的外侈程度均小于《考工记》所载，且正面的外侈程度小于侧面。

（4）$\frac{铣长}{铣间}$一项关系到钟体的修长程度。本套编钟2号钟此项的值大大高于理论值。由于此项数据越大，则越说明钟体的长度偏长或宽度偏窄，因此，从2号钟钟体的长宽比来看，比《考工记》所载修长得多。

（5）$\frac{中长}{铣长}$关系到于口弧曲的幅度。本套编钟2号钟此项的值等于理论值，可见其于口弧曲的幅度与《考工记》所载相符。

---

① 标准差所衡量的是几项数据对于其平均值的离散程度，如果只有一个数据，是无所谓平均值的。况且，如果强将单一数据代入标准差公式，所得出的结果就是这一数据对于它本身的偏离程度，其结果必然是0，即无偏差。但这一看似能体现出极强规范性的0值，对于本书所关注的乐钟在设计、制作层面的规范程度而言是无意义的。

12. 战国广东罗定太平编钟

表2-16　广东罗定太平编钟形制分析表

钟名	馆藏编号	舞脩/舞广	舞脩/中长	舞脩/铣长	舞脩/铣间	舞脩/鼓间	舞广/中长	舞广/铣长	舞广/铣间	舞广/鼓间	中长/铣长	中长/铣间	中长/鼓间	铣长/铣间	铣长/鼓间	铣间/鼓间
罗定太平编钟	甲4832	1.38	0.65	0.51	0.83	1.19	0.48	0.37	0.60	0.86	0.78	1.27	1.82	1.64	2.34	1.43
	甲4833	1.35	0.66	0.52	0.82	1.15	0.49	0.39	0.60	0.85	0.80	1.24	1.75	1.56	2.20	1.41
	甲4834	1.38	0.63	0.52	0.83	1.13	0.45	0.38	0.60	0.82	0.83	1.32	1.81	1.60	2.19	1.37
	甲4835	1.42	0.65	0.54	0.83	1.21	0.46	0.38	0.59	0.85	0.83	1.28	1.87	1.54	2.24	1.45
	甲4837	1.34	0.64				0.47									
	甲4836	1.36	0.69	0.58	0.82	1.15	0.50	0.43	0.60	0.85	0.84	1.20	1.68	1.42	1.98	1.40
平均值		1.37	0.65	0.53	0.83	1.17	0.47	0.39	0.60	0.85	0.82	1.26	1.78	1.55	2.19	1.41
理论值		1.25	0.80	0.64	0.80	1.00	0.64	0.5125	0.64	0.80	0.80	1.00	1.25	1.25	1.5625	1.25
总体标准差		0.02	0.02	0.03	0.01	0.03	0.02	0.02	0.01	0.01	0.03	0.04	0.07	0.07	0.12	0.03
对比标准差		0.12	0.15	0.11	0.03	0.17	0.17	0.13	0.04	0.05	0.27		0.54	0.31	0.64	0.17

　　本套编钟第甲4837号破损严重，无铣长、铣间、鼓间的数据，从其他数据分析可知：

　　（1）此套编钟的总体标准差范围在0.01至0.12之间，除$\frac{中长}{鼓间}$、$\frac{铣长}{铣间}$、$\frac{铣长}{鼓间}$三项偏高外，其他项呈现小且均匀的特点，可见其在设计、制作层面具较强的规范性。从对比标准差来看，除$\frac{舞脩}{铣间}$、$\frac{舞广}{鼓间}$、$\frac{舞广}{铣间}$、$\frac{中长}{铣长}$四项较小外，其他项均明显偏大，特别是$\frac{中长}{鼓间}$、$\frac{铣长}{鼓间}$两项的对比标准差之大，更是在除广东以外的其他越族分布地区所未见，表现出有别于《考工记》而自成体系的规范性。

　　（2）$\frac{舞脩}{舞广}$、$\frac{铣间}{鼓间}$两项关系到钟体浑圆的程度。本套编钟这两项的平均值均大于理论值，$\frac{舞脩}{舞广}$一项偏大的程度小于$\frac{铣间}{鼓间}$。这两项数据越大，则说明钟体宽度大于厚度的程度越多,因此,从此套编钟的整体状况来看,钟体较《考工记》所载偏扁,而舞部的浑圆程度略大于口部。

（3）舞修/铣间、舞广/鼓间两项关系到钟口外侈的程度。这两项的平均值均大于理论值,且舞广/鼓间的平均值大于舞修/铣间。由于值越大则说明钟口的外侈程度越小,因此,本套编钟从整体状况来看,正、侧的外侈程度均小于《考工记》所载,且正面的外侈程度大于侧面。

（4）铣长/铣间一项关系到钟体的修长程度。本套编钟此项的平均值明显大于理论值,由于此项数据越大,则越说明钟体的长度偏长或宽度偏窄,因此,从本套编钟钟体的长宽比来看,比《考工记》所载修长得多。

（5）中长/铣长关系到于口弧曲的幅度。本套编钟此项的平均值大于理论值,而此项的数值越大则说明于口的弧曲度越小,可见本套编钟于口弧曲的幅度小于《考工记》所载,中长偏长。

13. 战国广东肇庆松山编钟

表2-17　广东肇庆松山编钟形制分析表

钟名	馆藏编号	舞修/舞广	舞修/中长	舞修/铣长	舞修/铣间	舞修/鼓间	舞广/中长	舞广/铣长	舞广/铣间	舞广/鼓间	中长/铣长	中长/铣间	中长/鼓间	铣长/铣间	铣长/鼓间	铣间/鼓间
肇庆松山编钟	甲4235	1.32	0.63	0.53	0.80	1.14	0.48	0.40	0.61	0.86	0.84	1.28	1.82	1.52	2.16	1.42
	甲4236	1.44	0.66	0.53	0.83	1.21	0.46	0.37	0.58	0.84	0.80	1.26	1.83	1.58	2.29	1.45
	甲4237	1.39	0.66	0.55	0.84	1.19	0.47	0.40	0.61	0.85	0.84	1.28	1.80	1.53	2.15	1.41
	甲4246	1.44	0.67	0.55	0.86	1.25	0.47	0.38	0.60	0.87	0.83	1.28	1.87	1.55	2.26	1.46
	甲4238	1.41	0.64	0.54	0.85	1.20	0.45	0.39	0.60	0.86	0.85	1.33	1.89	1.57	2.22	1.42
	甲4239	1.41	0.66	0.56	0.86	1.20	0.47	0.40	0.61	0.85	0.85	1.30	1.82	1.53	2.15	1.41

钟名	馆藏编号	舞脩/舞广	舞脩/中长	舞脩/铣长	舞脩/铣间	舞脩/鼓间	舞广/中长	舞广/铣长	舞广/铣间	舞广/鼓间	中长/铣长	中长/铣间	中长/鼓间	铣长/铣间	铣长/鼓间	铣间/鼓间
平均值		1.40	0.65	0.54	0.84	1.20	0.47	0.39	0.60	0.86	0.83	1.29	1.84	1.54	2.21	1.43
理论值		1.25	0.80	0.64	0.80	1.00	0.64	0.5125	0.64	0.80	0.80	1.00	1.25	1.25	1.5625	1.25
总体标准差		0.04	0.02	0.01	0.02	0.03	0.01	0.01	0.01	0.01	0.02	0.02	0.03	0.02	0.06	0.02
对比标准差		0.17	0.14	0.09	0.05	0.21	0.18	0.13	0.04	0.06	0.04	0.29	0.59	0.30	0.66	0.18

（1）此套编钟的总体标准差范围在0.01至0.06之间，除铣长/鼓间一项略微偏高外，其他项呈现小且均匀的特点，可见其在设计、制作层面具有很强的规范性。从对比标准差来看，除舞脩/铣间、舞广/铣间、中长/铣长三项较小外，其他项均偏大，特别是中长/鼓间、铣长/鼓间两项的对比标准差之大，更是在广东以外的其他越族分布地区所未见，表现出有别于《考工记》而自成体系的强规范性。

（2）舞脩/舞广、铣间/鼓间两项关系到钟体浑圆的程度。本套编钟这两项的平均值均大于理论值，舞脩/舞广一项偏大的程度小于铣间/鼓间。这两项数据越大，则说明钟体宽度大于厚度的程度越多，因此，从此套编钟的整体状况来看，钟体较《考工记》所载偏扁，而舞部的浑圆程度大于口部。

（3）舞脩/铣间、舞广/鼓间两项关系到钟口外侈的程度。这两项的平均值均大于理论值，且舞广/鼓间的平均值大于舞脩/铣间。由于值越大则说明钟口的外侈程度越小，因此，本套编钟从整体状况来看，正、侧的外侈程度均小于《考工记》所载，且正面的外侈程度大于侧面。

（4）铣长/铣间一项关系到钟体的修长程度。本套编钟此项的平均值明显大于理论值，由于此项数据越大，则越说明钟体的长度偏长或宽度偏窄，因此，从本套编钟钟体的长宽比来看，比《考工记》所载修长得多。

（5）中长/铣长关系到于口弧曲的幅度。本套编钟此项的平均值大于理论值。此项的数值越大则说明于口的弧曲度越小，可见本套编钟于口弧曲的幅度小于《考工记》所载，中长偏长。

14. 春秋早期浙江江山编钟[1]

表2–18　浙江江山编钟形制分析表

钟名	馆藏编号	舞脩舞广	舞脩中长	舞脩铣长	舞脩铣间	舞脩鼓间	舞广中长	舞广铣长	舞广铣间	舞广鼓间	中长铣长	中长铣间	中长鼓间	铣长铣间	铣长鼓间	铣间鼓间
浙江江山编钟	应为七件，存六件				0.86											
					0.84											
					0.88											
					0.83											
					0.89											
					0.83											
平均值					0.86											
理论值		1.25	0.80	0.64	0.80	1.00	0.64	0.5125	0.64	0.80	0.80	1.00	1.25	1.25	1.5625	1.25
总体标准差					0.02											
对比标准差					0.06											

本套编钟的形制数据不全，无法进行钟体形制及其规范度的全面观察。从现有数据来看，舞脩／铣间一项关系到钟体正面的外侈程度，此项的平均值大于《考工记》所载理论值，由于此项的值越大则说明外侈程度越小，因此，本套编甬钟从整体形制来看，正面的外侈程度小于《考工记》所载。

---

① 本套编钟形制数据来自柴福有《浙江江山出土青铜编钟》一文，载《文物》1996年第6期。

　第二章　两周越地青铜编钟的形制及其规范

三、纽钟

以下为对本书所涉编纽钟钟身形制标准差的逐一分析。

1. 战国早期湖南浏阳纸背村编钟

表2-19　湖南浏阳纸背村编钟形制分析表

钟名	馆藏编号	舞脩/舞广	舞脩/中长	舞脩/铣长	舞脩/铣间	舞脩/鼓间	舞广/中长	舞广/铣长	舞广/铣间	舞广/鼓间	中长/铣长	中长/铣间	中长/鼓间	铣长/铣间	铣长/鼓间	铣间/鼓间
浏阳纸背村编钟	22022 1/9	1.35	0.73	0.62	0.90	1.24	0.54	0.46	0.67	0.92	0.85	1.23	1.70	1.46	2.01	1.38
	22022 2/9	1.36	0.74	0.60	0.88	1.22	0.54	0.44	0.65	0.90	0.81	1.20	1.66	1.48	2.05	1.38
	22022 3/9	1.38	0.76	0.63	0.90	1.20	0.55	0.45	0.65	0.87	0.82	1.19	1.58	1.44	1.92	1.33
	22022 4/9	1.33	0.74	0.65	0.88	1.23	0.55	0.49	0.66	0.92	0.89	1.20	1.67	1.36	1.88	1.39
	22022 5/9	1.34	0.74	0.61	0.90	1.25	0.55	0.45	0.67	0.93	0.82	1.21	1.68	1.48	2.06	1.39
	22022 6/9	1.31	0.74	0.62	0.91	1.24	0.57	0.47	0.70	0.94	0.83	1.23	1.66	1.48	2.00	1.35
	22022 7/9	1.35	0.77	0.62	0.90	1.26	0.57	0.46	0.66	0.93	0.80	1.16	1.64	1.45	2.05	1.41
	22022 8/9	1.28	0.75	0.64	0.88	1.17	0.59	0.50	0.69	0.92	0.85	1.18	1.56	1.38	1.83	1.32
	22022 9/9	1.35	0.78	0.71	0.93	1.25	0.58	0.53	0.69	0.93	0.91	1.20	1.61	1.32	1.77	1.34
平均值		1.34	0.75	0.63	0.90	1.23	0.56	0.47	0.67	0.92	0.84	1.20	1.64	1.43	1.95	1.37
理论值		1.25	0.80	0.64	0.80	1.00	0.64	0.5125	0.64	0.80	0.80	1.00	1.25	1.25	1.5625	1.25
总体标准差		0.03	0.02	0.03	0.02	0.03	0.01	0.03	0.02	0.02	0.03	0.02	0.05	0.06	0.10	0.03
对比标准差		0.09	0.05	0.03	0.10	0.23	0.08	0.05	0.04	0.12	0.05	0.20	0.39	0.19	0.40	0.12

（1）此套编钟的总体标准差范围在0.01至0.10之间，除$\frac{铣长}{铣间}$、$\frac{铣长}{鼓间}$两项的值略微偏高外，其他项呈现小且均匀的特点，可见其在设计、制作层面具有较强的规范性。从对比标准差来看，除$\frac{舞脩}{中长}$、$\frac{舞广}{铣长}$、$\frac{舞广}{铣长}$、$\frac{舞广}{铣间}$、$\frac{中长}{铣长}$五项较小外，其他项均明显偏大。对比标准差中最大的两项是$\frac{中长}{鼓间}$和$\frac{铣长}{鼓间}$，

其数值在0.40左右，虽然小于广东地区甬钟的0.50至0.76，但仍大于其他地区同项的数值。综上，此套编纽钟的形制表现出有别于《考工记》而自成体系的强规范性。

（2）$\frac{舞修}{舞广}$、$\frac{铣间}{鼓间}$两项关系到钟体浑圆的程度。本套编钟这两项的平均值均大于理论值，$\frac{舞修}{舞广}$一项偏大的程度小于$\frac{铣间}{鼓间}$。这两项数据越大，则说明钟体宽度大于厚度的程度越多，因此，从此套编钟的整体状况来看，钟体较《考工记》所载偏扁，而舞部的浑圆程度大于口部。

（3）$\frac{舞修}{铣间}$、$\frac{舞广}{鼓间}$两项关系到钟口外侈的程度。这两项的平均值均大于理论值，且$\frac{舞广}{鼓间}$的值大于$\frac{舞修}{铣间}$。由于此值越大则说明钟口的外侈程度越小，因此，本套编钟从整体状况来看，正、侧的外侈程度均小于《考工记》所载，且正面的外侈程度大于侧面。

（4）$\frac{铣长}{铣间}$一项关系到钟体的修长程度。本套编钟此项的平均值明显大于理论值，由于此项数据越大，则越说明钟体的长度偏长或宽度偏窄，因此，从本套编钟钟体的长宽比来看，比《考工记》所载修长得多。

（5）$\frac{中长}{铣长}$关系到于口弧曲的幅度。本套编钟此项的平均值大于理论值，而此项的数值越大则说明于口的弧曲度越小，可见本套编钟于口弧曲的幅度小于《考工记》所载，中长偏长。

2. 春秋晚期江苏遽邸编钟

表2–20　江苏遽邸编钟形制分析表

钟名	馆藏编号	$\frac{舞脩}{舞广}$	$\frac{舞脩}{中长}$	$\frac{舞脩}{铣长}$	$\frac{舞脩}{铣间}$	$\frac{舞脩}{鼓间}$	$\frac{舞广}{中长}$	$\frac{舞广}{铣长}$	$\frac{舞广}{铣间}$	$\frac{舞广}{鼓间}$	$\frac{中长}{铣长}$	$\frac{中长}{铣间}$	$\frac{中长}{鼓间}$	$\frac{铣长}{铣间}$	$\frac{铣长}{鼓间}$	$\frac{铣间}{鼓间}$
遽邸编钟	10:25274	1.25	0.77	0.63	0.86	1.09	0.61	0.50	0.69	0.87	0.83	1.13	1.43	1.36	1.73	1.26
	10:25275	1.29	0.77	0.63	0.86	1.09	0.60	0.49	0.67	0.85	0.82	1.11	1.41	1.35	1.72	1.27
	10:25276	1.30	0.75	0.63	0.84	1.12	0.58	0.49	0.65	0.86	0.84	1.11	1.48	1.32	1.76	1.33
	10:25277	1.31	0.72	0.61	0.86	1.13	0.55	0.46	0.65	0.86	0.84	1.19	1.57	1.41	1.86	1.32
	10:25278	1.33	0.74	0.63	0.87	1.12	0.56	0.47	0.65	0.84	0.84	1.16	1.51	1.38	1.79	1.29
	10:25279	1.33	0.73	0.63	0.91	1.17	0.55	0.48	0.68	0.88	0.87	1.25	1.61	1.44	1.85	1.29
	10:25280	1.33	0.75	0.65	0.90	1.14	0.57	0.49	0.68	0.86	0.86	1.20	1.52	1.40	1.77	1.27
平均值		1.31	0.75	0.63	0.87	1.12	0.57	0.48	0.67	0.86	0.84	1.17	1.50	1.38	1.78	1.29
理论值		1.25	0.80	0.64	0.80	1.00	0.64	0.5125	0.64	0.80	0.80	1.00	1.25	1.25	1.5625	1.25
总体标准差		0.03	0.02	0.01	0.02	0.02	0.02	0.01	0.02	0.01	0.02	0.05	0.06	0.03	0.05	0.02
对比标准差		0.06	0.06	0.02	0.07	0.12	0.07	0.03	0.03	0.06	0.05	0.17	0.26	0.14	0.23	0.05

（1）此套编钟的总体标准差范围在0.01至0.06之间，除$\frac{中长}{鼓间}$一项有些微偏高外，其他项呈现小且均匀的特点，可见其在设计、制作层面具有很强的规范性。从对比标准差来看，除$\frac{舞脩}{铣长}$、$\frac{舞广}{铣长}$、$\frac{舞广}{铣间}$、$\frac{中长}{铣长}$、$\frac{铣间}{鼓间}$五项外，其他项均大于0.05，可见其形制表现出有别于《考工记》而自成体系的强规范性。

（2）$\frac{舞脩}{舞广}$、$\frac{铣间}{鼓间}$两项关系到钟体浑圆的程度。本套编钟这两项的平均值均大于理论值，$\frac{舞脩}{舞广}$一项偏大的程度大于$\frac{铣间}{鼓间}$。这两项数据越大，则说明钟体宽度大于厚度的程度越多，因此，从此套编钟的整体状况来看，钟体较《考工记》所载偏扁，而舞部的浑圆程度小于口部。

（3）$\frac{舞脩}{铣间}$、$\frac{舞广}{鼓间}$两项关系到钟口外侈的程度。这两项的平均值均大于理论值，而$\frac{舞脩}{铣间}$的值略大于$\frac{舞广}{鼓间}$。由于此项值越大则说明钟口的外侈程度越小，因此，本套编钟从整体状况来看，正、侧的外侈程度均小于《考工记》所载,且正面的外侈程度小于侧面。

（4）$\frac{铣长}{铣间}$一项关系到钟体的修长程度。本套编钟此项的平均值大于理论值,由于此项数据越大,则越说明钟体的长度偏长或宽度偏窄,因此,从本套编钟钟体的长宽比来看,比《考工记》所载修长。

（5）$\frac{中长}{铣长}$关系到于口弧曲的幅度。本套编钟此项的平均值大于理论值,而此项的数值越大则说明于口的弧曲度越小,可见本套编钟于口弧曲的幅度小于《考工记》所载,中长偏长。

3. 春秋晚期江苏邳州九女墩3号墓编纽钟

表2-21　江苏邳州九女墩3号墓编纽钟形制分析表

钟名	馆藏编号	舞脩/舞广	舞脩/中长	舞脩/铣长	舞脩/铣间	舞脩/鼓间	舞广/中长	舞广/铣长	舞广/铣间	舞广/鼓间	中长/铣长	中长/铣间	中长/鼓间	铣长/铣间	铣长/鼓间	铣间/鼓间
邳州九女墩3号墓编纽钟	93PTM3:11	1.33	0.77	0.65	0.84	1.15	0.58	0.49	0.63	0.87	0.84	1.09	1.49	1.29	1.76	1.37
	93PTM3:12	1.35	0.76	0.63	0.82	1.16	0.56	0.47	0.61	0.85	0.84	1.09	1.53	1.30	1.83	1.41
	93PTM3:13	1.32	0.74	0.61	0.82	1.06	0.56	0.46	0.62	0.81	0.82	1.11	1.44	1.35	1.76	1.30
	93PTM3:14	1.37	0.70	0.58	0.82	1.09	0.52	0.43	0.60	0.80	0.84	1.16	1.55	1.39	1.86	1.34
	93PTM3:15	1.39	0.71	0.61	0.85	1.10	0.51	0.44	0.61	0.79	0.86	1.20	1.55	1.40	1.81	1.29
	93PTM3:16	1.43	0.71	0.60	0.84	1.14	0.50	0.42	0.59	0.80	0.84	1.18	1.60	1.40	1.90	1.36
	93PTM3:17	1.37	0.69	0.58	0.84	1.09	0.50	0.43	0.62	0.80	0.84	1.23	1.58	1.45	1.88	1.29
	93PTM3:18	1.33	0.74	0.62	0.86	1.10	0.55	0.47	0.65	0.84	0.84	1.16	1.48	1.38	1.76	1.27
	93PTM3:19	1.28	0.69	0.58	0.83	1.03	0.54	0.45	0.65	0.81	0.84	1.21	1.50	1.44	1.79	1.24
平均值		1.35	0.72	0.61	0.84	1.10	0.54	0.45	0.62	0.82	0.84	1.16	1.53	1.38	1.82	1.32
理论值		1.25	0.80	0.64	0.80	1.00	0.64	0.5125	0.64	0.80	0.80	1.00	1.25	1.25	1.5625	1.25
总体标准差		0.04	0.03	0.02	0.01	0.04	0.03	0.02	0.02	0.02	0.01	0.05	0.05	0.05	0.05	0.05
对比标准差		0.11	0.08	0.04	0.04	0.11	0.11	0.07	0.03	0.03	0.04	0.17	0.28	0.14	0.26	0.08

（1）此套编钟的总体标准差范围在0.01至0.05之间，呈现相对较小且均匀的特点，可见其在设计、制作层面具有较强的规范性。从对比标准差来看，除 $\frac{舞脩}{铣长}$、$\frac{舞脩}{铣间}$、$\frac{舞广}{铣间}$、$\frac{舞广}{鼓间}$、$\frac{中长}{铣长}$ 五项小于0.05，其他项明显偏大，可见其形制表现出有别于《考工记》而自成体系的强规范性。

（2）$\frac{舞脩}{舞广}$、$\frac{铣间}{鼓间}$ 两项关系到钟体浑圆的程度。本套编钟这两项的平均值均大于理论值，$\frac{舞脩}{舞广}$ 一项偏大的程度大于 $\frac{铣间}{鼓间}$。这两项数据越大，则说明钟体宽度大于厚度的程度越多，因此，从此套编钟的整体状况来看，钟体较《考工记》所载偏扁，而舞部的浑圆程度小于口部。

（3）$\frac{舞脩}{铣间}$、$\frac{舞广}{鼓间}$ 两项关系到钟口外侈的程度。这两项的平均值均大于理论值，而 $\frac{舞脩}{铣间}$ 的平均值大于 $\frac{舞广}{鼓间}$。由于此项值越大则说明钟口的外侈程度越小，因此，本套编钟从整体状况来看，正、侧的外侈程度均小于《考工记》所载，且正面的外侈程度小于侧面。

（4）$\frac{铣长}{铣间}$ 一项关系到钟体的修长程度。本套编钟此项的平均值大于理论值，由于此项数据越大，则越说明钟体的长度偏长或宽度偏窄，因此，从本套编钟钟体的长宽比来看，比《考工记》所载修长。

（5）$\frac{中长}{铣长}$ 关系到于口弧曲的幅度。本套编钟此项的平均值大于理论值，而此项数值越大则说明于口的弧曲度越小，可见本套编钟于口弧曲的幅度小于《考工记》所载，中长偏长。

4. 春秋晚期江苏六合程桥 2 号墓编钟

表 2-22　江苏六合程桥 2 号墓编钟形制分析表

钟名	馆藏编号	舞脩/舞广	舞脩/中长	舞脩/铣长	舞脩/铣间	舞脩/鼓间	舞广/中长	舞广/铣长	舞广/铣间	舞广/鼓间	中长/铣长	中长/铣间	中长/鼓间	铣长/铣间	铣长/鼓间	铣间/鼓间
六合程桥 2 号墓编钟	10:16946	1.31	0.78	0.66	0.88	1.23	0.59	0.50	0.67	0.94	0.84	1.13	1.57	1.35	1.87	1.39
	10:16947	1.29	0.79	0.67	0.85	1.12	0.61	0.52	0.66	0.87	0.85	1.08	1.42	1.27	1.68	1.32
	10:16948	1.40	0.79	0.65	0.85	1.16	0.56	0.46	0.61	0.83	0.82	1.08	1.47	1.31	1.79	1.37
	10:16949	1.33	0.77	0.66	0.83	1.14	0.57	0.49	0.62	0.85	0.86	1.08	1.49	1.26	1.73	1.38
	10:16950	1.33	0.79	0.69	0.84	1.16	0.60	0.52	0.64	0.87	0.87	1.06	1.46	1.22	1.68	1.37
	10:16951	1.30	0.76	0.65	0.81	1.13	0.58	0.50	0.63	0.87	0.86	1.07	1.49	1.25	1.74	1.39
	10:16952	1.31	0.74	0.66	0.82	1.15	0.56	0.51	0.63	0.88	0.90	1.12	1.56	1.24	1.74	1.40
平均值		1.32	0.77	0.66	0.84	1.15	0.58	0.50	0.64	0.87	0.86	1.09	1.50	1.27	1.75	1.37
理论值		1.25	0.80	0.64	0.80	1.00	0.64	0.5125	0.64	0.80	0.80	1.00	1.25	1.25	1.5625	1.25
总体标准差		0.03	0.02	0.01	0.02	0.03	0.02		0.02	0.03	0.02	0.02	0.05	0.04	0.06	0.02
对比标准差		0.08	0.03	0.02	0.05	0.16	0.06	0.02	0.02	0.08	0.06	0.09	0.25	0.05	0.20	0.13

（1）此套编钟的总体标准差范围在 0.01 至 0.06 之间，除 $\frac{铣长}{鼓间}$ 一项略微偏高外，其他项呈现小且均匀的特点，可见其在设计、制作层面具有很强的规范性。从对比标准差来看，除 $\frac{舞脩}{中长}$、$\frac{舞脩}{铣长}$、$\frac{舞脩}{铣间}$、$\frac{舞广}{铣长}$、$\frac{舞广}{铣间}$、$\frac{铣长}{铣间}$ 六项小于或等于 0.05 外，其他九项均偏大，表现出既在一定程度上与《考工记》所载相符，又不乏自身形制特点的强规范性。

（2）$\frac{舞脩}{舞广}$、$\frac{铣间}{鼓间}$ 两项关系到钟体浑圆的程度。本套编钟这两项的平均值均大于理论值，$\frac{舞脩}{舞广}$ 一项偏大的程度小于 $\frac{铣间}{鼓间}$。这两项数据越大，则说明钟体宽度大于厚度的程度越多，因此，从此套编钟的整体状况来看，钟体较《考工记》所载偏扁，而舞部的浑圆程度高于口部。

（3）$\frac{舞脩}{铣间}$、$\frac{舞广}{鼓间}$ 两项关系到钟口外侈的程度。这两项的平均值均大于理论值，而 $\frac{舞广}{鼓间}$ 的值大于 $\frac{舞脩}{铣间}$。由于此项值越大则说明钟口的外侈程度越小，因此，本套编钟从整体状况来看，正、侧的外侈程度均小于《考工记》所载，且正面的外侈程度大于侧面。

（4）$\frac{铣长}{铣间}$一项关系到钟体的修长程度。本套钟此项的平均值大于理论值，由于此项数据越大，则越说明钟体的长度偏长或宽度偏窄，因此，从本套编钟钟体的长宽比来看，比《考工记》所载修长。

（5）$\frac{中长}{铣长}$关系到于口弧曲的幅度。本套编钟此项的平均值大于理论值。而此项的数值越大则说明于口的弧曲度越小，可见，本套编钟于口弧曲的幅度小于《考工记》所载，中长偏长。

5.春秋末期江苏六合程桥1号墓编钟

表2–23　江苏六合程桥1号墓编钟形制分析表

钟名	馆藏编号	舞脩舞广	舞脩中长	舞脩铣长	舞脩铣间	舞脩鼓间	舞广中长	舞广铣长	舞广铣间	舞广鼓间	中长铣长	中长铣间	中长鼓间	铣长铣间	铣长鼓间	铣间鼓间
	10:8721-1	1.29	0.79	0.67	0.82	1.13	0.62	0.52	0.64	0.88	0.85	1.04	1.42	1.22	1.67	1.37
	10:8721-2	1.28	0.80	0.68	0.85	1.13	0.62	0.53	0.66	0.88	0.85	1.06	1.42	1.25	1.67	1.33
六合	10:8721-3	1.30	0.78	0.67	0.87	1.14	0.60	0.51	0.66	0.87	0.86	1.11	1.46	1.30	1.71	1.31
程桥	10:8721-4	1.28	0.78	0.66	0.87	1.13	0.61	0.51	0.69	0.89	0.85	1.13	1.46	1.33	1.72	1.30
1号	10:8721-5	1.32	0.76	0.65	0.84	1.13	0.58	0.50	0.64	0.86	0.86	1.10	1.48	1.28	1.73	1.35
墓编	10:8721-6	1.29	0.76	0.65	0.85	1.14	0.59	0.50	0.66	0.88	0.85	1.11	1.49	1.32	1.76	1.34
钟	10:8721-7	1.33	0.79	0.65	0.85	1.14	0.59	0.49	0.64	0.86	0.83	1.08	1.45	1.30	1.74	1.35
	10:8721-8	1.30	0.75	0.66	0.85	1.15	0.58	0.51	0.65	0.89	0.87	1.12	1.53	1.29	1.75	1.36
	10:8721-9	1.32	0.76	0.65	0.86	1.18	0.58	0.49	0.65	0.90	0.85	1.13	1.55	1.33	1.82	1.37
平均值		1.30	0.77	0.66	0.85	1.14	0.60	0.51	0.65	0.88	0.85	1.10	1.47	1.29	1.73	1.34
理论值		1.25	0.80	0.64	0.80	1.00	0.64	0.5125	0.64	0.80	0.80	1.00	1.25	1.25	1.5625	1.25
总体标准差		0.02	0.01	0.01	0.01	0.02	0.01	0.01	0.01	0.01	0.01	0.03	0.04	0.03	0.05	0.02
对比标准差		0.05	0.03	0.02	0.05	0.14	0.05	0.01	0.02	0.08	0.05	0.10	0.23	0.05	0.17	0.09

（1）此套编钟的总体标准差范围在0.01至0.05之间，且其中有八项的数据为0.01，从整体上呈现小且均匀的特点，可见其在设计、制作层面具有相当强的规范性。从对比标准差来看，除$\frac{舞脩}{鼓间}$、$\frac{舞广}{鼓间}$、$\frac{中长}{铣间}$、$\frac{中长}{鼓间}$、$\frac{铣长}{鼓间}$、$\frac{铣间}{鼓间}$六项较大外，其他项均较小，可见其形制表现出既在一定程度上与《考工记》所载相符，同时又具有自身形制特点的强规范性。

（2）在所有十五项中共有五项与鼓间相关，而这五项的对比标准差均偏大，说明此套编钟的鼓间尺寸明显有别于《考工记》所载，鼓间偏小。

（3）$\frac{舞脩}{舞广}$、$\frac{铣间}{鼓间}$两项关系到钟体浑圆的程度。本套编钟这两项的平均值均大于理论值，$\frac{舞脩}{舞广}$一项偏大的程度小于$\frac{铣间}{鼓间}$。这两项数据越大，则说明钟体宽度大于厚度的程度越多，因此，从此套编钟的整体状况来看，钟体较《考工记》所载偏扁，而舞部的浑圆程度高于口部。

（4）$\frac{舞脩}{铣间}$、$\frac{舞广}{鼓间}$两项关系到钟口外侈的程度。这两项的平均值均大于理论值，而$\frac{舞广}{鼓间}$的平均值大于$\frac{舞脩}{铣间}$。由于此项值越大则说明钟口的外侈程度越小，因此，本套编钟从整体状况来看，正、侧的外侈程度均小于《考工记》所载，且正面的外侈程度大于侧面。

（5）$\frac{铣长}{铣间}$一项关系到钟体的修长程度。本套钟此项的平均值大于理论值，由于此项数据越大，则越说明钟体的长度偏长或宽度偏窄，因此，从本套编钟钟体的长宽比来看，比《考工记》所载修长。

（6）$\frac{中长}{铣长}$关系到于口弧曲的幅度。本套编钟此项的平均值大于理论值，而此项的数值越大则说明于口的弧曲度越小，可见本套编钟于口弧曲的幅度小于《考工记》所载，中长较长。

6. 东周江苏连云港尾矿坝编钟

表2-24　江苏连云港尾矿坝编钟形制分析表

钟名	馆藏编号	舞脩/舞广	舞脩/中长	舞脩/舞长	舞脩/铣间	舞脩/鼓间	舞广/中长	舞广/舞长	舞广/铣间	舞广/鼓间	中长/铣长	中长/鼓间	中长/铣间	铣长/铣间	铣长/鼓间	铣间/鼓间
连云港尾矿坝编钟	3:6300-1	1.29	0.73	0.61	0.84	1.13	0.57	0.47	0.65	0.88	0.83	1.14	1.55	1.37	1.86	1.35
	3:6300-2	1.33	0.73	0.60	0.82	1.15	0.55	0.45	0.62	0.86	0.82	1.13	1.57	1.37	1.91	1.40
	3:6300-3	1.28	0.70	0.57	0.79	1.08	0.55	0.45	0.61	0.84	0.82	1.12	1.54	1.37	1.89	1.38
	3:6300-4	1.40	0.72	0.58	0.80	1.09	0.51	0.41	0.57	0.78	0.81	1.11	1.52	1.37	1.88	1.37
	3:6300-5	1.38	0.70	0.55	0.80	1.07	0.51	0.40	0.58	0.77	0.78	1.14	1.52	1.46	1.95	1.33
	3:6300-6	1.32	0.72	0.61	0.90	1.23	0.54	0.46	0.68	0.93	0.85	1.25	1.71	1.47	2.01	1.37
	3:6300-7	1.32	0.64	0.56	0.79	1.08	0.49	0.42	0.60	0.82	0.87	1.22	1.68	1.42	1.94	1.37
	3:6300-8	1.30	0.70	0.61	0.82	1.15	0.54	0.46	0.60	0.88	0.86	1.11	1.63	1.30	1.90	1.47
	3:6300-9	1.29	0.68	0.57	0.85	1.19	0.53	0.44	0.66	0.92	0.84	1.25	1.75	1.48	2.08	1.40
平均值		1.33	0.70	0.58	0.82	1.13	0.53	0.44	0.62	0.85	0.83	1.16	1.61	1.40	1.94	1.38
理论值		1.25	0.80	0.64	0.80	1.00	0.64	0.5125	0.64	0.80	0.80	1.00	1.25	1.25	1.5625	1.25
总体标准差		0.04	0.03	0.02	0.04	0.05	0.02	0.02	0.03	0.03	0.05	0.08		0.06	0.07	0.04
对比标准差		0.08	0.10	0.06	0.04	0.14	0.11	0.07	0.04	0.04	0.17	0.37		0.16	0.38	0.14

（1）此套编钟的总体标准差范围在0.02至0.08之间，除中长/鼓间、铣长/铣间、铣长/鼓间三项略偏高外，其他项呈现相对小且均匀的特点，可见其在设计、制作层面具有较强的规范性。从对比标准差来看，除舞脩/铣间、舞广/铣间、中长/铣长三项略偏小外，其他项均偏大，特别是中长/鼓间、铣间/鼓间两项，其偏大程度虽不及广东地区甬钟的0.50至0.76，但已经与战国早期湖南浏阳纸背村编钟此两项的0.39、0.40接近。总之，此套编钟的形制表现出有别于《考工记》而自成体系的强规范性。

（2）舞脩/舞广、铣间/鼓间两项关系到钟体浑圆的程度。本套编钟这两项的平均值均大于理论值，且舞脩/舞广一项偏大的程度小于铣间/鼓间。这两项数据的值越大，则说明钟体宽度大于厚度的程度越多，因此，从此套编钟整体状况来观察，钟体较《考工记》所载偏扁，而舞部的浑圆程度高于口部。

（3）$\frac{舞脩}{铣间}$、$\frac{舞广}{鼓间}$两项关系到钟口外侈的程度。这两项的平均值均大于理论值，而$\frac{舞广}{鼓间}$的平均值大于$\frac{舞脩}{铣间}$。由于该两项值越大则说明钟口的外侈程度越小，因此，本套编钟从整体状况来看，正、侧的外侈程度均小于《考工记》所载，且正面的外侈程度大于侧面。

（4）$\frac{铣长}{铣间}$一项关系到钟体的修长程度。本套编钟此项的平均值大于理论值，由于此项数据越大，则越说明钟体的长度偏长或宽度偏窄，因此，从本套编钟钟体的长宽比来看，比《考工记》所载修长。

（5）$\frac{中长}{铣长}$关系到于口弧曲的幅度。本套编钟此项的平均值大于理论值，而此项的数值越大则说明于口的弧曲度越小，可见，本套编钟于口弧曲的幅度小于《考工记》所载，中长偏长。

7. 战国早期江苏邳州九女墩2号墩1号墓编纽钟

表2-25　江苏邳州九女墩2号墩1号墓编纽钟形制分析表

钟名	馆藏编号	舞脩/舞广	舞脩/中长	舞脩/铣长	舞脩/铣间	舞脩/鼓间	舞广/中长	舞广/铣长	舞广/铣间	舞广/鼓间	中长/铣长	中长/铣间	中长/鼓间	铣长/铣间	铣长/鼓间	铣间/鼓间
邳州九女墩2号墩1号墓编纽钟	1	1.26	0.84	0.66		1.15	0.66	0.52		0.91	0.78		1.37		1.74	
	2	1.33	0.84	0.73	0.85	1.11	0.63	0.55	0.64	0.84	0.86	1.01	1.32	1.17	1.53	1.30
	3	1.22	0.80	0.69	0.83	1.03	0.65	0.57	0.68	0.84	0.87	1.04	1.29	1.19	1.48	1.24
	4	1.34	0.85	0.72	0.82	1.08	0.64	0.54	0.62	0.81	0.85	0.97	1.27	1.14	1.51	1.32
	5	1.32	0.83	0.72	0.85	1.10	0.63	0.55	0.65	0.84	0.87	1.03	1.33	1.18	1.53	1.30
	6	1.41	0.82	0.70	0.84	1.22	0.58	0.49	0.59	0.86	0.84	1.02	1.48	1.21	1.75	1.45
	7	1.37	0.80	0.68	0.86	1.17	0.58	0.50	0.63	0.86	0.86	1.08	1.47	1.26	1.71	1.36
	8	1.40	0.79	0.70	0.84	1.11	0.57	0.50	0.60	0.79	0.88	1.05	1.40	1.20	1.59	1.33
平均值		1.33	0.82	0.70	0.84	1.12	0.62	0.53	0.63	0.84	0.85	1.03	1.37	1.19	1.61	1.33

钟名	馆藏编号	舞脩/舞广	舞脩/中长	舞脩/铣长	舞脩/铣间	舞脩/鼓间	舞广/中长	舞广/铣长	舞广/铣间	舞广/鼓间	中长/铣长	中长/铣间	中长/鼓间	铣长/铣间	铣长/鼓间	铣间/鼓间
理论值		1.25	0.80	0.64	0.80	1.00	0.64	0.5125	0.64	0.80	0.80	1.00	1.25	1.25	1.5625	1.25
总体标准差		0.06	0.02	0.02	0.01	0.05	0.03	0.03	0.03	0.03	0.03	0.07	0.03	0.11	0.06
对比标准差		0.10	0.03	0.06	0.04	0.13	0.04	0.03	0.03	0.05	0.06	0.04	0.14	0.07	0.11	0.10

此套编钟第1号钟无铣间数据，现根据其他数据分析可知：

（1）此套编钟的总体标准差范围在0.01至0.11之间，除$\frac{舞脩}{舞广}$、$\frac{中长}{铣间}$、$\frac{铣长}{鼓间}$、$\frac{铣间}{鼓间}$四项偏高外，其他项呈现相对小且均匀的特点，可见其在设计、制作层面是具有相当规范性的。从对比标准差来看，除$\frac{舞脩}{中长}$、$\frac{舞脩}{铣间}$、$\frac{舞广}{中长}$、$\frac{舞广}{铣长}$、$\frac{舞广}{铣间}$、$\frac{舞广}{鼓间}$、$\frac{中长}{铣间}$七项偏小外，其他项均偏大，可见其既在一定程度上与《考工记》所载相符，同时又不乏自身形制特点。

（2）$\frac{舞脩}{舞广}$、$\frac{铣间}{鼓间}$两项关系到钟体浑圆的程度。这两项的平均值均大于理论值，且两项的平均值大于理论值的程度相等。由于值越大则说明钟体宽度大于厚度的程度越多，因此，本套编钟从整体状况来看，钟体较《考工记》所载偏扁，而舞部与口部的浑圆程度相当。

（3）$\frac{舞脩}{铣间}$、$\frac{舞广}{鼓间}$两项关系到钟口外侈的程度。这两项的平均值均大于理论值，且两项的平均值大于理论值的程度相等。由于该两项值越大，则说明钟口的外侈程度越小，因此，从本套编钟的整体状况来看，正、侧的外侈程度均小于《考工记》所载，且二者外侈程度相当。

（4）$\frac{铣长}{铣间}$一项关系到钟体的修长程度。本套编钟此项的平均值小于理论值。由于此项数据越小，则越说明钟体的长度偏短或宽度偏阔，因此，从本套编钟钟体的长宽比来看，比《考工记》所载短阔。

（5）$\frac{中长}{铣长}$关系到于口弧曲的幅度。本套编钟此项的平均值大于理论值,而此项的数值越大则说明于口的弧曲度越小,可见本套编钟于口弧曲的幅度小于《考工记》所载,中长偏长。

四、句镯

以下是对本书所涉编句镯钟身形制标准差的逐一分析。

1. 战国江苏淹城句镯

表2-26 江苏淹城句镯形制分析表[①]

钟名	馆藏编号	舞修/舞广	舞修/中长	舞修/铣长	舞修/铣间	舞修/鼓间	舞广/中长	舞广/铣长	舞广/铣间	舞广/鼓间	中长/铣长	中长/铣间	中长/鼓间	铣长/铣间	铣长/鼓间	铣间/鼓间
淹城句镯	1	1.52	0.61	0.50	0.68	1.00	0.40	0.33	0.45	0.66	0.81	1.11	1.64	1.37	2.02	1.47
	2	1.51	0.62	0.47	0.65	1.00	0.41	0.31	0.43	0.66	0.76	1.05	1.62	1.39	2.14	1.53
	3	1.55	0.63	0.51	0.69	1.03	0.41	0.33	0.45	0.66	0.80	1.09	1.62	1.36	2.03	1.49
	4	1.60	0.67	0.53	0.64	1.06	0.42	0.33	0.40	0.67	0.79	0.96	1.59	1.22	2.02	1.65
	5	1.81	0.86	0.63	0.73	1.18	0.47	0.35	0.40	0.65	0.73	0.85	1.38	1.17	1.89	1.62
	6	1.87	0.74	0.60	0.73	1.21	0.40	0.32	0.39	0.65	0.81	0.98	1.63	1.20	2.00	1.67
	7	1.75	0.86	0.64	0.72	1.19	0.49	0.37	0.41	0.68	0.75	0.83	1.38	1.12	1.85	1.66
平均值		1.66	0.71	0.55	0.69	1.10	0.43	0.33	0.42	0.66	0.78	0.98	1.55	1.26	1.99	1.58
理论值		1.25	0.80	0.64	0.80	1.00	0.64	0.5125	0.64	0.80	0.80	1.00	1.25	1.25	1.5625	1.25
总体标准差		0.14	0.10	0.06	0.03	0.09	0.04	0.02	0.02	0.01	0.03	0.10	0.11	0.10	0.09	0.08
对比标准差		0.43	0.13	0.11	0.11	0.13	0.21	0.18	0.22	0.14	0.04	0.10	0.32	0.10	0.44	0.34

（1）此套编句镯的总体标准差范围在0.01至0.14之间,除舞修/铣间、舞广/中长、

---

① 本套编句镯的形制数据源自马国伟《句镯研究》一文,中国艺术研究院硕士学位论文,2012年,第206页。

$\frac{舞广}{铣长}$、$\frac{舞广}{铣间}$、$\frac{舞广}{鼓间}$、$\frac{中长}{铣长}$六项较低外，其他项均偏大，可见其在设计、制作层面规范度较弱。从对比标准差来看，除$\frac{中长}{铣长}$一项相对较小外，其他项均偏大。特别是$\frac{舞脩}{舞广}$、$\frac{铣间}{鼓间}$和$\frac{中长}{鼓间}$、$\frac{铣长}{鼓间}$四项数值偏大显著，前两项对钟体的浑圆程度有影响，后两项的偏大程度虽不及广东地区甬钟的0.50至0.76，但已与湖南浏阳纸背村编钟、江苏连云港尾矿坝编钟的状况相近。总之，此套编句镙的形制与《考工记》所载差别很大，但由于其总体标准差较大，自身规范度弱，因此未表现出自成体系的特点。

（2）$\frac{舞脩}{舞广}$、$\frac{铣间}{鼓间}$两项关系到钟体浑圆的程度。这两项的平均值远高于理论值，而$\frac{舞脩}{舞广}$的值大于$\frac{铣间}{鼓间}$。由于值越大则说明钟体宽度大于厚度的程度越多，因此，本套编句镙从整体状况来看，钟体大大扁于《考工记》所载，而舞部的浑圆程度小于口部。

（3）$\frac{舞脩}{铣间}$、$\frac{舞广}{鼓间}$两项关系到钟口外侈的程度。这两项的平均值均小于理论值，而$\frac{舞脩}{铣间}$的平均值大于$\frac{舞广}{鼓间}$。由于该两项值越小则说明钟口的外侈程度越大，因此，本套编句镙从整体状况来看，正、侧的外侈程度均大于《考工记》所载，而正面的外侈程度小于侧面。

（4）$\frac{铣长}{铣间}$一项关系到钟体的修长程度。本套编句镙此项的平均值略大于理论值。由于此项数据越大，则越说明钟体的长度偏长或宽度偏窄，因此，从本套编句镙钟体的长宽比来看，比《考工记》所载修长。

（5）$\frac{中长}{铣长}$关系到于口弧曲的幅度。本套编句镙此项的平均值小于理论值，而此项的数值越小，则说明于口的弧曲度越大，可见本套编句镙于口弧曲的幅度大于《考工记》所载，中长偏短。

2. 战国江苏高淳松溪编句镩

表2–27　江苏高淳松溪编句镩形制分析表

钟名	馆藏编号	$\frac{舞脩}{舞广}$	$\frac{舞脩}{中长}$	$\frac{舞脩}{铣长}$	$\frac{舞脩}{铣间}$	$\frac{舞脩}{鼓间}$	$\frac{舞广}{中长}$	$\frac{舞广}{铣长}$	$\frac{舞广}{铣间}$	$\frac{舞广}{鼓间}$	$\frac{中长}{铣长}$	$\frac{中长}{铣间}$	$\frac{中长}{鼓间}$	$\frac{铣长}{铣间}$	$\frac{铣长}{鼓间}$	$\frac{铣间}{鼓间}$
高淳松溪编句镩	1	1.40	0.53	0.46	0.70	0.97	0.38	0.33	0.50	0.69	0.86	1.32	1.84	1.53	2.13	1.39
	2	1.47	0.52	0.45	0.66	0.94	0.35	0.30	0.45	0.64	0.86	1.28	1.81	1.48	2.09	1.41
	3	1.53	0.55	0.47	0.70	1.03	0.36	0.31	0.46	0.67	0.86	1.27	1.87	1.49	2.18	1.47
	4	1.65	0.68	0.55	0.80	1.16	0.41	0.34	0.48	0.70	0.82	1.18	1.71	1.44	2.10	1.46
	5	1.75	0.66	1.04	0.72	1.23	0.37	0.59	0.41	0.70	1.58	1.10	1.87	0.70	1.18	1.70
	6	1.70	0.65	0.72	0.86	1.39	0.38	0.43	0.50	0.81	1.12	1.33	2.14	1.19	1.91	1.61
	7	1.69	0.70	0.69	0.78	1.23	0.41	0.41	0.46	0.73	0.98	1.12	1.76	1.14	1.79	1.57
平均值		1.60	0.61	0.63	0.75	1.13	0.39	0.47	0.71	1.01	1.23	1.86	1.28	1.91	1.52	
理论值		1.25	0.80	0.64	0.80	1.00	0.64	0.5125	0.64	0.80	1.00	1.25	1.25	1.5625	1.25	
总体标准差		0.12	0.07	0.20	0.06	0.15	0.02	0.10	0.03	0.05	0.25	0.09	0.13	0.28	0.32	0.11
对比标准差		0.37	0.20	0.20	0.08	0.20	0.26	0.16	0.18	0.11	0.33	0.24	0.62	0.28	0.48	0.29

（1）此套编句镩的总体标准差范围在0.02至0.32之间，除$\frac{舞广}{中长}$、$\frac{舞广}{铣间}$、$\frac{舞广}{鼓间}$三项较低外，其他项均偏大，可见其在设计、制作层面规范度极弱。从对比标准差来看，所有项均偏大。特别是$\frac{舞脩}{舞广}$、$\frac{铣间}{鼓间}$和$\frac{中长}{鼓间}$、$\frac{铣长}{铣间}$以及$\frac{中长}{铣长}$五项数值偏大显著，前两项对钟体的浑圆程度有影响，$\frac{中长}{铣长}$关系到于口弧曲的幅度，其他两项的偏大程度虽不及广东地区甬钟的0.50至0.76，但已与湖南浏阳纸背村编钟、江苏连云港尾矿坝编钟的状况相近。总之，此套编句镩的钟形与《考工记》所载完全不同，但由于其总体标准差较大，自身规范度弱，因此未表现出自成体系的特点。

（2）$\frac{舞脩}{舞广}$、$\frac{铣间}{鼓间}$两项关系到钟体浑圆的程度。此套编句镩这两项的平均值大大高于理论值，而$\frac{舞脩}{舞广}$的平均值大于$\frac{铣间}{鼓间}$。由于值越大则说明钟体宽度大于厚度的程度越多，因此，本套编钟从整体状况来看，钟体比

《考工记》所载偏扁,而舞部的浑圆程度小于口部。

（3）$\frac{舞脩}{铣间}$、$\frac{舞广}{鼓间}$两项关系到钟口外侈的程度。这两项的平均值均小于理论值,而$\frac{舞脩}{铣间}$的平均值大于$\frac{舞广}{鼓间}$。由于该两项值越小则说明钟口的外侈程度越大,因此,本套编钟从整体状况来看,正、侧的外侈程度均大于《考工记》所载,而正面的外侈程度小于侧面。

（4）$\frac{铣长}{铣间}$一项关系到钟体的修长程度。本套钟此项的平均值大于理论值,由于此项数据越大,则越说明钟体的长度偏长或宽度偏窄,因此,从本套编钟钟体在整体上的长宽比来看,比《考工记》所载修长。

（5）$\frac{中长}{铣长}$关系到于口弧曲的幅度。本套编钟此项的平均值大于理论值,而此项的数值越大,则说明于口的弧曲度越小,可见本套编钟于口弧曲的幅度小于《考工记》所载,中长偏长。

3. 春秋晚期浙江配儿句鑃

表2-28　浙江配儿句鑃形制分析表[1]

钟名	馆藏编号	舞脩/舞广	舞脩/中长	舞脩/铣长	舞脩/铣间	舞脩/鼓间	舞广/中长	舞广/铣长	舞广/铣间	舞广/鼓间	中长/铣长	中长/铣间	中长/鼓间	铣长/铣间	铣长/鼓间	铣间/鼓间
配儿句鑃	甲	1.22			0.82	1.06			0.68	0.87						1.28
	乙	1.32			0.84	1.01			0.64	0.77						1.21
平均值		1.27			0.83	1.04			0.66	0.82						1.24
理论值		1.25	0.80	0.64	0.80	1.00	0.64	0.51	0.64	0.80	0.80	1.00	1.25	1.25	1.56	1.25
总体标准差		0.05			0.01	0.02			0.02	0.05						0.04
对比标准差		0.05			0.03	0.04			0.03	0.05						0.04

---

[1] 本套编句鑃的形制数据源自马国伟《句鑃研究》一文,中国艺术研究院硕士学位论文,2012年,第206页。

配儿句鑃的形制数据不全,从现有数据分析来看:

(1)从能够统计到的六项比值的总体标准差来看,其范围在0.01至0.05之间,可见其在设计、制作层面尚有一定规范度。从对比标准差来看,此六项的值与《考工记》所载的偏差并不大,可见与《考工记》所载形制在一定程度上相符。

(2)$\frac{舞修}{舞广}$、$\frac{铣间}{鼓间}$两项关系到钟体浑圆的程度。此套编句鑃$\frac{舞修}{舞广}$一项的平均值略大于理论值,而$\frac{铣间}{鼓间}$的平均值略小于理论值,且$\frac{舞修}{舞广}$的平均值大于$\frac{铣间}{鼓间}$。由于值越大则说明钟体宽度大于厚度的程度越多,而值越小则说明钟体宽度小于厚度的程度越多,因此,本套编句鑃从整体状况来看,舞部的浑圆程度小于《考工记》所载形制,而口部的浑圆程度大于《考工记》,舞部的浑圆程度小于口部。

(3)$\frac{舞修}{铣间}$、$\frac{舞广}{鼓间}$两项关系到钟口外侈的程度。这两项的平均值均大于理论值,而$\frac{舞修}{铣间}$的平均值略大于$\frac{舞广}{鼓间}$。由于该两项值越大则说明钟口的外侈程度越小,因此,本套编钟从整体状况来看,钟体正、侧面的外侈程度均小于《考工记》所载,而正面的外侈程度小于侧面。

4. 春秋安徽广德编句鑃

表2-29 安徽广德编句鑃形制分析表[1]

钟名	馆藏编号	舞修舞广	舞修中长	舞修铣长	舞修铣间	舞修鼓间	舞广中长	舞广铣长	舞广铣间	舞广鼓间	中长铣长	中长铣间	中长鼓间	铣长铣间	铣长鼓间	铣间鼓间
	045·1	1.31	0.59	0.50	0.88	1.10	0.45	0.38	0.67	0.84	0.85	1.49	1.86	1.76	2.19	1.25
	045·2	1.38	0.63	0.54	0.85	1.11	0.46	0.39	0.62	0.81	0.86	1.36	1.77	1.57	2.05	1.30

———————

[1] 本套编句鑃形制数据来自《中国音乐文物大系·安徽卷》(未出版)。

钟名	馆藏编号	舞修/舞广	舞修/中长	舞修/铣长	舞修/铣间	舞修/鼓间	舞广/中长	舞广/铣长	舞广/铣间	舞广/鼓间	中长/铣长	中长/铣间	中长/鼓间	铣长/铣间	铣长/鼓间	铣间/鼓间
广德编句鑃	045·3	1.37	0.58	0.49	0.86	1.13	0.43	0.35	0.62	0.82	0.83	1.47	1.93	1.76	2.32	1.32
	045·4	1.36	0.62	0.52	0.87	1.10	0.45	0.38	0.64	0.81	0.85	1.41	1.78	1.66	2.10	1.26
	045·5	1.33	0.60	0.52	0.83	1.17	0.45	0.39	0.63	0.87	0.86	1.40	1.95	1.62	2.26	1.40
	045·6	1.45	0.62	0.53			0.43	0.37			0.86					
	045·7	1.37	0.57	0.49	0.86	1.13	0.42	0.36	0.63	0.83	0.85	1.50	1.98	1.77	2.33	1.31
	045·8	1.46	0.65	0.55	0.86	1.22	0.45	0.38	0.59	0.83	0.85	1.32	1.87	1.56	2.20	1.41
	045·9	1.47	0.65	0.55	0.88	1.26	0.45	0.38	0.60	0.86	0.85	1.34	1.93	1.58	2.28	1.44
平均值		1.39	0.61	0.52	0.86	1.15	0.44	0.38	0.62	0.83	0.85	1.41	1.88	1.66	2.21	1.34
理论值		1.25	0.80	0.64	0.80	1.00	0.64	0.5125	0.64	0.80	0.80	1.25	1.25	1.5625		1.25
总体标准差		0.05	0.03	0.02	0.01	0.06	0.01	0.01	0.02	0.02	0.01	0.07	0.07	0.08	0.09	0.07
对比标准差		0.15	0.19	0.12	0.06	0.16	0.20	0.14	0.03	0.04	0.05	0.42	0.64	0.42	0.66	0.11

本套编句鑃045·6号的铣间、鼓间残，现根据其他数据分析如下：

（1）此套编句鑃的总体标准差范围在0.01至0.09之间，舞修/鼓间、中长/铣间、中长/鼓间、铣长/铣间、铣长/鼓间、铣间/鼓间六项偏大，其他项呈现小且均匀的状态，可见其在设计、制作层面尚具一定规范度。从对比标准差来看，除舞修/铣间、舞广/鼓间、中长/铣长三项偏小外，其他均偏大。特别是中长/铣间、铣长/铣间和中长/鼓间、铣长/铣间四项偏大明显，其中铣长/铣间一项关系钟体的修长程度，后两项的偏大程度已经与广东地区甬钟的0.50至0.76的状况相近。总之，此套编句鑃表现出有别于《考工记》所载的、具有一定规范性的形制特点。

（2）舞修/舞广、铣间/鼓间两项关系到钟体浑圆的程度。此套编句鑃这两项的平均值高于理论值，而舞修/舞广的平均值大于铣间/鼓间。由于值越大则说明钟体宽度大于厚度的程度越多，因此，本套编句鑃从整体状况来看，钟体较《考工记》所载偏扁，而舞部的浑圆程度小于口部。

（3）$\frac{舞脩}{铣间}$、$\frac{舞广}{鼓间}$两项关系到钟口外侈的程度。这两项的平均值均大于理论值，而$\frac{舞脩}{铣间}$的平均值大于$\frac{舞广}{鼓间}$。由于该两项值越大则说明钟口的外侈程度越小，因此，本套编句镯从整体状况来看，正、侧的外侈程度均小于《考工记》所载，而正面的外侈程度小于侧面。

（4）$\frac{铣长}{铣间}$一项关系到钟体的修长程度。本套编句镯此项的平均值明显高于理论值，由于此项数据越大，则越说明钟体的长度偏长或宽度偏窄，因此，从本套编句镯钟体的长宽比来看，比《考工记》所载修长得多。

（5）$\frac{中长}{铣长}$关系到于口弧曲的幅度。本套编句镯此项的平均值大于理论值。而此项的数值越大，则说明于口的弧曲度越小，由此可见，本套编句镯于口弧曲的幅度小于《考工记》所载，中长偏长。

5. 春秋初期安徽青阳句镯

表2–30　安徽青阳句镯形制分析表[①]

钟名	馆藏编号	舞脩/舞广	舞脩/中长	舞脩/铣长	舞脩/铣间	舞脩/鼓间	舞广/中长	舞广/铣长	舞广/铣间	舞广/鼓间	中长/铣长	中长/铣间	中长/鼓间	铣长/铣间	铣长/鼓间	铣间/鼓间
青阳句镯	001			0.58	0.80									1.38		
	002			0.53	0.75									1.42		
	003			0.60	0.83									1.39		
	004			0.67	0.87									1.30		
平均值				0.59	0.81									1.37		
理论值		1.25	0.80	0.64	0.80	1.00	0.64	0.51	0.64	0.80	0.80	1.00	1.25	1.25	1.56	1.25

---

① 本套编句镯的形制数据源自马国伟《句镯研究》一文，中国艺术研究院硕士学位论文，2010年，第54页。

钟名	馆藏编号	舞脩舞广	舞脩中长	舞脩铣长	舞脩铣间	舞脩鼓间	舞广中长	舞广铣长	舞广铣间	舞广鼓间	中长铣长	中长铣间	中长鼓间	铣长铣间	铣长鼓间	铣间鼓间
总体标准差				0.05	0.04									0.04		
对比标准差				0.41	0.18									0.13		

　　本套编句鑃只有舞脩、铣长、铣间三处数据，无法进行钟体形制及其规范度的全面观察，依据现有数据分析如下：

　　（1）从仅有的三项比值的总体标准差来看，这套编句鑃的形制应是具有一定规范性的。

　　（2）$\frac{舞脩}{铣间}$一项关系到钟体正面的外侈程度。此项的数值略大于《考工记》所载理论值，由于此项的值越大则说明外侈程度越小，因此本套编句鑃从整体形制来看，正面的外侈程度小于《考工记》所载。

　　（3）$\frac{铣长}{铣间}$一项关系到钟体的修长程度。本套编句鑃此项的平均值明显大于理论值，由于此项数据越大，则越说明钟体的长度偏长或宽度偏窄，因此，本套编句鑃的钟体比《考工记》所载修长得多。

6. 春秋安徽泾县南容句鑃[①]

表2-31　安徽泾县南容句鑃形制分析表

钟名	馆藏编号	舞脩舞广	舞脩中长	舞脩铣长	舞脩铣间	舞脩鼓间	舞广中长	舞广铣长	舞广铣间	舞广鼓间	中长铣长	中长铣间	中长鼓间	铣长铣间	铣长鼓间	铣间鼓间
南容句鑃	22501-1	1.61	0.79	0.59	0.84	1.53	0.49	0.36	0.52	0.95	0.74	1.06	1.93	1.42	2.60	1.82
	22501-2	1.61	0.77	0.57		1.45	0.48	0.35		0.90	0.74		1.88		2.55	
	22501-3	1.80	0.79	0.58	0.82	1.53	0.44	0.32	0.46	0.85	0.73	1.03	1.93	1.42	2.65	1.86

---

　　① 本套编句鑃形制数据来自《中国音乐文物大系·安徽卷》（未出版）。

钟名	馆藏编号	$\frac{舞脩}{舞广}$	$\frac{舞脩}{中长}$	$\frac{舞脩}{铣长}$	$\frac{舞脩}{铣间}$	$\frac{舞脩}{鼓间}$	$\frac{舞广}{中长}$	$\frac{舞广}{铣长}$	$\frac{舞广}{铣间}$	$\frac{舞广}{鼓间}$	$\frac{中长}{铣长}$	$\frac{中长}{铣间}$	$\frac{中长}{鼓间}$	$\frac{铣长}{铣间}$	$\frac{铣长}{鼓间}$	$\frac{铣间}{鼓间}$
平均值		1.67	0.79	0.58	0.83	1.50	0.47	0.35	0.49	0.90	0.74	1.05	1.91	1.42	2.60	1.84
理论值		1.25	0.80	0.64	0.80	1.00	0.64	0.5125	0.64	0.80	0.80	1.00	1.25	1.25	1.5625	1.25
总体标准差		0.09	0.01	0.01	0.01	0.04	0.02	0.02	0.03	0.04	0.01	0.01	0.02	0.00	0.04	0.02
对比标准差		0.43	0.02	0.06	0.03	0.51	0.17	0.17	0.16	0.11	0.06	0.05	0.66	0.17	1.04	0.59

（1）此套编句鑃的总体标准差范围在0.01至0.09之间，除$\frac{舞脩}{舞广}$一项数值较大外，其他项呈现小且均匀的特点，可见其在设计、制作层面具有很强的规范性。从对比标准差来看，除$\frac{舞脩}{中长}$、$\frac{舞脩}{铣间}$、$\frac{中长}{铣间}$三项较小外，其他项的对比标准差均明显偏大，表现出有别于《考工记》的、自成体系的强规范性。

（2）$\frac{舞脩}{舞广}$、$\frac{铣间}{鼓间}$两项关系到钟体浑圆的程度。本套编句鑃这两项的平均值均明显大于理论值，$\frac{舞脩}{舞广}$一项偏大的程度小于$\frac{铣间}{鼓间}$。这两项数据越大，则说明钟体宽度大于厚度的程度越多，因此，从此套编句鑃的整体状况来看，钟体明显较《考工记》所载偏扁，而舞部的浑圆程度大于口部。

（3）$\frac{舞脩}{铣间}$、$\frac{舞广}{鼓间}$两项关系到钟口外侈的程度。这两项的平均值均大于理论值，且$\frac{舞广}{鼓间}$的平均值大于$\frac{舞脩}{铣间}$。由于值越大则说明钟口的外侈程度越小，因此，本套编句鑃从整体状况来看，正、侧的外侈程度均小于《考工记》所载，且正面的外侈程度大于侧面。

（4）$\frac{铣长}{铣间}$一项关系到钟体的修长程度。本套编句鑃此项的平均值明显大于理论值，由于此项数据越大，则越说明钟体的长度偏长或宽度偏窄，因此，从本套编句鑃钟体的长宽比来看，比《考工记》所载修长得多。

（5）$\frac{中长}{铣长}$关系到于口弧曲的幅度。本套编句鑃此项的平均值小于理论值，而此项的数值越小则说明于口的弧曲度越大，可见，本套编句鑃于口弧曲的幅度大于《考工记》所载，中长偏短。

五、其他

越地出土编钟的种类，除以上分析过的镈、甬钟、纽钟、句鑃外，尚有百越地区所特有的羊角纽钟和筒形钟。其中属于两周时期的有云南万家坝羊角纽钟，另有可能属于战国时期的云南牟定县新甸公社福堎村出土的筒形钟，本可一同参与形制分析，但由于牟定筒形钟仅有通高、口宽两处形制数据，无法进行形制分析，在此仅涉及东周云南万家坝羊角纽钟一套编钟。

表2-32　云南万家坝羊角纽钟形制分析表[1]

钟名	馆藏编号	通高孔高	通高孔宽	通高口长	通高口宽	孔高孔宽	孔高口长	孔高口宽	孔宽口长	孔宽口宽	口长口宽
万家坝羊角纽钟	M1:13-a	6.44	12.88	1.65	1.94	2.00	0.26	0.30	0.13	0.15	1.18
	M1:13-b	5.97	11.94	1.63	1.90	2.00	0.27	0.32	0.14	0.16	1.17
	M1:13-c	5.78	12.59	1.62	1.91	2.18	0.28	0.33	0.13	0.15	1.18
	M1:13-d	6.11	14.27	1.84	2.16	2.33	0.30	0.35	0.13	0.15	1.17
	M1:13-e	6.10	14.08	1.69	2.01	2.31	0.28	0.33	0.12	0.14	1.19
	M1:13-f	5.00	10.71	1.58	1.83	2.14	0.32	0.37	0.15	0.17	1.16
平均值		5.90	12.75	1.67	1.96	2.16	0.28	0.33	0.13	0.15	1.17
总体标准差		0.45	1.22	0.09	0.11	0.13	0.02	0.02	0.01	0.01	0.01

由于羊角纽钟外形独特，对其形制进行分析是一件值得尝试的新

---

[1] 本套钟形制数据来自黄德荣《云南羊角编钟初探》，载《四川文物》2007年第5期。

实验。在收集到的资料中,本套钟有通高、孔高、孔宽、口长、口宽五处形制数据。从个人的直觉来看,如果羊角纽钟的形制存在规范性,首先应该考虑纽部是否为相同大小的范铸成? 即纽高是大小基本一致,还是随钟形由大到小而递减? 其次,$\frac{身长}{口长}$、$\frac{身长}{口宽}$、$\frac{口长}{口宽}$的比例最可能存在设计层面的一致性,其实际情况是否如此? 虽有以上考虑,但由于本套钟的形制数据并不齐全,没有纽高的数据,因此无法用"通高"减去"纽高"的数据去得到"身长"的数据,也就无法观察本套钟$\frac{身长}{口长}$、$\frac{身长}{口宽}$比例的规范性。从现有五处形制数据来看,既然数据数量并不多,不妨逐一进行比值计算并观察其总体标准差,分析是否存在设计层面的规范性、一致性。

从比值、平均值、总体标准差的计算结果来看:

（1）所有与"通高"相关的比值,其总体标准差均很大,说明此套羊角纽钟通高的尺寸,与其他四处数据在设计层面存在稳定比例关系的可能性很小。

（2）所有与"口长""口宽"相关的比值,其总体标准差都很小或相对小,再结合$\frac{口长}{口宽}$一项的总体标准差仅为0.01来看,本套羊角纽钟钟口横宽与纵宽的形制应该是存在较为稳定的比例关系的。

（3）从$\frac{口长}{口宽}$的比值来看,本套羊角纽钟此项比值低于1.20,大大低于其他越地编钟$\frac{铣间}{鼓间}$一项的值。此项比值越小,则说明钟口口宽越接近于口长,即钟口越偏浑圆。但由于钟体越浑圆则双音的隔离度越差,考虑到本套钟$\frac{口长}{口宽}$的比值大大低于其他编钟,因此,此套钟双音性能可能并不理想,很可能存在侧鼓音音量小、不清晰、不易被激发的状况。

第二节　甬（纽）部形制标准差分析

本节内容为专门针对越地出土编钟的甬（纽）部形制所进行的数据分析及解读。有以下两个问题需要说明：

其一，依照《考工记》中对甬钟形制的记载，中长与甬长的长度相当，即$\frac{甬长}{中长}$的理论值为1。但由于这一记载所指向的是甬钟，而并不包括镈、纽钟、句鑃三类乐钟，如果仅仅统计$\frac{甬长}{中长}$（$\frac{纽高}{中长}$）一项数据，对于非甬钟的乐钟，其对比标准差（即此项数据与《考工记》所载理论比例的偏离度）的或大或小，其意义会淡化或失去。此外，由于笔者始终相信既"贵"且"重"的编钟，其形制绝非随意，"比例关系的存在"是一定的，多观察几项与甬（纽）部相关的比例，更会坐实甬（纽）部与其他部位之间比例关系的存在。但如果将甬（纽）部的数据也如钟身一般与钟体上的各个部位一一进行对比，难免有琐碎之嫌，因而笔者在此特选通高、身长两处，同中长一起，与甬（纽）部的尺寸求得比值并进行观察。

其二，《考工记》中还记载了甬长与甬围、衡围、旋的位置之间的数据比例关系，本书在此不做涉及。理由有二：首先，丈量的长度越长，用尺所量的数据则相对误差较小，如丈量的长度较小，在以四舍五入为原则的统计与分析中，再加上难免存在的测量误差，能够说明的问题有限；其次，在误差难免的状况下，过于追求实际尺寸与文献记载相符的严苛性，反而会忽略乐器制作实践中的灵活度。

通过以上的思考，本节中将甬长（纽高）与通高、身长、中长三个部位的尺寸数据依次进行比值计算，共得三项比例；再求得各项整体的平均值，计算总体标准差、对比标准差；完成数据准备工作后，即可对总体标准差、对比标准差进行解读。

需要说明的是：第一，通过《考工记》所载理论值，仅能得知本节所涉及三项比例中的$\frac{纽高}{中长}$一项，因而其他两项并无理论值；第二，由于羊角纽钟和筒形钟现有的形制数据中没有纽高，因此本节仅涉及镈、甬钟、纽钟、句镭四类乐钟的甬（纽）部形制分析。

一、镈

以下所列为五套越地编镈的纽部形制分析，其中江苏邳州九女墩3号墓编镈由于破损，第93PJM3:1号无通高、身长的数据，93PJM3:2和93PJM3:3号无通高、身长、中长数据，江苏遝邻编镈无中长数据。根据现有数据分析如下：

表2-33　编镈纽部形制分析四联表

钟名	馆藏编号	$\frac{纽高}{通高}$	$\frac{纽高}{身长}$	$\frac{纽高}{中长}$
六合程桥2号墓编镈	10:16947-1	0.25	0.33	0.33
	10:16947-2	0.24	0.32	0.32
	10:16947-3	0.25	0.33	0.34
	10:16947-4	0.25	0.34	0.34
	10:16947-5	0.25	0.33	0.35
平均值		0.25	0.33	0.34
理论值		—	—	1.00
总体标准差		0.00	0.01	0.01
对比标准差		—	—	0.66

钟名	馆藏编号	纽高 通高	纽高 身长	纽高 中长
遽邝编镈	10:25291	0.24	0.32	
	10:25292	0.26	0.35	
	10:25293	0.25	0.33	
	10:25294	0.24	0.31	
	10:25295	0.24	0.32	
平均值		0.25	0.33	
理论值		—	—	1.00
总体标准差		0.01	0.01	
对比标准差		—	—	

钟名	馆藏编号	纽高 通高	纽高 身长	纽高 中长
九女墩3号墓编镈	93PJM3:1			0.33
	93PJM3:2			
	93PJM3:3			
	93PJM3:4	0.28	0.39	0.38
	93PJM3:5	0.29	0.40	0.39
	93PJM3:6	0.28	0.38	0.39
平均值		0.28	0.39	0.37
理论值		—	—	1.00
总体标准差		0.01	0.01	0.03
对比标准差		—	—	0.63

钟名	编号	纽高 通高	纽高 身长	纽高 中长
九女墩2号墩1号 墓编镈	1	0.17	0.21	0.21
	2	0.17	0.20	0.20
	3	0.16	0.19	0.20
	4	0.17	0.20	0.20
	5	0.18	0.22	0.21
	6	0.12	0.13	0.14
平均值		0.16	0.19	0.20
理论值		—	—	1.00
总体标准差		0.02	0.03	0.02
对比标准差		—	—	0.79

以上四套编镈均出土于江苏地区。虽然目前尚未见到有关钟纽与钟体比例关系的记载，但从上列四套编镈纽部数据分析来看，由于各个表格中每项比值的总体标准差均较小，说明这些数据对其平均值的离散度很小，由此可证纽部的形制数据与镈的通高、身长、中长都是存在较为稳定的比例关系的。

春秋晚期的江苏六合程桥2号墓编镈、江苏遂邠编镈，其$\frac{纽高}{通高}$和$\frac{纽高}{身长}$两项的平均值基本一致，实际值差距极小，且各自的总体标准差亦是极低，这说明这两套编镈与纽部相关的同一项的比例一致。在这两套编镈实际通高尺寸有一定差距的状况下，纽部与通高、身长之间的比例稳定且两套编镈同一项的比值差距细微，这一状况并非巧合，而应为设计、制作规范层面的一致。

此外，此四套编镈中有三套为春秋晚期遗物，只有江苏邳州九女墩2号墩1号墓编镈属战国早期。从每套编镈各自所计算的$\frac{纽高}{通高}$、$\frac{纽高}{身长}$、$\frac{纽高}{中长}$三项比值来看，战国早期的江苏邳州九女墩2号墩1号墓编镈纽部各项比值明显小于春秋晚期的三套编镈。在这三项中，纽高数据均为分子，而分数的比值较小则有分子相对小或分母相对大两种可能，但无论是哪一种可能，都说明纽高长度占通高、身长或中长的比例偏小，即纽高偏小。就目前的状况来看，江苏邳州九女墩2号墩1号墓编镈的纽高所占比例确实比其他三套春秋晚期的编镈要小得多，但这能否说明战国早期纽高所占比例比春秋晚期要小？笔者认为，由于目前仅有一套战国编镈，本着"孤证不立"的原则，必须要结合更多的证据才能下结论。因此，不妨将越地出土的、未成编的其他镈的纽部数据加以观察，再做定论。

表2-34　越地出土未成编镈纽部形制分析表

所属时期	钟名	藏地	馆藏编号	纽高通高	纽高身长	纽高中长
商末	邵东民安镈	湖南省博物馆	20575	0.23	0.30	0.30
商	新干大洋洲镈	江西省博物馆	13920	0.14	0.17	0.17
西周早期	衡阳金兰市镈	湖南省衡阳市博物馆	1:2001	0.15	0.18	0.18
	资兴云纹镈	湖南省博物馆	21916	0.18	0.21	0.21
西周中期	浏阳黄荆村镈	湖南省博物馆	20219	0.18	0.22	0.23
春秋晚期	衡南对江镈①	湖南省衡南县文物管理所	31	0.25	0.33	0.33
			32	0.25	0.34	0.34
	能原镈	故宫博物院		0.24	0.32	0.31

① 衡南对江镈一套含两件钟，从形制标准差分析的结果来看，其整体标准差较小、规范性较强，对比标准差多数偏大，表现出有别于《考工记》而自成体系的形制特征。但从其正、侧鼓测音数据的分析结果来看，两件镈的正鼓音高相差一个八度又一个小二度，应为两件镈的拼合而非成编的编镈，因此未被列入本书核心分析的范围，仅作为旁证。

以上列表格中的数据来看，从战国早期江苏邳州九女墩2号墩1号墓编镈纽部形制的特点所猜测的形制变化趋势无支撑依据。首先，无战国时期的镈可以作为形制数据的参照；其次，以上所列越地出土镈的形制，并未表现出纽高所占比例随时代的推后而渐小的规律性趋势，因此无法推断战国时期镈纽形制的可能性。因此，从邳州九女墩2号墩1号墓编镈纽部形制所引发的"战国早期镈钟纽高所占比例比春秋晚期要小"的猜测，无法证实。

二、甬钟

以下所列为十一套越地编甬钟的甬部形制分析。其中，江西吉水甬钟无中长数据；东海庙墩编钟由于破损，其中第452、453、455号无通高、身长、中长数据；博罗陂头神编钟第0638、0643、0644号由于破损，无通高、身长、中长数据；兴宁古树窝编钟第0005号由于破损，无通高、身长、中长数据；罗定太平编钟甲4835、甲4836、甲4837号由于破损，无通高、身长、中长数据；浙江江山编钟无中长数据。另有春秋晚期江苏邳州九女墩3号墓编钟、春秋广东清远马头岗1号墓甬钟、春秋广东清远马头岗甬钟三套甬钟，由于没有查找到甬长数据，因此没有纳入分析。根据现有数据分析如下：

表2-35　甬钟甬部形制分析十一联表

钟名	馆藏编号	甬长 通高	甬长 身长	甬长 中长
横8字纹编钟	21918	0.23	0.30	0.34
	21914	0.24	0.31	0.35
	21913	0.24	0.31	0.36
平均值		0.24	0.31	0.35
理论值		—	—	1.00
总体标准差		0.00	0.01	0.01
对比标准差		—	—	0.65

钟名	馆藏编号	甬长 通高	甬长 身长	甬长 中长
吉水甬钟	296	0.35	0.55	
	297	0.35	0.54	
	298	0.34	0.53	
平均值		0.35	0.54	
理论值		—	—	1.00
总体标准差		0.00	0.01	
对比标准差				

钟名	馆藏编号	甬长 通高	甬长 身长	甬长 中长
萍乡彭高甬钟	14945-1	0.33	0.49	0.56
	14945-2	0.30	0.43	0.51
平均值		0.31	0.46	0.53
理论值		—	—	1.00
总体标准差		0.01	0.03	0.03
对比标准差		—	—	0.47

钟名	馆藏编号	甬长 通高	甬长 身长	甬长 中长
博罗苏屋岗编钟	甲1705	0.33	0.49	0.57
	甲1704	0.33	0.50	0.59
平均值		0.33	0.49	0.58
理论值		—	—	1.00
总体标准差		0.00	0.00	0.01
对比标准差		—	—	0.42

钟名	馆藏编号	甬长 通高	甬长 身长	甬长 中长
东海庙墩编钟	449	0.34	0.51	0.61
	450	0.35	0.53	0.60
	451	0.33	0.49	0.56
	452			
	454	0.35	0.54	0.61
	453			
	455			
	456	0.35	0.54	0.62
	457	0.35	0.54	0.61
平均值		0.34	0.52	0.60
理论值		—	—	1.00
总体标准差		0.01	0.02	0.02
对比标准差		—	—	0.40

钟名	馆藏编号	甬长/通高	甬长/身长	甬长/中长
博罗陂头神编钟	0638			
	0639	0.28	0.39	0.52
	0640	0.28	0.40	0.49
	0641	0.28	0.39	0.48
	0642	0.30	0.43	0.54
	0643			
	0644			
平均值		0.29	0.40	0.51
理论值		—	—	1.00
总体标准差		0.01	0.02	0.02
对比标准差		—	—	0.49

钟名	馆藏编号	甬长/通高	甬长/身长	甬长/中长
兴宁古树窝编钟	0001	0.26	0.34	0.39
	0002	0.25	0.33	0.38
	0003	0.24	0.32	0.38
	0004	0.26	0.35	0.40
	0005			
	0006	0.20	0.25	0.29
平均值		0.24	0.32	0.37
理论值		—	—	1.00
总体标准差		0.02	0.03	0.04
对比标准差		—	—	0.63

钟名	馆藏编号	甬长/通高	甬长/身长	甬长/中长
罗定太平编钟	甲4832	0.32	0.48	0.60
	甲4833	0.31	0.46	0.57
	甲4834	0.33	0.49	0.60
	甲4835			
	甲4837			
	甲4836			

钟名	馆藏编号	甬长 通高	甬长 身长	甬长 中长
平均值		0.32	0.48	0.59
理论值		—	—	1.00
总体标准差		0.01	0.02	0.01
对比标准差		—	—	0.41

钟名	馆藏编号	甬长 通高	甬长 身长	甬长 中长
增城庙岭编钟	1	0.29	0.41	0.44
	2	0.27	0.36	0.45
平均值		0.28	0.38	0.44
理论值		—	—	1.00
总体标准差		0.01	0.02	0.00
对比标准差		—	—	0.56

钟名	馆藏 编号	甬长 通高	甬长 身长	甬长 中长
肇庆松山编钟	甲 4235	0.33	0.48	0.58
	甲 4236	0.31	0.46	0.58
	甲 4237	0.32	0.47	0.59
	甲 4246	0.31	0.46	0.56
	甲 4238	0.31	0.45	0.54
	甲 4239	0.32	0.46	0.56
平均值		0.32	0.46	0.57
理论值		—	—	1.00
总体标准差		0.01	0.01	0.02
对比标准差		—	—	0.43

钟名	馆藏编号	甬长 通高	甬长 身长	甬长 中长
浙江江山编钟	1	0.26	0.35	
	2	0.26	0.36	
	3	0.26	0.36	
	4	0.21	0.27	
	5	0.14	0.17	
	6	0.27	0.37	
平均值		0.23	0.31	
理论值		—	—	1.00
总体标准差		0.05	0.07	
对比标准差		—	—	

在所统计的十一套编甬钟中，除横8字纹编钟出土地不详外，两套出土于江西地区，一套出土于江苏地区，一套出土于浙江地区，其余六套均出土于广东地区。从这些编甬钟甬部形制的总体标准差来看，广东兴宁古树窝编钟因0006号钟甬部形制偏差较大，导致三项统计数值的总体标准差全面偏大，其他编钟甬部形制较为稳定，江西萍乡彭高甬钟的甬部与通高比例的稳定性明显高于其与身长、中长的比例。从 $\frac{甬长}{中长}$ 一项实际值的平均值来看，其范围在0.35至0.59，与理论值1.00的对比标准差来看，这些编甬钟 $\frac{甬长}{中长}$ 的比值与《考工记》所载差距较大，甬长较短，但又由于除广东兴宁古树窝编钟外的其他编钟 $\frac{甬长}{中长}$ 一项的总体标准差都较小，说明形制比例较为规范、稳定，因此可认为是自成体系。

从各套编钟实际比值的平均值来看，广东博罗苏屋岗编钟（0.33、0.49、0.58）、广东罗定太平编钟（0.32、0.48、0.59）、广东罗定太平编钟

（0.32、0.46、0.57）三套的值很是接近，江西吉水甬钟（0.35、0.54）虽然由于没有关于中长的数据资料而缺少$\frac{甬长}{中长}$一项的数值，但其与江苏东海庙墩编钟（0.34、0.52、0.60）$\frac{甬长}{通高}$和$\frac{甬长}{身长}$两项的数值是非常相近的。以上两组数值相近的编甬钟，其在各项数据上的相近应非巧合，而应为设计、制作规范层面的接近。横8字纹编钟（0.24、0.31、0.35）与广东兴宁古树窝编钟（0.24、0.32、0.37）实际值的平均值也很接近，但由于古树窝编钟0006号纽部形制偏差较大，明显拉低了其三项的平均值，因此笔者未将其算在此列。此外，虽然浙江江山编钟实际值的平均值（0.23、0.31）与横8字纹编钟以及广东兴宁古树窝编钟的值近似，但由于浙江江山编钟甬部形制总体标准差很大，规范性较弱，因此不可作为数据近似的例证。

另外，从数据分析的结果来看，虽然《考工记》记载甬长是与中长具有稳定比例关系的，但通过对实际数据的统计与分析，多套编钟$\frac{甬长}{通高}$一项的总体标准差小于$\frac{甬长}{中长}$，即$\frac{甬长}{通高}$比例的稳定性高于$\frac{甬长}{中长}$，这一状况在后来的句鑃甬柄形制数据分析中尤为明显。

三、纽钟

以下所列为七套越地编纽钟的纽部形制分析。其中邳州九女墩3号墓编纽钟第93PTM3:12、93PTM3:19号无纽高数据。现根据其他已有数据进行分析：

表2-36　纽钟纽部形制分析七联表

钟名	馆藏编号	纽高通高	纽高身长	纽高中长
浏阳纸背村编钟	22022 1/9	0.20	0.26	0.31
	22022 2/9	0.20	0.26	0.32
	22022 3/9	0.21	0.27	0.34
	22022 4/9	0.24	0.32	0.35
	22022 5/9	0.23	0.30	0.37
	22022 6/9	0.24	0.31	0.38
	22022 7/9	0.25	0.34	0.43
	22022 8/9	0.31	0.45	0.54
	22022 9/9	0.28	0.39	0.48
平均值		0.24	0.32	0.39
理论值		—	—	1.00
总体标准差		0.03	0.06	0.07
对比标准差		—	—	0.61

钟名	馆藏编号	纽高通高	纽高身长	纽高中长
邳州九女墩3号墓编纽钟	93PTM3:11	0.20	0.25	0.29
	93PTM3:12			
	93PTM3:13	0.19	0.23	0.28
	93PTM3:14	0.20	0.26	0.30
	93PTM3:15	0.22	0.28	0.32
	93PTM3:16	0.20	0.25	0.30
	93PTM3:17	0.23	0.30	0.35
	93PTM3:18	0.22	0.29	0.34
	93PTM3:19			
平均值		0.21	0.27	0.31
理论值		—	—	1.00
总体标准差		0.01	0.02	0.02
对比标准差		—	—	0.69

钟名	馆藏编号	纽高 通高	纽高 身长	纽高 中长
邳州九女墩2 号墩1号墓编 纽钟	1	0.21	0.26	0.34
	2	0.22	0.28	0.31
	3	0.24	0.31	0.35
	4	0.23	0.31	0.36
	5	0.23	0.30	0.35
	6	0.25	0.33	0.39
	7	0.24	0.31	0.38
	8	0.22	0.28	0.32
平均值		0.23	0.30	0.35
理论值		—	—	1.00
总体标准差		0.01	0.02	0.02
对比标准差		—	—	0.65

钟名	馆藏编号	纽高 通高	纽高 身长	纽高 中长
邍邖编钟	10:25274	0.19	0.23	0.28
	10:25275	0.19	0.23	0.29
	10:25276	0.19	0.23	0.28
	10:25277	0.19	0.23	0.27
	10:25278	0.20	0.24	0.29
	10:25279	0.21	0.27	0.31
	10:25280	0.22	0.28	0.32
平均值		0.20	0.24	0.29
理论值		—	—	1.00
总体标准差		0.01	0.02	0.02
对比标准差		—	—	0.71

钟名	馆藏编号	纽高通高	纽高身长	纽高中长
六合程桥2号墓编钟	10:16946	0.19	0.23	0.27
	10:16947	0.19	0.23	0.27
	10:16948	0.19	0.24	0.28
	10:16949	0.20	0.24	0.28
	10:16950	0.22	0.28	0.32
	10:16951	0.21	0.27	0.33
	10:16952	0.21	0.26	0.29
平均值		0.20	0.25	0.29
理论值		—	—	1.00
总体标准差		0.01	0.02	0.02
对比标准差		—	—	0.71

钟名	馆藏编号	纽高通高	纽高身长	纽高中长
六合程桥1号墓编钟	10:8721-1	0.21	0.26	0.31
	10:8721-2	0.20	0.26	0.30
	10:8721-3	0.20	0.26	0.30
	10:8721-4	0.20	0.25	0.29
	10:8721-5	0.22	0.28	0.32
	10:8721-6	0.19	0.23	0.28
	10:8721-7	0.21	0.26	0.32
	10:8721-8	0.20	0.26	0.30
	10:8721-9	0.21	0.26	0.31
平均值		0.21	0.26	0.30
理论值		—	—	1.00
总体标准差		0.01	0.01	0.01
对比标准差		—	—	0.70

钟名	馆藏编号	组高通高	组高身长	组高中长
连云港尾矿坝编钟	3:6300-1	0.21	0.26	0.32
	3:6300-2	0.20	0.24	0.30
	3:6300-3	0.21	0.27	0.32
	3:6300-4	0.21	0.26	0.32
	3:6300-5	0.21	0.26	0.32
	3:6300-6	0.20	0.26	0.30
	3:6300-7	0.23	0.30	0.36
	3:6300-8	0.24	0.32	0.38
	3:6300-9	0.24	0.31	0.36
平均值		0.22	0.28	0.33
理论值		—	—	1.00
总体标准差		0.02	0.03	0.03
对比标准差		—	—	0.67

在所统计的七套编纽钟中，一套出土于湖南地区，其余六套均出土于江苏地区。从这七套编纽钟纽部的总体标准差来看，除湖南浏阳纸背村编钟的总体标准差明显偏大外，其余六套江苏编纽钟在纽部形制的比例方面，均由较小的总体标准差反映出较强的规范性。由此可见，虽然目前尚未见到有关钟纽与钟体比例关系的记载，但从上列七套编纽钟的纽部数据分析来看，由于六套出土于江苏地区的编纽钟，其纽部形制三项比例反映出其在设计、制作层面较强的规范性，可证纽部的形制数据与纽钟的通高、身长、中长都是存在较为稳定的比例关系的。

从各套编钟实际值的平均值来看，六套江苏地区出土的编纽钟，其纽部形制比例非常接近。特别是鄦郳编钟（0.20、0.24、0.29）和六合程桥2号墓编钟（0.20、0.25、0.29）、邳州九女墩3号墓编纽钟（0.21、0.27、0.31）和六合程桥1号墓编钟（0.21、0.26、0.30），这两组内部的两套编钟之间的数值差距很小，结合它们各自较小的总体标准差所体现出的强规范性来看，体现出同一地域中纽钟纽部形制在设计、制作层面的统一。

所统计的七套编纽钟中，只有湖南浏阳纸背村编钟的总体标准差明显偏大，这是否说明其在设计、制作层面的规范度较弱？通过观察纸背村编钟每一件钟的数据，发现按照钟体由大到小的排列顺序，钟纽长度所占的比例在三项比值中均呈现出明显的递增趋势，而且每个钟纽的尺寸数据在大致上保持一致。结合笔者曾与复原曾侯乙编钟的武汉精密铸造有限公司以及武汉机械工艺研究所相接触所增加的知识与经验来看，这一现象应是为了在乐钟悬挂之时保持舞部的齐平，以达到编钟外观的完美。因为如果纽部按照钟体从大到小而同比例缩小，悬挂在簨虡上时便会出现舞部逐渐偏高的状况，而如果保持纽部尺寸基本一致，各钟的舞部便会在整体上较为齐平，从而在视觉上更为美观。因此笔者认为，湖南浏阳纸背村编钟纽部相关比值的总体标准差明显偏大，并不能说明其在设计、制作层面的规范度较弱，而应是在设计时兼顾了编钟悬挂后的整体视觉效果。此种有目的的视觉审美，体现出对编钟形制规范的更高要求。

此外，通过对实际数据的统计与分析，多套编钟$\frac{组高}{通高}$的总体标准差小于$\frac{组高}{身长}$和$\frac{组高}{中长}$，即$\frac{组高}{通高}$比例的稳定性高于$\frac{组高}{身长}$和$\frac{组高}{中长}$，这一状况在后来的句鑃甬柄形制分析中尤为明显。

四、句鑃

以下所列为五套越地编句鑃的柄部形制分析。其中浙江配儿句鑃甲钟无中长数据，乙钟由于残损无法计算比例；安徽广德编句鑃第045·6号无柄长数据；安徽青阳句鑃无中长数据；尚有安徽泾县南容句鑃一套三件中有两件无柄长数据，无法参与本处柄部形制分析。现根据其他已有数据进行分析：

表2-37　句鑃柄部形制分析五联表

钟名	编号	柄长 通高	柄长 身长	柄长 中长
淹城句鑃	1	0.40	0.68	0.84
	2	0.41	0.71	0.92
	3	0.44	0.78	0.96
	4	0.44	0.78	1.00
	5	0.49	0.97	1.28
	6	0.46	0.84	1.04
	7	0.50	0.99	1.26
平均值		0.45	0.82	1.04
理论值		—	—	1.00
总体标准差		0.03	0.11	0.15
对比标准差		—	—	0.17

钟名	编号	柄长 通高	柄长 身长	柄长 中长
高淳松溪编句鑃	1	0.37	0.59	0.67
	2	0.33	0.50	0.57
	3	0.35	0.53	0.61
	4	0.37	0.59	0.71
	5	0.38	0.61	0.71
	6	0.37	0.58	0.63
	7	0.40	0.66	0.68
平均值		0.37	0.58	0.66
理论值		—	—	1.00
总体标准差		0.02	0.05	0.05
对比标准差		—	—	0.35

钟名	馆藏编号	柄长 通高	柄长 身长	柄长 中长
广德编句鑃	045·1	0.35	0.54	0.63
	045·2	0.39	0.63	0.74
	045·3	0.35	0.54	0.64
	045·4	0.38	0.61	0.74
	045·5	0.38	0.61	0.72
	045·6			
	045·7	0.37	0.58	0.70
	045·8	0.38	0.60	0.72
	045·9	0.39	0.64	0.78
平均值		0.37	0.59	0.71
理论值		—	—	1.00
总体标准差		0.01	0.04	0.05
对比标准差		—	—	0.29

钟名	馆藏编号	柄长通高	柄长身长	柄长中长
配儿句鑃	甲	0.36	0.57	
	乙			
平均值				
理论值		—	—	1.00
总体标准差				
对比标准差		—	—	

钟名	馆藏编号	柄长通高	柄长身长	柄长中长
青阳句鑃	001	0.32	0.47	
	002	0.35	0.53	
	003	0.32	0.46	
	004	0.36	0.57	
平均值		0.34	0.51	
理论值		—	—	1.00
总体标准差		0.02	0.05	
对比标准差		—	—	

在所统计的五套编句鑃中，两套出土于江苏地区，一套出土于浙江地区，两套出土于安徽地区。从这五套编句鑃总体标准差来看，除各套句鑃的$\frac{柄长}{通高}$一项外，基本全面偏大，表现出较弱的规范性。此外，五套编句鑃$\frac{柄长}{通高}$一项的总体标准差均明显小于$\frac{柄长}{身长}$和$\frac{柄长}{中长}$，即$\frac{柄长}{通高}$比例的稳定性明显高于$\frac{柄长}{身长}$和$\frac{柄长}{中长}$。由此可见，虽然目前尚未见到有关句鑃甬柄与钟体比例关系的记载，但从上列五套编句鑃甬柄部的数据分析来看，由于$\frac{柄长}{通高}$一项的比例反映出在设计、制作层面所存在的规范性，可证编句鑃的甬柄部形制数据与其通高是存在相对稳定的比例关系的。

从平均值来看，这些编句鑃$_{中长}^{柄长}$一项值的范围在0.66至1.04，大大高于越地出土编甬钟的0.37至0.59，可见按比例来说，编句鑃的柄长明显长于编甬钟，但由于这些编句鑃统一表现出$_{中长}^{柄长}$一项总体标准差较大的状况，因此规范性并不强。从各套编句鑃实际值的平均值来看，五套编句鑃的纽部形制比例并不十分接近，高淳松溪编句鑃（0.37、0.58、0.66）和广德编句鑃（0.37、0.59、0.71）前两项的值较相符，$_{中长}^{柄长}$的差距相对较大，也许存在统一的设计、制作规范，但并不严格。

第三节 从出土实物看越地青铜编钟的形制规范

本节内容是基于本章第一、二两节的基础分析，所作出的梳理、比较及总结。具体方法为：将本章第一节所做各套编钟十五项比值的平均值并列对比，确认其中相近或相别的数据，进而总结出在形制规范层面的近似或差异。不同编钟形制数据比例的差别，所反映出的是这些编钟在外部形态上的异同；而外部形态的异同，往往能够凸显出不同地域所具有的区域性风格。针对这一分析方法，有以下两点需要说明：

首先，对十五项比值平均值的运用，需要结合该编钟总体标准差的情况。如果总体标准差偏大，即该套编钟本身在设计、制作层面的规范度不强，则其实际数据距离平均值的偏离度会相对较大，在这种情况下，平均值的意义会被削弱；总体标准差较小时，即该套编钟在设计、制作层面具有较强的规范度，则其实际数据距离平均值的偏离度较小,在这一状况下,可以将平均值视为该编钟在设计、制作层面的相对规范。因此,在总体标准差较小的状况下,各套编钟十五项比值的平均值可以相互比较,比较的结论既可以指向编钟与编钟之间整体形制的相近或相别,亦可以由同一项平均值的差别反映出不同编钟相同部位的形制区别。

其次,当一套编钟在设计层面的形制规范应用于制作实践中时,由于难免存在的误差及铸造过程中的灵活性,其实际数据与理论数据之间必然存在差距。在研究工作中,不能过于追求数据资料的严苛度,而忽略了实际操作过程中的灵活性。

一、镈

下表为越地出土四套编镈的十五项比值之平均值,仅涉及江苏地区。

表2-38 越地编镈形制比例平均值表

钟名	舞脩舞广	舞脩中长	舞脩铣长	舞脩铣间	舞脩鼓间	舞广中长	舞广铣长	舞广铣间	舞广鼓间	中长铣长	中长铣间	中长鼓间	铣长铣间	铣长鼓间	铣间鼓间
春秋晚期江苏六合程桥2号墓编镈	1.34	0.78	0.79	0.86	1.18	0.58	0.59	0.64	0.88	1.01	1.10	1.51	1.09	1.49	1.37
春秋晚期江苏九女墩3号墓编镈	1.28	0.82	0.81	0.82	1.12	0.64	0.63	0.64	0.89	0.99	1.00	1.37	1.01	1.39	1.36
春秋晚期江苏邅邔编镈	1.27			0.85	1.07			0.67	0.84						1.25
战国早期江苏九女墩2号墩1号墓编镈	1.34	0.81	0.80	0.84	1.13	0.61	0.60	0.63	0.84	0.99	1.04	1.39	1.05	1.40	1.32

从四套江苏地区出土的编镈来看，各项平均值的数值较为接近。由于在本章第一节中已经分析过，九女墩2号墩1号墓编镈在形制上具有强规范性，因此可以其平均值为主，去观察其他编镈的平均值；九女墩3号墓出土的编镈自身形制规范度不强，遗邠编镈的相关数据又缺失较多，只能作为辅助参考。

将九女墩2号墩1号墓编镈的数据与六合程桥2号墓编镈相对比可见，除$\frac{中长}{铣间}$、$\frac{中长}{鼓间}$和$\frac{铣长}{鼓间}$三项的数值差距较大外，其他数值的差距较小，可见两套编镈的形制规范非常接近。参考九女墩3号墓编镈和遗邠编镈的数据来看，九女墩3号墓编镈与九女墩2号墩1号墓编镈除$\frac{舞脩}{舞广}$一项数值差距偏大外，其余项均较为一致，而遗邠编镈虽由于数据不全而只有六项数据，但$\frac{舞脩}{铣间}$、$\frac{舞广}{铣间}$、$\frac{舞广}{鼓间}$三项的值还是与九女墩2号墩1号墓编镈的值很是接近。根据以上数据对比的结果可知，从这四套编镈来看，江苏地区出土的编镈在设计、制作层面是具有较为统一的形制规范的。在有了这一初步结论的基础上，进而可以根据与钟形外形特征相关的几项数据，来解读这一地区编镈形制的特征。

从这四套编镈$\frac{舞脩}{舞广}$和$\frac{铣间}{鼓间}$两项实际值的平均值来看，除九女墩3号墓编镈外，其他三套编镈自身该两项的值较为接近。由于$\frac{舞脩}{舞广}$和$\frac{铣间}{鼓间}$两项所指向的是钟身舞部及口部的浑圆程度，这两项实际值的平均值较为接近，说明舞部及口部的浑圆程度相差不大。由此可见，江苏地区出土的该三套编镈均具有舞部及口部的浑圆程度较为接近的形制特点。而九女墩三号墓编镈由于自身形制的规范度不强，其形制数据在$\frac{舞广}{舞脩}$、$\frac{铣间}{鼓间}$两项中所表现出的不一致的状况，笔者认为可以不作为常例。

观察这四套编镈$\frac{舞脩}{铣间}$和$\frac{舞广}{鼓间}$两项实际值的平均值可知，除九女墩3号墓编镈以外的三套编镈自身,该两项的值相差不大。由于该两项数据所指向的是钟身正面以及侧面的外侈程度,其实际值的平均值相差不大,说明钟身正、侧面的外侈程度较为接近。由此可见,江苏地区出土的这三套编镈均具有钟身正面与侧面的外侈程度较为接近的形制特点。九女墩3号墓编镈由于自身形制的规范度不强,其形制数据在这两项中所表现出的不一致的状况,笔者认为可以不作为常例。

根据《考工记》中所记载的钟体比例,$\frac{舞脩}{舞广}=\frac{铣间}{鼓间}=1.25$,$\frac{舞脩}{铣间}=\frac{舞广}{鼓间}=0.8$,可见其所记载的钟体形制,是具有"舞部与口部浑圆程度一致"以及"钟身正、侧面外侈程度一致"的特点的。而上文分析的江苏出土编镈的两点形制特征,即"舞部及口部的浑圆程度较为接近"和"钟身正面与侧面的外侈程度较为接近",与《考工记》中所载钟体形制的特点基本相符,但从实际值的平均值来看,又较《考工记》偏扁,而遻邲编镈的浑圆程度显然更符合《考工记》的记载。

总之,从出土编镈的实物来看,江苏编镈具有"舞部及口部的浑圆程度较为接近"以及"钟身正面与侧面的外侈程度较为接近"两点形制特征,更为重要的是,江苏地区的东周编镈在设计、铸造层面,是存在较为统一的规范性要求的。

二、甬钟

下表为越地出土十二套编甬钟的十五项比值之平均值。另有春秋横8字纹编钟因出土地不详,以及春秋早期浙江江山编钟仅有$\frac{舞脩}{铣间}$一项数据,因此未参与本节所涉及的地域性形制规范的观察。

表2-39　越地编甬钟形制比例平均值表

钟名	舞脩 舞广	舞脩 中长	舞脩 铣长	舞脩 铣间	舞脩 鼓间	舞广 中长	舞广 铣长	舞广 铣间	舞广 鼓间	中长 铣长	中长 铣间	中长 鼓间	铣长 铣间	铣长 鼓间	铣间 鼓间
西周江西吉水 甬钟	1.37		0.70	0.80	1.21		0.52	0.59	0.88				1.14	1.72	1.52
西周江西萍乡 彭高甬钟	1.32	0.84	0.72	0.83	1.14	0.64	0.55	0.63	0.86	0.86	0.99	1.35	1.15	1.58	1.37
春秋早中期东 海庙墩编钟	1.32	0.80	0.68	0.85	1.17	0.61	0.51	0.64	0.89	0.85	1.06	1.47	1.25	1.73	1.38
春秋晚期邳州九 女墩3号墓编钟	1.22	0.84	0.66		1.08	0.68	0.54		0.88	0.79		1.29		1.62	
春秋广东博罗 陂头神编钟	1.33	0.77	0.62	0.86	1.15	0.58	0.46	0.65	0.87	0.80	1.11	1.49	1.39	1.87	1.34
春秋广东兴宁 古树窝编钟	1.46	0.63	0.54	0.81	1.16	0.43	0.37	0.56	0.79	0.86	1.29	1.84	1.50	2.13	1.42
春秋广东清远 马头岗1号墓 编钟	1.45	0.68	0.58	0.80	1.20	0.47	0.40	0.55	0.83	0.85	1.16	1.75	1.37	2.06	1.50
春秋广东清远 马头岗甬钟	1.47	0.65	0.53	0.84	1.23	0.45	0.36	0.58	0.83	0.81	1.29	1.89	1.54	2.32	1.50
春秋广东博罗 苏屋岗编钟	1.40	0.89	0.74	0.86	1.18	0.63	0.53	0.61	0.84	0.83	0.96	1.33	1.16	1.60	1.38
东周广东增城 庙岭编钟	1.40	0.69	0.53	0.83	1.10	0.50	0.39	0.61	0.81	0.80	1.26	1.66	1.57	2.07	1.32
战国广东罗定 太平编钟	1.37	0.65	0.53	0.83	1.17	0.47	0.39	0.60	0.85	0.82	1.26	1.78	1.55	2.19	1.41
战国广东肇庆 松山编钟	1.40	0.65	0.54	0.84	1.20	0.47	0.39	0.60	0.86	0.83	1.29	1.84	1.54	2.21	1.43

1. 广东地区

从八套出土于广东地区的编甬钟来看，博罗陂头神编钟自身所具的规范性相对较弱，其他编钟都具有较强的规范性；而增城庙岭编钟两件中的1号钟由于残破而缺少大部分数据，导致此套编钟形制数据的十五项平均值中有十二项为2号钟个体的数据，而非1号、2号钟的平均值。鉴于以上两点，博罗陂头神编钟与增城庙岭编钟的数据仅作为参考,以观察其他广东编甬钟的数据为主。

对比观察兴宁古树窝编钟和清远马头岗甬钟的数据可知,除$\frac{铣长}{鼓间}$一项的值有较大差距,以及$\frac{舞脩}{鼓间}$、$\frac{铣间}{鼓间}$两项的值略有差距外,其他项的值均较为一致;再将这两套编钟的数据结合清远马头岗1号墓编钟的数据来看,除$\frac{中长}{铣间}$、$\frac{中长}{鼓间}$、$\frac{铣长}{铣间}$、$\frac{铣长}{鼓间}$四项的值偏差较大外,其他项的值均较为一致,而这四项均与修长程度有关,且这四项的值共同反映出马头岗1号墓编钟的钟体相对其他两套钟短阔。对比观察罗定太平编钟和肇庆松山编钟的值,除$\frac{中长}{鼓间}$一项略有偏差外,其余十四项的值均相符。从以上编钟形制数据的比照来看,广东编甬钟在设计、制作规范上具有一定的统一性。这种统一虽然并非是在整个广东地区表现出整体的一致,而是体现在部分编钟形制上的局部统一,但将这些编钟自身所具有的强规范性以及相互间相近的形制数据结合来看,在一定范围内的、统一的形制规范是存在的。在肯定了"先秦时期广东地区的甬钟铸造是存在在一定范围内的形制规范的"这一初步结论的基础上,可以根据与编钟形制某一外形特征相关的几项数据,来解读广东地区编钟形制的特征。

从这八套广东编甬钟$\frac{舞脩}{舞广}$和$\frac{铣间}{鼓间}$两项的数值来看,除增城庙岭编钟外,其他七套编甬钟该两项的值均较为接近,说明这些编钟舞部与口部的浑圆程度较为近似;从这些编甬钟$\frac{舞脩}{铣间}$和$\frac{舞广}{鼓间}$两项的数值来看,所有八套编钟自身该两项的值均较为接近,说明这些编钟钟身正面与侧面的外侈程度较为接近。由此可见,广东编甬钟的形制基本上是一种"舞部及口部的浑圆程度较为接近",以及"钟身正、侧面的外侈程度较为接近"的钟形。

在本章第一节针对甬钟进行个例分析时，广东编甬钟除博罗陂头神编钟和博罗苏屋岗编钟外，其余六套编甬钟$\frac{中长}{鼓间}$和$\frac{铣长}{鼓间}$两项的对比标准差偏大明显，在一项数据的标准差超过0.05就算偏大的统一标准下，广东编甬钟该两项的对比标准差达到0.50至0.76，这一数据的偏差程度之大，是在除广东以外的其他越族分布地区所未见的。$\frac{中长}{鼓间}$和$\frac{铣长}{鼓间}$两项数据均与钟体侧面的修长程度相关，而侧面的修长程度与正面的修长程度亦是一体之两面。关系到钟身修长程度的这两项比值，在与《考工记》所载理论数据相对比时，呈现出广东地区以外所未见的偏差程度。结合各钟该两项的平均值来看，这些编钟钟身的修长程度高于广东以外的任何区域，而这亦应为广东地区出土编甬钟区别于其他地区编甬钟的最显著的特点。

另外，博罗苏屋岗编钟的形制数据与其他广东编甬钟相比，在很大程度上并不一致。从本章第一节中对各套广东编甬钟的分析结论来看，在其他编甬钟呈现出有别于《考工记》所载形制特点的状况下，博罗苏屋岗编钟的形制既在一定程度上与《考工记》相应，又不乏自身特征。而这一分析结论，已经能很好地解释博罗苏屋岗编钟与其他广东编甬钟的形制并不一致的问题。

2. 江西地区

江西地区出土有甬钟二套，其中吉水甬钟经分析认为其自身形制规范性不强且缺少中长数据，而萍乡彭高甬钟的形制规范程度已经达到相当高的水准，因此对江西地区编钟形制的观察将以萍乡彭高甬钟为主，吉水甬钟的数据作为参考；同时，为避免支撑依据较少导致结论偏差较大的问题，笔者认为应结合江西出土的未成编甬钟共同分析。此外，在这一地区出土的未成编甬钟中，上海博物馆所藏江西者减钟由于公布于《中国音乐文物大系·上海/江苏卷》中的铣间数据有误[①]，因而在此不将此钟与铣间相关的五项比例数据纳入形制分析。

表2-40　江西未成编甬钟形制比例表

钟名	舞脩/舞广	舞脩/中长	舞脩/铣长	舞脩/铣间	舞脩/鼓间	舞广/中长	舞广/铣长	舞广/铣间	舞广/鼓间	中长/铣长	中长/铣间	中长/鼓间	铣长/铣间	铣长/鼓间	铣间/鼓间
西周江西鹰潭甬钟	1.25	0.86	0.72	0.83	1.19	0.69	0.58	0.67	0.95	0.84	0.97	1.39	1.16	1.66	1.43
西周江西武宁大田甬钟	1.72	0.95	0.84	0.95	1.47	0.55	0.49	0.55	0.85	0.88	1.00	1.54	1.13	1.75	1.54
春秋晚期江西者盨钟	1.33	0.87	0.74	0.88	1.20	0.65	0.56	0.66	0.90	0.86	1.01	1.38	1.19	1.61	1.36
春秋晚期江西者减钟	1.34	0.93	0.78		1.19	0.70	0.59		0.89	0.84		1.28		1.52	

　　以萍乡彭高甬钟为主要参照物，观察其他甬钟的形制数据与参照物的关系可知，江西者盨钟除 舞脩/鼓间 一项的值略有偏大外，其他数据均较为一致；吉水甬钟有 舞脩/鼓间、铣长/鼓间、铣间/鼓间 三项数据与萍乡彭高甬钟相差很大，但这三项恰恰为此套编钟形制分析中总体标准差最大的三项，说明其对平均值的偏离度较大，因此这三项的值与参照值之间的关系可以被忽视，即两套编钟各项的平均值在一定程度上较为相符。从其余三例甬

---

①　根据《中国音乐文物大系·上海/江苏卷》所载，上海博物馆所藏江西者减钟的形制数据中之铣间、鼓间数据均为11.3厘米，而此钟舞脩长13.5厘米、舞广长10.1厘米，根据数据来看钟形应为两铣明显内敛且于口处的横宽等于纵宽的。但根据此钟的照片来看，此钟明显为两铣略外侈、于口横宽大于纵宽的形制。由此判断此钟的鼓间长为11.3厘米，铣间数据有误。

钟的数据来看，鹰潭甬钟、者减钟均与萍乡彭高甬钟在较大的程度上相符；武宁大田甬钟与参照物的差别相对较大，形制明显与参照物相区别。从以上数据的对比分析可见，两周时期的江西甬钟在形制的设计、制作层面存在较为一致的规范性要求，但这种规范性对未成编甬钟形制的制约力度相对较弱。在确定了两周江西甬钟的铸造存在统一形制规范的基础上，可以根据与钟形外形特征相关的几项数据来解读江西编甬钟的形制特征。

除形制相差较大的武宁大田甬钟外，这些出土于江西地区的甬钟，从其形制数据的$\frac{舞脩}{舞广}$和$\frac{铣间}{鼓间}$两项中前者均小于后者可以看出，这些甬钟舞部的浑圆程度均高于口部；从$\frac{舞脩}{铣间}$和$\frac{舞广}{鼓间}$两项来看，除形制相差较大的武宁大田甬钟外，其他甬钟$\frac{舞脩}{铣间}$的值都略小于$\frac{舞广}{鼓间}$，可见这些甬钟钟身正面的外侈程度略大于侧面；将这些甬钟$\frac{铣长}{铣间}$一项的数值与《考工记》所载对比来看，所有江西地区出土甬钟此项的数值均小于《考工记》所载形制比值的1.25，可见这些甬钟的形制均较《考工记》所载形制短阔。

总之，通过以上数据对比可以看出，两周时期的江西甬钟是存在较为统一的钟形特点的。这一地区编甬钟的外形基本上呈现舞部浑圆高于口部、正面外侈略大于侧面且外形较为短阔的特点。

3. 江苏地区

两套出土于江苏地区的编甬钟，从本章第一节所做的形制数据分析来看，均具很强的规范性。但由于邳州九女墩3号墓编钟的数据不全，此结论的准确度有所削弱，因此应以东海庙墩编钟的形制数据为主，邳州九女墩3号墓编钟的数据作为参考。另由于这一地区的编甬钟目前只查找到两套，未成编甬钟一例，不妨将成编与未成编的甬钟结合观察。

表2-41　江苏甬钟形制比例、理论值对照表

钟名	舞脩/舞广	舞脩/中长	舞脩/铣长	舞脩/铣间	舞脩/鼓间	舞广/中长	舞广/铣长	舞广/铣间	舞广/鼓间	中长/铣长	中长/铣间	中长/鼓间	铣长/铣间	铣长/鼓间	铣间/鼓间
春秋早中期东海庙墩编钟	1.32	0.80	0.68	0.85	1.17	0.61	0.51	0.64	0.89	0.85	1.06	1.47	1.25	1.73	1.38
春秋晚期邳州九女墩3号墓编钟	1.22	0.84	0.66		1.08	0.68	0.54		0.88	0.79		1.29		1.62	
西周晚期兮仲钟	1.36	0.87	0.69	0.85	1.25	0.64	0.51	0.63	0.92	0.80	0.99	1.44	1.23	1.80	1.46
《考工记》理论值	1.25	0.80	0.64	0.80	1.00	0.64	0.5125	0.64	0.80	0.80	1.00	1.25	1.25	1.5625	1.25

以东海庙墩编钟的数据为主与其他钟相较可知，江苏地区所出土的两套编甬钟、一例甬钟的形制特点并不一致。相比较而言，东海庙墩编钟的形制数据与兮仲钟更为接近，除 $\frac{舞脩}{中长}$、$\frac{舞脩}{鼓间}$、$\frac{中长}{铣间}$、$\frac{铣长}{铣间}$、$\frac{铣长}{鼓间}$ 五项不甚相符外，其他十项均较一致。此外，从 $\frac{舞脩}{舞广}$ 和 $\frac{铣间}{鼓间}$ 两项数据来看，东海庙墩编钟和兮仲钟在外形上具有相同的特点，即由 $\frac{舞脩}{舞广}$ 小于 $\frac{铣间}{鼓间}$ 所反映出的舞部浑圆程度高于口部，以及由 $\frac{舞脩}{铣间}$ 小于 $\frac{舞广}{鼓间}$ 所反映出的钟身正面外侈程度大于侧面。而邳州九女墩3号墓编甬钟由于数据不全而缺少 $\frac{舞脩}{铣间}$ 和 $\frac{铣间}{鼓间}$ 两项数据，因此无法观察钟身的浑圆度及外侈度，且其数据确与东海庙墩编钟以及兮仲钟出入偏大，体现出较为不同的外形特点。

此外，通过本章第一节所做的数据分析，笔者认为江苏编甬钟的最大特点是其形制与《考工记》所载钟形在相当程度上较为相符。

以同一项的值相差不超过0.05作为可接受的误差范围,将东海庙墩编钟、邳州九女墩3号墓编甬钟、兮仲钟与《考工记》载理论数据对照来看,这些江苏地区出土甬钟的形制数据均在不同程度上显示出与《考工记》理论值的相符,这种从地域整体上所表现出的甬钟形制与《考工记》所载钟形的一致,是在除江苏以外的其他地区所未见的。

三、纽钟

下表为越地出土七套编纽钟的十五项比值之平均值。

表2-42　越地编纽钟形制比例平均值表

钟名	舞脩舞广	舞脩中长	舞脩铣长	舞脩铣间	舞脩鼓间	舞广中长	舞广铣长	舞广铣间	舞广鼓间	中长铣长	中长铣间	中长鼓间	铣长铣间	铣长鼓间	铣间鼓间
湖南浏阳纸背村编钟	1.34	0.75	0.63	0.90	1.23	0.56	0.47	0.67	0.92	0.84	1.20	1.64	1.43	1.95	1.37
江苏邋邡编钟	1.31	0.75	0.63	0.87	1.12	0.57	0.48	0.67	0.86	0.84	1.17	1.50	1.38	1.78	1.29
江苏九女墩3号墓编纽钟	1.35	0.72	0.61	0.84	1.10	0.54	0.45	0.62	0.82	0.84	1.16	1.53	1.38	1.82	1.32
江苏六合程桥2号墓编钟	1.32	0.77	0.66	0.84	1.15	0.58	0.50	0.64	0.87	0.86	1.09	1.50	1.27	1.75	1.37
江苏六合程桥1号墓编钟	1.30	0.77	0.66	0.85	1.14	0.60	0.51	0.65	0.88	0.85	1.10	1.47	1.29	1.73	1.34
江苏连云港尾矿坝编钟	1.33	0.70	0.58	0.82	1.13	0.53	0.44	0.62	0.85	0.83	1.16	1.61	1.40	1.94	1.38
江苏九女墩2号墩1号墓编钟	1.33	0.82	0.70	0.84	1.12	0.62	0.53	0.63	0.84	0.85	1.03	1.37	1.19	1.61	1.33

1.湖南地区

湖南地区出土的编纽钟,目前仅见一套。由一套编钟的形制规范虽可以反推本套编钟自身的形制规范,但却无法追溯这一地区出土编钟整体的规范状况。鉴于这一情况，笔者认为可以这一地区所出土的未成编组钟为辅，以在形制的设计、制作方面具有较强规范性的浏阳纸背村编钟为主进行综合分析。

表2-43　湖南未成编组钟形制比例表

钟名	舞脩/舞广	舞脩/中长	舞脩/铣长	舞脩/铣间	舞脩/鼓间	舞广/中长	舞广/铣长	舞广/铣间	舞广/鼓间	中长/铣长	中长/铣间	中长/鼓间	铣长/铣间	铣长/鼓间	铣间/鼓间
春秋湖南岳阳烂泥港钟	1.03	0.58	0.50	0.85	0.89	0.56	0.49	0.82	0.86	0.87	1.46	1.53	1.68	1.76	1.05
春秋湖南衡阳毛家钟	1.57	0.63	0.52	0.78	1.07	0.40	0.33	0.50	0.68	0.83	1.24	1.71	1.50	2.07	1.37

从浏阳纸背村编钟、岳阳烂泥港钟和衡阳毛家钟的形制数据对比来看，三者的形制特点不一致且差别较大。从具有较强规范性的浏阳纸背村编钟的数据来看，这套钟$\frac{舞脩}{舞广}$的数据略小于$\frac{铣间}{鼓间}$，说明其舞部的浑圆程度略高于口部；其$\frac{舞脩}{铣间}$和$\frac{舞广}{鼓间}$数据相差很小，说明其钟体正面与侧面外侈程度较为接近；$\frac{中长}{铣间}$、$\frac{中长}{鼓间}$、$\frac{铣长}{铣间}$、$\frac{铣长}{鼓间}$4项的值大大高于《考工记》所载理论值，特别是$\frac{中长}{鼓间}$、$\frac{铣长}{鼓间}$两项，在本章第一节的数据分析中发现，这两项的对比标准差之大仅次于广东地区出土的甬钟，这些项的比值说明此套编钟具有较为修长的外形。从岳阳烂泥港钟的$\frac{舞脩}{舞广}$和$\frac{铣间}{鼓间}$两项数据可见其舞部与口部浑圆程度接近，且比浏阳纸背村编钟的浑圆程度高得多；从$\frac{舞脩}{铣间}$和$\frac{舞广}{鼓间}$两项数据可见其钟体正、侧的外侈程度接近，但均比浏阳纸背村编钟的外侈程度更大；从$\frac{铣长}{铣间}$一项的值来看，其钟体修长程度大于浏阳纸背村编钟。衡阳毛家钟的形制特点与纸背村编钟和烂泥港钟又不同，从其$\frac{舞脩}{舞广}$的数据大于$\frac{铣间}{鼓间}$可知，其舞部的浑圆程度小于口部；从其$\frac{舞脩}{铣间}$的数值大于$\frac{舞广}{鼓间}$可知，其钟体正面的外侈程度小于侧面；从$\frac{铣长}{铣间}$一

项的值来看,其钟体的修长程度大于纸背村编钟、小于烂泥港钟。

总之,从目前的出土实物来看,湖南地区出土纽钟的形制特点并不统一,甚至存在较大差别。此外,湖南纽钟所具有的、仅次于广东甬钟的修长外形,亦使其能够在较大程度上与其他地区所出土的纽钟相区别。出土实物在形制上的不统一,并不能否定这一地区编钟铸造工艺的高水准。从本章第一节、第二节对纸背村编钟的形制分析结果来看,这种高水准一方面表现在纸背村编钟自身形制所具有的有别于《考工记》而自成体系的强规范性;另一方面又表现在由这套编钟的纽部形制所反映出的对编钟整体视觉效果的审美追求。保持纽部尺寸基本一致,会使编钟在悬挂时舞部基本齐平,从而在视觉效果上更为美观,此种有目的的视觉审美体现出对编钟形制的更高要求,也反映出这一地区在编钟设计层面的高水准。

2.江苏地区

江苏地区出土的编纽钟目前查找到六套。其中,遽邟编钟、九女墩3号墓编纽钟和连云港尾矿坝编钟的形制数据表现出有别于《考工记》而自成体系的特点,其他三套编纽钟——六合程桥2号墓编钟、六合程桥1号墓编钟和九女墩2号墩1号墓编钟的形制,则表现出既在一定程度上符合《考工记》,又不乏自身特点的强规范性。

从这六套编纽钟的形制数据来看,大部分相同项的比例数值都较为接近,表现出相近的外形特点。其中,六合程桥1号墓、2号墓出土的两套编钟的数据更贴近,遽邟编钟与九女墩3号墓编纽钟的数据更为贴近;而九女墩2号墩1号墓编钟在与其他四套编纽钟外形相近的同时，又不乏自身形制特点。

将遱邝编钟、九女墩3号墓编纽钟、六合程桥2号墓编钟、六合程桥1号墓编钟四套编纽钟的形制数据进行对比，通过$\frac{舞脩}{舞广}$和$\frac{铣间}{鼓间}$两项的关系可知，这四套编钟舞部与口部的浑圆程度基本一致，但遱邝编钟和九女墩3号墓编纽钟的口部浑圆略大于舞部，而六合程桥1号墓、2号墓出土两套编钟的口部浑圆略小于舞部；通过$\frac{舞脩}{铣间}$和$\frac{舞广}{鼓间}$两项的关系可知，这四套编钟正面的外侈程度与侧面基本一致，但遱邝编钟和九女墩3号墓编纽钟正面的外侈程度略小于侧面，而六合程桥1号墓、2号墓出土两套编钟正面的外侈程度略大于侧面；在代表着钟体修长程度的$\frac{铣长}{铣间}$一项中，遱邝编钟和九女墩3号墓编纽钟的值明显大于六合程桥1号墓、2号墓出土两套编钟，可见前两套编纽钟的外形比后两套更为修长。

从九女墩2号墩1号墓编钟的形制数据来看，$\frac{舞脩}{舞广}$和$\frac{铣间}{鼓间}$两项数据表明其钟体舞部的浑圆程度与口部相当；$\frac{舞脩}{铣间}$和$\frac{舞广}{鼓间}$两项数据表明其钟体正面的外侈程度与侧面相当；从$\frac{铣长}{铣间}$一项与其他编钟此项数据的对比来看，此套编钟钟体的修长程度明显小于其他编钟。由此可见，此套编钟的形制既在一定程度上与其他4套编纽钟相近，又不乏自身特点。

从连云港尾矿坝编钟的形制数据来看，$\frac{舞脩}{舞广}$和$\frac{铣间}{鼓间}$两项数据表明其钟体舞部的浑圆程度大于口部，$\frac{舞脩}{铣间}$和$\frac{舞广}{鼓间}$两项数据表明其钟体正面的外侈程度大于侧面。本文第一章第一节对该钟所做的总体标准差分析显示，其$\frac{中长}{鼓间}$与$\frac{铣长}{鼓间}$两项的总体标准差分别为0.37和0.38，偏离度之高虽不及广东甬钟的0.50至0.76，但已经与战国早期湖南浏阳纸背村编钟此两项的0.39与0.40接近，这说明本套编钟的形制修长，而这一钟形特

　　　　　　　　第二章　两周越地青铜编钟的形制及其规范

点也能从本套编钟$\frac{铣长}{铣间}$一项的数据大于其他本地区出土编钟同一项的值而反映出来。同时，连云港尾矿坝编钟所具有的格外修长的外形特点,也是其在形制上表现出有别于《考工记》而自成体系的重要原因。

总之,从出土现状来看,江苏编纽钟的形制特点共可分为两类:一类表现出有别于《考工记》而自成体系的形制特点,如遳邡编钟、九女墩3号墓编纽钟和连云港尾矿坝编钟;另一类则表现出既在一定程度上符合《考工记》,又不乏自身特点的规范性较强的特点,如六合程桥2号墓编钟、六合程桥1号墓编钟及九女墩2号墩1号墓编钟。

四、句鑃

下表为越地出土六套编句鑃的十五项形制比值之平均值。从本章第一节对这六套编句鑃所做的数据分析结果来看,除安徽泾县南容句鑃和广德编句鑃形制所具规范性相对较强外,淹城句鑃和高淳松溪编句鑃自身所具规范性弱,配儿句鑃和青阳句鑃的数据不全,因此这六套编句鑃的形制数据,需要结合同一地区出土的未成编句鑃的形制数据一并进行观察。

表2-44　越地编句鑃形制比例平均值表

钟名	舞脩舞广	舞脩中长	舞脩铣长	舞脩铣间	舞脩鼓间	舞广中长	舞广铣长	舞广铣间	舞广鼓间	中长铣长	中长铣间	中长鼓间	铣长铣间	铣长鼓间	铣间鼓间
战国江苏淹城句鑃	1.66	0.71	0.55	0.69	1.10	0.43	0.33	0.42	0.66	0.78	0.98	1.55	1.26	1.99	1.58
战国江苏高淳松溪编句鑃	1.60	0.61	0.63	0.75	1.13	0.38	0.39	0.47	0.71	1.01	1.23	1.86	1.28	1.91	1.52
春秋晚期浙江配儿句鑃	1.27			0.83	1.04			0.66	0.82						1.24

钟名	舞脩舞广	舞脩中长	舞脩铣长	舞脩铣间	舞脩鼓间	舞广中长	舞广铣长	舞广铣间	舞广鼓间	中长铣长	中长铣间	中长鼓间	铣长铣间	铣长鼓间	铣间鼓间
春秋安徽广德编句镈	1.39	0.61	0.52	0.86	1.15	0.44	0.38	0.62	0.83	0.85	1.41	1.88	1.66	2.21	1.34
春秋初期安徽青阳句镈				0.81											
春秋安徽泾县南容句镈	1.67	0.79	0.58	0.83	1.50	0.47	0.35	0.49	0.90	0.74	1.05	1.91	1.42	2.60	1.84

1. 江苏地区

表2-45　江苏未成编句镈形制比例表

钟名	舞脩舞广	舞脩中长	舞脩铣长	舞脩铣间	舞脩鼓间	舞广中长	舞广铣长	舞广铣间	舞广鼓间	中长铣长	中长铣间	中长鼓间	铣长铣间	铣长鼓间	铣间鼓间
春秋江苏张家港蔡舍句镈	1.31	0.62				0.47									
春秋末期江苏丹徒王家山句镈	1.31	0.70	0.62	0.73	0.97	0.53	0.47	0.56	0.74	0.88	1.04	1.38	1.18	1.57	1.33

上表为两周时期江苏地区出土的未成编句镈的形制数据比例表。将上表数据与江苏地区出土编句镈的形制数据平均值相对比可知，这一地区出土句镈的形制并不统一。从同项的形制数据来看，淹城编句镈和高淳松溪编句镈在形制上看似有着相近之处，如由$\frac{舞脩}{舞广}$和$\frac{铣间}{鼓间}$两项所反映出的舞部的浑圆程度小于口部，由$\frac{舞脩}{铣间}$和$\frac{舞广}{鼓间}$两项所反映出的钟体正面外侈程度小于侧面，以及由$\frac{铣长}{铣间}$一项的比值所反映出的钟身在修长程度上的相近。但在本章第一节的数据分析中已经指出，这两套编钟在设计、制作层面所具的规范性很弱，这一弱规范性明显表现在每套编句镈中的每件句镈其相同项的比例数据偏差很大。这种数据偏差较大的实际情况，削弱了数据平均值的意义，再试图通过平均值去反推这一地区编钟铸造在设计、制作层面的相对规范，无疑是不妥的。

结合未成编的句镭形制来看,从$\frac{舞脩}{舞广}$、$\frac{铣间}{鼓间}$和$\frac{舞脩}{铣间}$、$\frac{舞广}{鼓间}$两组数据来看,丹徒王家山句镭具有舞部与口部的浑圆程度接近、正面与侧面的外侈程度接近的特点,而这些特点与这一地区所出土的两套编句镭所具特点并不一致。这种状况一方面应是由于这两套编句镭自身形制数据偏差较大的原因,而另一方面,从王家山句镭有多项数据与两套编句镭的同项数据相差较大来看,也是由于这一地区在句镭铸造的设计、制作层面并无统一规范的原因。

此外值得一提的是,江苏地区出土的编句镭,有别于这一地区出土的其他乐钟,从形制数据的对比标准差中表现出与《考工记》所载钟形存在很大差别。从这一地区出土的编镈、编甬钟和编钮钟的形制数据分析结果来看,这些乐钟在很大程度上表现出与《考工记》所载形制的相符,而这种从地域整体上表现出与《考工记》相符的现象,也是在整个越族分布地区中十分突出并典型的。但从句镭这一类乐钟的形制分析来看,江苏编句镭的对比标准差在整体上表现出与《考工记》差别极大,说明在经历长期对中原青铜乐钟的学习并模仿之后,越地人民所特有的审美逐渐显现,产生了具有越地特色的青铜乐钟。但这些编句镭自身的规范性较差,不但远低于同一地区出土的其他类编钟,更是不如其他地区所出土的编句镭。

2. 浙江地区

浙江地区出土的配儿句镭由于数据不全,仅能从现有数据中的$\frac{舞脩}{舞广}$和$\frac{铣间}{鼓间}$两项反映出其舞部的浑圆程度略小于口部,以及从$\frac{舞脩}{铣间}$和$\frac{舞广}{鼓间}$两项反映出其钟体正面与侧面的外侈程度相当。

表2-46　浙江未成编句鑃形制比例表

钟名	舞脩/舞广	舞脩/中长	舞脩/铣长	舞脩/铣间	舞脩/鼓间	舞广/中长	舞广/铣长	舞广/铣间	舞广/鼓间	中长/铣长	中长/铣间	中长/鼓间	铣长/铣间	铣长/鼓间	铣间/鼓间
春秋浙江其次句鑃	1.34	0.59	0.51	0.82	1.14	0.44	0.38	0.61	0.85	0.86	1.38	1.93	1.61	2.25	1.40

从浙江地区所出土的未成编的其次句鑃来看，其$\frac{舞脩}{舞广}$和$\frac{铣间}{鼓间}$两项可见舞部的浑圆程度大于口部，其$\frac{舞脩}{铣间}$和$\frac{舞广}{鼓间}$两项可见钟体正面的外侈程度略大于侧面。但其次句鑃所具上述特点，与配儿句鑃形制数据所反映出的特点并不一致。再结合其次句鑃有多项数据与配儿句鑃的同项数据相差较大的状况来看，在现有出土资料的基础上，反映出浙江地区句鑃铸造的设计、制作规范并不统一。

3. 皖南地区

从安徽地区出土的泾县南容句鑃和广德编句鑃的形制数据分析来看，两套编句鑃虽然在设计、制作层面具有一定规范性，但二者从形制数据上所反映出来的形制特点并不一致。从广德编句鑃的$\frac{舞脩}{舞广}$和$\frac{铣间}{鼓间}$两项，可知其钟体舞部的浑圆程度小于口部；其$\frac{舞脩}{铣间}$和$\frac{舞脩}{鼓间}$两项又反映出其钟体正面的外侈程度小于侧面。而泾县南容句鑃则与广德句鑃相反，其钟体舞部的浑圆程度明显大于口部，且钟体正面的外侈程度明显小于侧面。

表2-47　皖南未成编句鑃形制比例表

钟名	舞脩/舞广	舞脩/中长	舞脩/铣长	舞脩/铣间	舞脩/鼓间	舞广/中长	舞广/铣长	舞广/铣间	舞广/鼓间	中长/铣长	中长/铣间	中长/鼓间	铣长/铣间	铣长/鼓间	铣间/鼓间
春秋安徽繁昌句鑃	1.14		0.57	0.89			0.50	0.78							1.56
战国安徽枞阳旗山句鑃	1.30		0.87	1.12			0.67	0.87							1.29

将上表中所列两例安徽地区出土的未成编句镯的形制数据比例，与泾县南容句镯和广德编句镯的形制比例进行对比，从 $\frac{舞修}{舞广}$、$\frac{铣间}{鼓间}$ 和 $\frac{舞修}{铣间}$、$\frac{舞广}{鼓间}$ 两组数据可知，繁昌句镯是一种舞部的浑圆程度明显大于口部、钟体正面的外侈程度明显大于侧面的钟形；而枞阳旗山句镯是一种舞部与口部的浑圆程度基本相当、钟体正侧面的外侈程度相当的钟形。不但它们二者之间有区别，它们与泾县南容句镯和广德编句镯所具有的形制特点亦不相同。

从以上数据分析与对比可见，在现有出土资料的基础上，安徽地区在句镯的设计、制作层面并未表现出统一的规范性特点。但从泾县南容句镯和广德编句镯自身所具的规范性来看，相对于出土自浙江、江苏地区的编句镯而言，安徽地区在句镯设计、制作层面的规范程度是相对较高的。

五、其他

云南地区出土的羊角纽钟，由于仅有万家坝羊角纽钟一套属于两周时期，其他均属汉代遗物，因此无成编或未成编的同类钟作为旁证，在此不再重复前文的分析结论。

第三章
两周越地青铜编钟音乐性能分析

　　本章通过对越地编钟正侧鼓测音数据的分析，进而得到对越地编钟音乐性能的判断。

　　"乐器"之所以为"乐"器而区别于其他"器"，音乐性能是其最大特征。在中国古代音乐史上繁多的乐器中，编钟有其不可替代的地位及意义。这一方面自然是因为乐钟在古代是象征着地位和权力的礼器的原因，但也更是由于编钟的音乐性能在古代乐器中所具有的特殊性所决定的。王子初曾在其《音乐考古学的研究对象和相关学科》一文中说："音乐考古学所依据的实物史料，比起古代的文字记载来，更为直接、更为可靠。"[①]这是因为，音乐是一种不显"象"的时间艺术，古代乐器文物遗存作为已逝音乐的直接物化载体，比间接的文献记述更能满足学者追寻古代音乐原貌的要求。但作为载体的乐器，其自身材质在耐久性方面也存在差异，如俗语所言"干千年、湿万年、不干不湿就半年"的木质，再如丝弦的不易保存及其张力的不稳定等。而青

---

① 王子初《音乐考古学的研究对象和相关学科》，《中国音乐学》2001年第1期。

铜乐钟由于材质的耐久性较高，因而可以在较大程度上少受所处环境的影响，从而将古时的音乐信息相对直接地传递给后世。除材质的因素外，许多乐钟上所具有的与乐律学相关的铭文，更是最直接地向我们提供了古代乐学、律学的讯息。

自20世纪30年代起，学者们便开始通过测音数据来研究乐钟的音乐性能。时至今日，测音工具、测音方法不断更新，对测音数据的认知亦是更加全面而客观。笔者从跟随导师接触编钟鉴定、测音的过程中逐渐认识到，测音数据有其精确、易用、有效的一面，亦存在局限。从一般意义上来讲，青铜乐钟是一种固定音高的乐器，其正鼓音、侧鼓音及正侧鼓音之间所呈音程关系，是相对固定且稳定的。但从测音的过程及结果来看，针对乐钟的测音需要凭借击钟人的经验去选择"相对"合理的敲击位置，从而敲击出"相对"清晰、合理、准确的音高。但在这所谓"相对"之中，存在局限：对同一套（件）钟所进行的不同次的敲击，其测音的数据结果并不一定完全相同，可能存在细微的差别。面对这一实际情况，针对编钟某一次测音的数据所进行的分析，是否还有意义？

答案是肯定的。虽然受铸钟实践与设计理念的误差、经年久远、保存状况、敲击位置、敲击者的判断经验等一系列问题的影响，测音数据并不能绝对客观地完全再现古代音乐的原貌，但不能否认的是，测音数据毕竟为当代的研究者搭起了与古乐沟通的桥梁。黄翔鹏曾经写道：

> 古代的良工巧匠，付出多少劳动才做到把符合人们审美要求的音响烧结在成型的陶土中！镂孔，刻削，把一定的音高赋予石片；通过繁

难而难于预料结果的制模、浇铸工艺,再经锉磨调整,使青铜铸入了音阶序列,让它们得以跨越数千年的历史重新再为人耳识别。在这个意义上,烧结、镂刻、熔铸可看作古代的录音技术。不过,它们所能保存的音响只是古代音乐的有关技术性的一个侧面。当然,这也是足够宝贵的,它们毕竟是目前条件下仅能获得的实物材料,而给我们的研究工作提供了现实的依据。[①]

正如黄先生所言,铸钟的过程恰似一台录音机,能在一定程度上将古代乐钟的音响保存下来,而测音数据正是对乐钟所保存的古代音响所进行的数据转化与解读。诚然,由于测音数据所具的"客观精确性"与人耳自身的"主观宽容性"的差异,学者们已经认识到主观因素在测音研究中的主导地位,[②]但对测音数据的分析依然为直面古代音乐最直接且有效的途径。

笔者认为,测音数据的"客观精确性"与人耳的"主观宽容性"并非不可融合,只要在对测音数据的分析过程中合理设置对音分差值的"宽容度",即能得出贴近客观的主观分析。更何况,在没有条件对本题所涉编钟逐一进行"耳测"的实际状况下,相信这种分析方法也是较为合理的。

总之,测音的数据是相对客观的,但对测音数据的分析是具有主

---

① 黄翔鹏《新石器和青铜时代的已知音响资料与我国音阶发展史问题》,见《黄翔鹏文存》(上卷),山东文艺出版社2007年版,第184页。

② 王子初《音乐测音研究中的主观因素分析》,《音乐研究》1992年第3期。

观性的。笔者希望通过难以摘除主观因素的分析，辅之以认真、严谨的研究态度，从而得出与客观实际较为相符的分析结论。

第一节　正侧鼓音程关系分析

在本节中，笔者意图通过对越地编钟正侧鼓音程关系的分析，观察各套编钟正侧鼓音程的准确度、相同音程关系的规范性，以及是否存在对规律性双音的理性把握、理性追求。

分析的具体方法为，以纯律、五度律中相应音程的理论音分值为参照，将各钟正侧鼓测音数据的音分差与理论音分值进行比对，当实测值与理论值的差距在0至±10音分时，乐钟的正侧鼓音程关系被认为是相当准确的；当差距在±11至±26音分时，乐钟的正侧鼓音程关系被认为是相对准确的；当差距在±27至±50音分时，乐钟的正侧鼓音程关系被认为是偏差明显的。[①]

笔者认为，对正侧鼓测音数据进行分析的意义有以下四点：

第一，同一套编钟内，对正侧鼓呈相同音程关系的各钟音分值进行观察，可以看出这一音程在铸造、调音过程中的规范程度。因为，在

----

① 本判断标准的制定，参考了韩宝强《音乐家的音准感——与律学有关的听觉心理研究》一文两组实验数据中对音准宽容度较高的B组结论。韩文中，B组测试者对音准的宽容度为-28至+24音分，由于此宽容度的区间长度（即最大值减最小值的差）为52音分，笔者在此为便于统计分析，以±26音分作为宽容度标准之一；韩文中还提到"多数音乐家的同一性音准感具有-10至+10音分的宽容性"，因此本书对编钟正侧鼓音程关系是否准确的判断标准设置有±10、±26两个中间界限。（韩宝强《音乐家的音准感——与律学有关的听觉心理研究》，《中国音乐学》1992年第3期）

有理性因素约束的状况下，各钟的正侧鼓音程如果相同，其音分值理应相近，音分值的离散度小则此音程的规范度高，反之则规范度低。

第二，在一套编钟中，当不同钟上相同音程的实测音分值非常相近，且与该音程的理论值相差很小时，能够反映出此套编钟在设计、铸造层面对该音程的理性把握。

第三，在一套编钟中，当不同钟上相同音程的实测音分值非常相近，但与该音程的理论值尚存一定差距时，亦可以反映出此套编钟在设计、铸造层面对该音程存在理性追求。

第四，当某件钟的正侧鼓音程相当准确或相对准确时，笔者认为其准确性的实现是蕴含理性因素的，但理性因素的参与程度要视该套编钟在整体上的音准状况而定。

针对上述分析方法，还有两点需要说明：

第一，从乐钟正侧鼓音程关系的音分值入手，不能反推这一音程所属律制。"律制"是有关音高的数理逻辑关系。[1]只有在铸造、调音与原设计意图的误差为0时，乐钟的正侧鼓音高才能与律制对应。但这一状况在先秦乐钟"以耳齐其声"的状况下显然是无法实现的，更何况还存在乐钟文物所普遍存在的残损、锈蚀等状况，以及由于测音条件的不同（工具、敲击点、力度等）所带来的测音数据的偏差等问题。因此，当笔者在将各钟的正侧鼓实测音分差与纯律、五度律相应音程的理论音分值进行比照时，仅意图通过观察实测值与理论值的差距大小得知音程关系准确与否，而非试图将实测值与某一律制相对应。

---

① 王子初《音乐测音研究中的主观因素分析》，《音乐研究》1992年第3期。

第二，钟律为一种综合运用纯律及五度律的复合律制，在音程的实测音分值无法反推其所属律制的状况下，实测值只需与纯律、五度律的相应理论值之一较为贴合，即能够体现出乐钟在设计、铸造、调音的过程中确以一定标准进行了定律、调律。这意为，在对各套编钟进行分析的过程中，当笔者认为某钟的正侧鼓音程与某律相应音程的理论值较为相符时，无意于判断此钟该音程是否属于该律，仅意于观察该钟该音程的准确度是否具有理性约束及标准。

一、镈

以下是对本书所涉三套编镈的正侧鼓音程关系所进行的逐一分析。另有春秋晚期江苏邳州九女墩3号墓编镈由于钟体残破，无测音数据。

1. 春秋晚期江苏六合程桥2号墓编镈

本套编镈4号镈音哑，现根据其余测音数据分析如下：

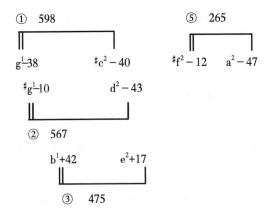

表3-1　江苏六合程桥2号墓编镈音程关系分析表　　　　单位:音分

序号	编号	正侧鼓音分差	纯律音分值	五度律音分值	正侧鼓音程关系
1	10:16947-1	598	—	—	—
2	10:16947-2	567	—	—	—
3	10:16947-3	475	498	498	纯四度
5	10:16947-5	265	—	294	小三度

从本套编镈正侧鼓测音数据的音分差来看,1号、2号钟的正侧鼓实测音分差介于纯四度理论值498音分与纯五度理论值702音分之间,且相距较远,在纯律、五度律中并无接近的音分值,故无法判断此两钟的正侧鼓音程关系。3号钟正侧鼓实测音分差为475音分,明显与纯四度的理论音分值接近,为相对准确的纯四度音程。5号钟正侧鼓实测音分差为265音分,虽然与纯律小三度316音分的差值超过50音分,但仍与五度律小三度294音分接近,因此依然可判断其正侧鼓音的音程关系为偏小的小三度。

从以上分析来看,此套编镈3号、5号钟的正侧鼓音程相对较准,可以直接判断其音程关系。1号、2号钟正侧鼓实测音分差与纯律、五度律的理论音分值偏离很大,呈现出无规律状态而无法判断其音程关系,这可能是由于首钟、次钟侧鼓音不用故不调的原因。从此套编镈的测音数据来看,正侧鼓音程关系的规范性与精确度并不高。另外,本套编镈经过修复,这一状况会对其音乐性能产生较大影响。

2. 春秋晚期江苏邐六郃编镈

本套编镈1号、2号、5号钟破损,现根据3号、4号钟的测音数据分析如下:

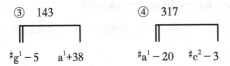

③ 143

④ 317

#g¹−5　　a¹+38　　　　#a¹−20　　#c²−3

表3-2　江苏邃宍邱编镈音程关系分析表

单位:音分

序号	编号	正侧鼓音分差	纯律音分值	五度律音分值	正侧鼓音程关系
3	10:25293	143	112/182	114	小/大二度
4	10:25294	317	316	294	小三度

　　从本套编镈正侧鼓测音数据的音分差来看,3号钟正侧鼓实测音分差为143音分,与纯律小二度及纯律大二度分别相差31音分与39音分,难以直接断定其所属音程关系;4号钟正侧鼓实测音分差与纯律小三度理论音分差仅相差1音分,为相当准确的小三度音程。

　　从以上分析来看,本套编镈3号钟正侧鼓音分差介于小二度与大二度之间,略倾向于小二度,音程关系不明确。4号钟正侧鼓音的小三度音程关系非常准确,反映出其中所存在的理性因素。但由于此套编镈五件钟中有三件破损而无测音数据,因此无法从整体上判断其正侧鼓音程关系的规范性与精确度。

3.战国早期江苏邳州九女墩2号墩1号墓编镈

本套编镈5号钟残损,现根据已有测音数据分析如下:

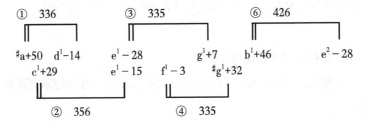

① 336　　　　③ 335　　　　⑥ 426

#a+50　　d¹−14　　e¹−28　　　g¹+7　　b¹+46　　　e²−28

　　　c¹+29　　e¹−15　　f¹−3　　#g¹+32

　② 356　　　　④ 335

表3-3　江苏邳州九女墩2号墩1号墓编镈音程关系分析表　　　　单位：音分

序号	编号	正侧鼓音分差	纯律音分值	五度律音分值	正侧鼓音程关系
1	—	336	316	294	小三度
2	—	356	386	—	大三度
3	—	335	316	294	小三度
4	—	335	316	294	小三度
6	—	426	386	408	大三度

　　从正侧鼓测音数据的音分差来看，本套编镈的正侧鼓音程关系集中于三度。1号、3号、4号钟正侧鼓实测音分差的差别极小，三者与纯律小三度的理论音分值相差20至21音分，均为相对准确的小三度音程。2号钟正侧鼓实测音分差为356，与纯律大三度的理论音分值相差30音分，为偏小的大三度音程。6号钟正侧鼓实测音分差与五度律大三度的理论值较为接近，二者相差18音分，为相对准确的大三度音程。

　　从以上分析来看，本套编镈1号、3号、4号钟的正侧鼓音程关系均为小三度，且正侧鼓实测音分差相差极微，三者虽然与纯律小三度的理论音分值仍存在差距，但依然体现出对小三度音程精确度的理性追求与把握。6号钟亦能根据其正侧鼓音分差直接判断其所具音程关系，可见其正侧鼓所呈音程关系较为明确。2号钟正侧鼓实测音分差虽距纯律小三度与大三度理论音分值的距离相差不大，分别相距40音分与30音分，但始终更倾向于大三度。从以上分析来看，本套编镈正侧鼓音之间的音程关系具有相当的规范程度，在一定程度上体现出对乐钟精确双音关系的理性追求与把握。

　　　　　　　　　　　　　　第三章　两周越地青铜编钟音乐性能分析

二、甬钟

以下是对本书所涉编甬钟的正侧鼓音程关系进行的逐一分析。另有春秋晚期江苏邳州九女墩3号墓编钟、春秋广东兴宁古树窝编钟、春秋广东清远马头岗甬钟、战国广东罗定太平编钟、战国广东肇庆松山编钟、春秋早期浙江江山编钟,由于残破、喑哑等原因而无测音数据,因而未纳入分析。

1. 春秋横8字纹编钟

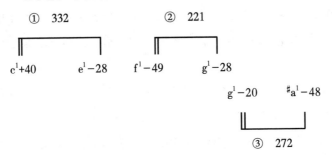

本套编钟正侧鼓音程关系分析如下:

表3-4 横8字纹编钟音程关系分析表   单位:音分

序号	编号	正侧鼓音分差	纯律音分值	五度律音分值	正侧鼓音程关系
1	21918	332	316	294	小三度
2	21914	221	204	204	大二度
3	21913	272	316	294	小三度

从正侧鼓测音数据的音分差来看,本套编钟的正侧鼓音程关系集中于小三度和大二度。1号、3号钟的正侧鼓音程均为小三度,1号钟正

侧鼓实测音分差比纯律小三度的理论音分值高16音分,3号钟的正侧鼓实测音分差比五度律小三度的理论音分值低22音分，均为相对准确的小三度关系，但1号钟正侧鼓实测音分差比3号钟大出60音分，差别明显。2号钟的正侧鼓实测音分差比大二度理论音分值大17音分,是相对准确的大二度音程。

从以上分析可见，本套编钟的正侧鼓音程关系相对准确，其中1号、3号钟的正侧鼓音程虽然均为小三度，但音分值相差较大，可见此套编钟尽管对各钟的正侧鼓音程关系有着理性追求，但其音程关系尚不够规范、精确。

2. 西周江西吉水甬钟

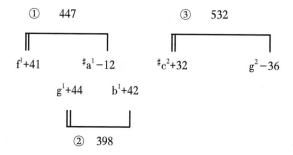

本套编钟正侧鼓音程关系分析如下:

表3-5　江西吉水甬钟音程关系分析表　　　　　　单位:音分

序号	编号	正侧鼓音分差	纯律音分值	五度律音分值	正侧鼓音程关系
1	296	447	—	408	大三度
2	297	398	386	408	大三度
3	298	532	498	498	纯四度

从正侧鼓测音数据的音分差来看，本套编钟1号、2号钟的正侧鼓音程关系均为大三度，1号钟正侧鼓实测音分差比五度律大三度的理论音分值大39音分，虽仍可判断为大三度，但音程关系明显偏大；2号钟正侧鼓实测音分差比五度律大三度的理论音分值小10音分，为十分准确的大三度关系。3号钟正侧鼓实测音分差为532音分，比纯四度理论音分值高出34音分，为偏大的纯四度音程。

总之，本套编钟1号、2号钟的正侧鼓音虽均呈大三度关系，但1号钟正侧鼓实测音分差比2号钟大出49音分，差别较大。3号钟的正侧鼓音程虽可判断为纯四度，但偏大明显。从以上状况可以看出，本套编钟正侧鼓音程关系尚不规范，但从2号钟正侧鼓音程所具有的精确度来看，又表现出其音程关系是存在理性因素的。

3. 西周江西萍乡彭高甬钟

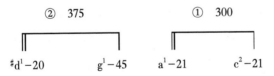

本套编钟正侧鼓音程关系分析如下：

表3-6　　江西萍乡彭高甬钟音程关系分析表　　　　单位:音分

序号	编号	正侧鼓音分差	纯律音分值	五度律音分值	正侧鼓音程关系
1	14945-1	300	316	294	小三度
2	14945-2	375	386	408	大三度

从正侧鼓测音数据的音分差来看，本套编钟的正侧鼓音程关系集中于三度。1号钟正侧鼓实测音分差与五度律小三度的理论音分值相

差6音分，为十分准确的小三度音程。2号钟正侧鼓实测音分差与纯律大三度的理论音分值相差11音分，为相对准确的小三度音程。

从以上分析来看，本套编钟的正侧鼓音程关系在整体上呈现规范、精确的特点，体现出对乐钟规律性双音的理性把握与追求。

4. 春秋早中期江苏东海庙墩编钟

本套编钟1、9号钟无测音数据。现根据其余测音数据分析如下：

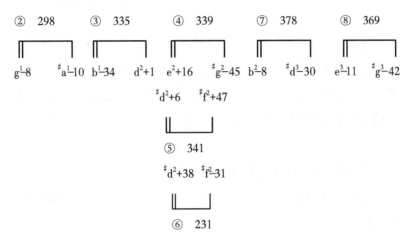

表3-7　江苏东海庙墩编钟音程关系分析表　　　单位：音分

序号	编号	正侧鼓音分差	纯律音分值	五度律音分值	正侧鼓音程关系
2	450	298	316	294	小三度
3	451	335	316	294	小三度
4	452	339	316	294	小三度
5	454	341	316	294	小三度
6	453	231	204	204	大二度
7	455	378	386	408	大三度
8	456	369	386	408	大三度

从正侧鼓音分差来看，本套编钟的正侧鼓音程关系集中于三度与二度。2号钟正侧鼓实测音分差与五度律小三度相差4音分，为十分准确的小三度音程。3号、4号、5号钟的正侧鼓实测音分差十分接近，比纯律小三度的理论音分值分别大出19、23、24音分，均为相对准确的小三度音程。6号钟正侧鼓实测音分差为231音分，大于大二度理论音分值27音分，为略有偏大的大二度音程。7号、8号钟的音分值较为接近，分别比纯律大三度的理论音分值低8音分和17音分，为明确的大三度音程。

从以上分析来看，本套编钟2号钟和7号钟与各自相应音程关系的理论值非常接近，表现出正侧鼓音程关系的精确性。3号、4号、5号及7号、8号两组钟，其各组间正侧鼓实测音分差较为接近，反映出本套编钟三度音程关系的规律性与规范性。

5. 春秋广东博罗陂头神编钟

本套编钟1号钟钟身多处残孔且音哑，故无测音数据。根据其他测音数据分析如下：

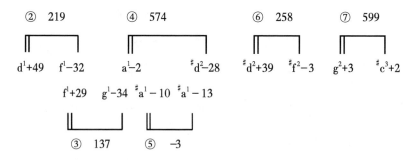

表3-8　广东博罗陂头神编钟音程关系分析表　　　　　　　　单位:音分

序号	编号	正侧鼓音分差	纯律音分值	五度律音分值	正侧鼓音程关系
2	0639	219	204	204	大二度
3	0640	137	112	114	小二度
4	0641	574	—	—	—
5	0642	−3			
6	0643	258	—	294	小三度
7	0644	599			

从本套编钟的正侧鼓音分差来看,2号钟正侧鼓实测音分差比大二度理论音分值大15音分,为相对准确的大二度音程。3号钟正侧鼓实测音分差比五度律小二度的理论音分值大23音分,为相对准确的小二度音程。4号、7号钟正侧鼓实测音分差虽然较为接近,但它们均在纯律和五度律中无相对应的音程,故而无法判断其音程关系。从5号钟的测音数据来看,其正侧鼓实测音分差为−3,即侧鼓音比正鼓音低了3音分,几乎为同音,结合合瓦形钟体正侧鼓发音的一般规律来看,笔者认为此测音结果应为测音者敲击5号钟侧鼓某一部位时所激发的,仍为正鼓音,而非真正的侧鼓音,因此此钟的正侧鼓实测音分差不纳入分析。6号钟正侧鼓实测音分差比五度律小三度的理论音分值小36音分,为偏小的小三度音程。

从以上分析来看,此套编钟被纳入分析的五件钟,有两件(4号、7号)的正侧鼓实测音分差无法判断其相对应的音程关系,两件(2号、3号)正侧鼓音程关系相对准确,一件(6号)正侧鼓音程关系偏差明显,可见本套编钟正侧鼓音之间的音程关系尚未达到规范、精确的程度,双音的规律性不强。另外,本套编钟锈蚀严重且每件均有残裂,这一状况会对其音乐性能产生较大影响。

6. 春秋广东清远马头岗1号墓甬钟

本套编钟2号、3号钟正侧鼓的测音数据，根据《中国音乐文物大系·广东卷》所载，侧鼓音均低于正鼓音。根据合瓦形钟体正侧鼓发音的一般规律来看，笔者认为这是在数据登录时将正侧鼓音的位置填写颠倒所致，因此将2、3号钟的正鼓音与侧鼓音调整了次序。

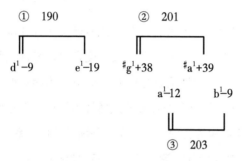

表3-9　广东清远马头岗1号墓甬钟音程关系分析表　　　　单位:音分

序号	编号	正侧鼓音分差	纯律音分值	五度律音分值	正侧鼓音程关系
1	甲4391	190	182/204	204	大二度
2	甲4392	201	204	204	大二度
3	甲4393	203	204	204	大二度

从本套编钟正侧鼓测音数据的音分差来看，三件钟不但正侧鼓音的音程关系统一为大二度，且正侧鼓实测音分差非常接近。其中音分差距最大的1号钟与3号钟，其正侧鼓实测音分差仅相差13音分。此外，各钟正侧鼓实测音分差与大二度理论音分值的差距很小，均为十分准确的大二度音程。

从以上分析来看，本套编钟的正侧鼓音程关系统一，且各钟的正侧鼓实测音分差十分接近，与大二度音程理论音分值亦贴合，表现出正侧鼓音程关系的规范与精确，以及对乐钟正侧鼓双音音准的理性把握。

7.春秋广东博罗苏屋岗编钟

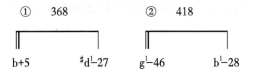

本套编钟正侧鼓音程关系分析如下：

表3-10　广东博罗苏屋岗编钟音程关系分析表　单位:音分

序号	编号	正侧鼓音分差	纯律音分值	五度律音分值	正侧鼓音程关系
1	甲1705	368	386	408	大三度
2	甲1704	418	386	408	大三度

从正侧鼓测音数据的音分差来看,本套编钟两件钟的正侧鼓音程关系均为大三度。从正侧鼓实测音分差与理论音分值的比较来看,1号钟正侧鼓实测音分差比纯律大三度理论音分值小18音分,2号钟正侧鼓实测音分差比五度律大三度的理论值大10音分，可见实测音分差与理论音程值的差别并不大,但二者的正侧鼓实测音分差相差了50音分,差别明显。

从以上分析来看，本套编钟两件钟的正侧鼓音程关系统一为大三度,且与大三度的理论音分值差别不大,但两件钟正侧鼓音所呈大三度音程之间相差了50音分。结合本章第二节对本套编钟正侧鼓音列的推定结果来看，笔者认为1号钟的正侧鼓音程有可能为小三度。从第二节中的音列推定结果来看,以原测音数据为依据,本套钟的正侧鼓音列为"角（宫曾）—宫（角）"，但宫曾的存在是否合理值得推敲；如果1号钟的正侧鼓音程为小三度关系，则本套钟的正侧鼓音列即为"角（徵）—宫（角）"，这似乎更为合理。另外，从上述分析结论来看，如果判定两件钟的正侧鼓音程关系均为大三度，但正侧鼓音分差却相差了50音分，这么明显的差距是否值得多加考虑，存疑。

8. 东周广东增城庙岭编钟

本套编钟中的1号钟音哑，无测音数据。现根据2号钟的测音数据分析如下：

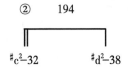

表3–11　广东增城庙岭编钟音程关系分析表　　　　　　单位：音分

序号	编号	正侧鼓音分差	纯律音分值	五度律音分值	正侧鼓音程关系
2	一	194	204	204	大二度

从正侧鼓测音数据来看，2号钟的正侧鼓实测音分差比大二度音程的理论音分值小10音分，是相当准确的大二度音程。

从以上分析来看，本套编钟2号钟正侧鼓实测音分差与大二度音程的理论音分值差距较小，表现出对乐钟正侧鼓音程关系的理性把握。但此套编种两件钟中的1号钟无测音数据，因此无法从整体上判断其正侧鼓音程关系的规范性与精确度。

三、纽钟

以下为对本书所涉编纽钟的正侧鼓音程关系进行的逐一分析。

1. 战国早期湖南浏阳纸背村编钟

本套编钟2号、4号、6号、9号钟破损，未测音。现根据其他测音数据分析如下：

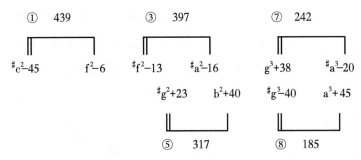

表3-12　湖南浏阳纸背村编钟音程关系分析表　　　　单位:音分

序号	编号	正侧鼓音分差	纯律音分值	五度律音分值	正侧鼓音程关系
1	22022 1/9	439	—	408	大三度
3	22022 3/9	397	386	408	大三度
5	22022 5/9	317	316	294	小三度
7	22022 7/9	242	204	204	大二度
8	22022 8/9	185	182/204	204	大二度

从正侧鼓测音数据的音分差来看,本套编钟各钟的正侧鼓音程关系集中于三度与二度。1号、3号钟的正侧鼓音程均为大三度,二者相差42音分,其中3号钟正侧鼓实测音分差与纯律、五度律大三度的理

论音分值均相差11音分，为相对准确的大三度音程；1号钟正侧鼓实测音分差比五度律大三度的理论音分值大31音分，明显偏大。5号钟正侧鼓实测音分差比纯律小三度理论音分值大1音分，为相当准确的小三度音程。7号、8号钟正侧鼓音程均为大二度，二者相差57音分，其中7号钟正侧鼓实测音分差比大二度音程理论音分值大38音分，为偏大明显的大二度音程；8号钟正侧鼓实测音分差与纯律小全音的理论音分差仅相差3音分，为准确的大二度音程。

从以上分析来看，本套编钟有测音数据的五件钟中，有三件具较为准确的音程关系，表现出对乐钟正侧鼓双音音准的理性把握。但从具相同音程关系的1号、3号钟及7号、8号钟的正侧鼓实测音分差来看，差距较大，说明本套编钟正侧鼓音的规范程度并不强。

2. 春秋晚期江苏邃叴编钟

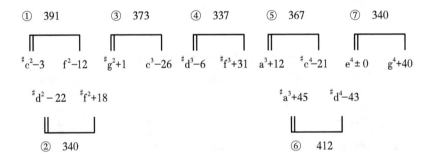

本套编钟的正侧鼓音程关系分析如下：

表3-13　江苏遗珎编钟音程关系分析表　　　　　单位:音分

序号	编号	正侧鼓音分差	纯律音分值	五度律音分值	正侧鼓音程关系
1	10:25274	391	386	408	大三度
2	10:25275	340	316	294	小三度
3	10:25276	373	386	408	大三度
4	10:25277	337	316	294	小三度
5	10:25278	367	386	408	大三度
6	10:25279	412	386	408	大三度
7	10:25280	340	316	294	小三度

从正侧鼓测音数据的音分差来看，本套编钟的正侧鼓音程关系集中于大三度与小三度。1号、3号、5号、6号钟的正侧鼓音程同为大三度，其中3号、5号钟的正侧鼓实测音分差仅相差6音分，二者的正侧鼓实测音分差与纯律大三度理论音分值分别相差13音分和19音分，均为相对准确的大三度音程；1号钟正侧鼓实测音分差仅比纯律大三度的理论音分值大5音分，6号钟正侧鼓实测音分差只比五度律大三度的理论音分值大4音分，二者均为非常准确的大三度音程。2号、4号、7号钟的正侧鼓音程同为小三度，且这三件钟的正侧鼓实测音分差极为接近，2号、7号钟的正侧鼓实测音分差同为340音分，4号钟的正侧鼓实测音分差仅比2号、7号钟小3音分，表现出极高的一致性。

从以上分析来看，本套编钟各钟正侧鼓音程关系集中、准确，特别是在对小三度音程的把握上，表现出极高的规范性与准确度。呈大三度音程的四件钟，其正侧鼓音的音分值虽并不完全接近，但仍表现出在音准层面较高的规律性。以上两点均表现出本套编钟对规律性双音的理性把握。

3. 春秋晚期江苏邳州九女墩3号墓编纽钟

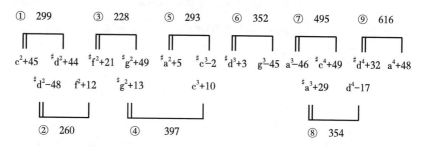

本套编钟正侧鼓音程关系分析如下：

表3-14　江苏邳州九女墩3号墓编纽钟音程关系分析表　　单位:音分

序号	编号	正侧鼓音分差	纯律音分值	五度律音分值	正侧鼓音程关系
1	93PTM3:11	299	316	294	小三度
2	93PTM3:12	260	—	294	小三度
3	93PTM3:13	228	204	204	大二度
4	93PTM3:14	397	386	408	大三度
5	93PTM3:15	293	316	294	小三度
6	93PTM3:16	352	316/386	—	小/大三度
7	93PTM3:17	495	498	498	纯四度
8	93PTM3:18	354	316/386	—	小/大三度
9	93PTM3:19	616	—	—	

从正侧鼓测音数据的音分差来看，本套编钟的正侧鼓音程关系并不集中。1号、2号、5号钟的正侧鼓音程为小三度关系，其中1号、5号钟的正侧鼓实测音分差十分接近，且与五度律小三度理论音分值相差极小，为极其准确的小三度音程。2号钟正侧鼓实测音分差比五度律小三度的理论音分值偏小34音分，音程关系偏差明显。3号钟正侧鼓实测音分差比大二度理论音分值大24音分，音程关系相对准确。4号钟

正侧鼓实测音分差与纯律、五度律大三度的理论音分值均相差11音分，为相对准确的大三度音程。6号、8号钟的正侧鼓实测音分差十分接近，且均处于纯律小三度与纯律大三度的理论值之间，无法直接判断其音程关系。7号钟正侧鼓实测音分差与纯四度理论音分值仅相差3音分，为十分准确的纯四度音程。9号钟正侧鼓实测音分差为616音分，在纯律、五度律的理论值中无相应音程关系。

从以上分析来看，本套编钟对正侧鼓所呈小三度、大三度、纯四度音程的把握较为准确，除2号钟正侧鼓所呈小三度音程偏小明显外，其他钟小三度、大三度、纯四度音程与相应音程的理论值非常接近，音程关系相当准确，特别是正侧鼓音程关系同为小三度的1号、5号钟，其正侧鼓实测音分差所表现出的统一性，表明本套编钟在对正侧鼓音程关系的把握上有着规律性的认识。

同时，本套编钟6号、8号、9号钟的正侧鼓音程关系似处于失控状态而无法确认，特别是6号、8号钟，其正侧鼓实测音分差非常接近，理应存在对某一音程的理性追求。结合本章第二节对本套编钟正侧鼓音列的推定结果来看，笔者认为6号、8号钟的正侧鼓音程关系有可能均为失控的小三度音程。从第二节中音列推定的结果来看，以原测音数据为依据，本套钟的正侧鼓音列为"徵（闰）—羽（宫）—宫（商）—商（变徵）—角（徵）—羽（宫/羽角）—商（徵）—角（徵/宫曾）—羽（？）"，6号、8号钟侧鼓音的两种可能性均已并列。从这两种并列的可能性来看，由于编钟正侧鼓音程关系常见的规律是正鼓音位相同的钟其侧鼓音位亦相同，因此结合2号、5号钟的正侧鼓音位来考虑，6号、8号钟的音位为"羽（宫）—

角（徵）"的可能性显然要大于"羽（羽角）—角（宫曾）"。总之，羽角与宫曾侧鼓音位的合理性确实值得推敲，6号、8号钟的正侧鼓音程关系有可能均为小三度音程。

4. 春秋晚期江苏六合程桥2号墓编钟

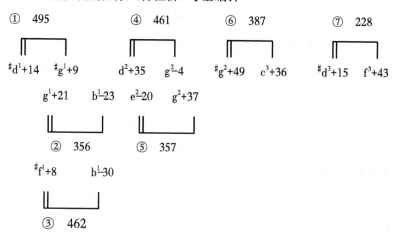

本套编钟正侧鼓音程关系分析如下：

表3-15　江苏六合程桥2号墓编钟音程关系分析表　　　单位：音分

序号	编号	正侧鼓音分差	纯律音分值	五度律音分值	正侧鼓音程关系
1	10:16946	495	498	498	纯四度
2	10:16947	356	386	—	大三度
3	10:16948	462	498	498	纯四度
4	10:16949	461	498	498	纯四度
5	10:16950	357	386	—	大三度
6	10:16951	387	386	408	大三度
7	10:16952	228	204	204	大二度

从正侧鼓测音数据的音分差来看，本套编钟的正侧鼓音程关系集中于大二度、大三度和纯四度。正侧鼓音程关系同为纯四度的三件钟中，1号钟正侧鼓实测音分差与纯四度音程理论音分值仅相差3音分，为相当准确的纯四度音程。3号、4号钟的正侧鼓实测音分差相当接近，但与纯四度理论音分值相比尚有差距，均为偏小的纯四度。2号、5号钟的正侧鼓实测音分差相当接近，均为大三度音程，但这两件钟的正侧鼓实测音分差低于纯律大三度理论音分值29至30音分，基本为偏小的大三度音程。6号钟正侧鼓实测音分差仅比纯律大三度理论音分值大1音分，为极其准确的大三度音程。7号钟正侧鼓实测音分差比大二度的理论音分值大24音分，为相对准确的大二度音程。

从以上分析来看，本套编钟1号、6号钟的音程关系相当准确，表现出对双音规范性与精确度的理性把握。2号、5号及3号、4号两组钟的正侧鼓实测音分差虽与各自所属音程的理论音分值有所差距，但它们之间正侧鼓实测音分差的相近，表现出对规律性双音的理性追求。

5.春秋末期江苏六合程桥1号墓编钟

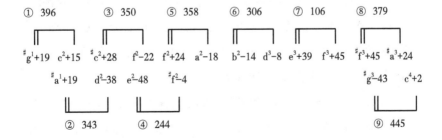

本套编钟正侧鼓音程关系分析如下：

表3-16 　 江苏六合程桥1号墓编钟音程关系分析表　　　　　单位:音分

序号	编号	正侧鼓音分差	纯律音分值	五度律音分值	正侧鼓音程关系
1	10:8721-1	396	386	408	大三度
2	10:8721-2	343	316	—	小三度
3	10:8721-3	350	316/386	—	小/大三度
4	10:8721-4	244	204	204	大二度
5	10:8721-5	358	386	—	大三度
6	10:8721-6	306	316	294	小三度
7	10:8721-7	106	112	114	小二度
8	10:8721-8	379	386	408	大三度
9	10:8721-9	445	—	408	大三度

从正侧鼓测音数据的音分差来看，本套编钟的正侧鼓音程关系集中于二度和三度。1号、5号、8号、9号钟的正侧鼓音程关系均为大三度，但四件钟正侧鼓实测音分差的离散度较大，并不统一，且只有1号、8号钟的正侧鼓实测音分差与大三度的理论音分值差别较小;5号、9号钟的偏差稍大。2号钟的正侧鼓实测音分差比纯律小三度的理论音分值偏大27音分，为偏大的小三度音程。3号钟的正侧鼓实测音分差在纯律小三度与纯律大三度的理论音分值之间，分别相差34音分和36音分，难以直接判断其音程关系。4号钟的正侧鼓实测音分差比大二度理论音分值大40音分，为偏大明显的大二度音程。6号钟的正侧鼓实测音分差比纯律小三度理论音分值小10音分，为十分准确的小三度音程。7号钟的正侧鼓实测音分差比纯律小二度理论音分值小6音分,为十分准确的小二度音程。

从以上分析来看，本套编钟的正侧鼓音程关系较为集中，表现出规律性双音的特点。1号、6号、7号、8号钟的正侧鼓音程关系非常准确,表现出本套编钟在正侧鼓音程关系上的精确性及对规律性双音的理性把握。但从正侧鼓音程关系同为大三度的1号、5号、8号、9号钟来看,其正侧鼓实测音分差的离散度较大,表现出音程关系的规范性不足。而3号、5号钟的正侧鼓实测音分差较为接近,虽然5号钟在音程关系归属上更贴近大三度,但二者仅相差8音分的正侧鼓音分差,理应存在对某一音程的理性追求,特别是3号钟所存在的音程关系不确定的状况,是否为在调锉大三度音程时由锉磨过度所导致的音程关系偏小所致?结合本章第二节对本套编钟正侧鼓音列的推定结果来看,3号钟正侧鼓音位为"宫(徵曾/角)",而音程关系为大三度的"宫(角)"确实较"宫(徵曾)"更为合理。总之,存疑。

6. 东周江苏连云港尾矿坝编钟

本套编钟6号钟音哑,无测音数据。现根据其他数据进行分析。

需要说明的是,《中国音乐文物大系·上海/江苏卷》所载本套编钟的测音数据,经分析发现其中3号、7号钟的正侧鼓音程均为小六度,这引起笔者的怀疑,进而根据《中国音乐文物大系·上海/江苏卷》中所载3号、7号钟正侧鼓音的频率进行换算。通过将频率转换为音分值的计算,发现3号钟正侧鼓音分值约为427音分,是大三度音程;7号钟的正侧鼓音分值为792音分,确实为小六度音程。换算以及论证的过程如下[①]:

---

① 本频率与音分值的换算方法以缪天瑞所著《律学》(第三次修订版)所载为据(人民音乐出版社1996年版,第35—36页)。

（1）《中国音乐文物大系·上海/江苏卷》所载3号钟正鼓频率492Hz、侧鼓频率629 Hz,则:

首先,将较大的频率作为分子,求得两音的频率比:

$$\frac{629\text{Hz}}{492\text{Hz}} \approx 1.28$$

其次,从常用对数表中查的频率比1.28所对应的数为1072,则0.1072为1.28的对数值;

再者,将0.1072乘以比例常数3986.313即得正侧鼓音程的音分值,即0.1072 × 3986.313 ≈ 427音分。

从以上计算结果来看,《中国音乐文物大系·上海/江苏卷》所载3号钟的正侧鼓音分值与频率换算的结果并不一致,根据正侧鼓实测音分差得出的音程关系为小六度,但根据频率换算成音分值得出的音程关系为大三度。根据合瓦形钟体正侧鼓发音的一般规律来看,正侧鼓音呈大三度关系更为可信,因此笔者在后文的分析中采用这一结论。由于《中国音乐文物大系·上海/江苏卷》所载3号钟正鼓音频率492Hz确实约为b^1的频率,因此需要将此钟的侧鼓音由原载的g^2+18改为$^\#d^2$+21。

（2）《中国音乐文物大系·上海/江苏卷》所载7号钟正鼓频率695 Hz、侧鼓频率1101 Hz,则:

首先,将较大的频率作为分子,求得两音的频率比:

$$\frac{1101\text{Hz}}{695\text{Hz}} \approx 1.58$$

其次,从常用对数表中查得频率比1.58所对应的数为1987,则

0.1987为1.58的对数值；

再者，将0.1987乘以比例常数3986.313即得正侧鼓音程的音分值，即0.1987×3986.313≈792音分。

从以上计算结果来看，《中国音乐文物大系·上海/江苏卷》所载7号钟的正侧鼓音分值与频率换算的结果并无质的不同，根据音分值计算的正侧鼓实测音分差805与根据频率计算的音分值792的不同，应为计算与测音过程中的偏差所致，因此不需要改动。

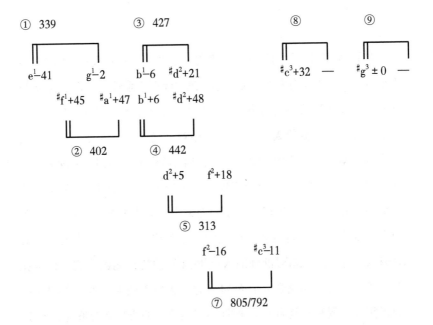

本套编钟正侧鼓音程关系分析如下：

表3-17　江苏连云港尾矿坝编钟音程关系分析表　　　　单位:音分

序号	编号	正侧鼓音分差	纯律音分值	五度律音分值	正侧鼓音程关系
1	3:6300-1	339	316	294	小三度
2	3:6300-2	402	386	408	大三度
3	3:6300-3	427	386	408	大三度
4	3:6300-4	442	—	408	大三度
5	3:6300-5	313	316	294	小三度
7	3:6300-6	805/792	814	792	小六度
8	3:6300-7	—	—	—	—
9	3:6300-8	—	—	—	—

　　从正侧鼓测音数据的音分差来看，本套编钟的音程关系除7号钟为小六度外，其余均为大三度或小三度，音程关系较为规律。1号、5号钟的正侧鼓音程关系均为小三度，其中1号钟正侧鼓实测音分差比纯律小三度理论音分值大23音分，为相对准确的小三度;5号钟正侧鼓实测音分差仅比纯律大三度理论音分值小3音分，为相当准确的小三度。2号、3号、4号钟的正侧鼓音程关系均为大三度，其中2号钟的正侧鼓实测音分差仅比五度律大三度的理论音分值小6音分，为相当准确的大三度音程;3号钟的正侧鼓实测音分差比五度律大三度的理论音分值大19音分，为相对准确的大三度;4号钟的正侧鼓实测音分差比五度律大三度的理论音分值大34音分，为偏大的大三度音程。7号钟的正侧鼓实测音分差为805，根据频率换算出的音程音分值为792，这两个值都与小六度的理论音分值十分贴合，为相当准确的小六度音程。

　　从以上分析来看，本套编钟的正侧鼓音程关系较为集中，表现出规律性双音的特点。2号、5号、7号钟的正侧鼓音程关系相当准确，体

现出本套编钟在正侧鼓音程关系上的精确性及对规律性双音的理性
把握。但从正侧鼓音程关系同为大三度的2号、3号、4号钟来看，其正
侧鼓实测音分差的离散度明显，表现出音程关系的规范性尚显不足。
另外，本套编钟锈蚀严重，这一状况会对其音乐性能产生较大影响。

7. 战国早期江苏邳州九女墩2号墩1号墓编纽钟

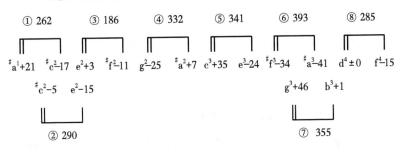

本套编钟正侧鼓音程关系分析如下：

表3-18　江苏邳州九女墩2号墩1号墓编纽钟音程关系分析表　　　单位:音分

序号	编号	正侧鼓音分差	纯律音分值	五度律音分值	正侧鼓音程关系
1	—	262	316	294	小三度
2	—	290	316	294	小三度
3	—	186	182	204	大二度
4	—	332	316	294	小三度
5	—	341	316	—	小三度
6	—	393	386	408	大三度
7	—	355	316/386	—	小/大三度
8	—	285	316	294	小三度

从正侧鼓测音数据的音分差来看，本套编钟的正侧鼓音程关系集
中于二度和三度。1号、2号、4号、5号、8号钟的正侧鼓音程关系为小

三度，其中1号钟的正侧鼓实测音分差比五度律小三度的理论音分值小32音分，为偏小的小三度音程；2号、8号钟的正侧鼓实测音分差分别比五度律小三度的理论音分值小4音分与9音分，为相当准确的小三度音程；4号、5号钟的正侧鼓实测音分差分别比纯律小三度的理论音分值大16音分与25音分，为相对准确的小三度音程。3号钟的正侧鼓实测音分差比纯律大二度的理论音分值大4音分，为相当准确的大二度音程。6号钟的正侧鼓实测音分差比纯律大三度的理论音分值大7音分，为相当准确的大三度音程。7号钟的正侧鼓实测音分差介于纯律小三度与大三度的理论音分值之间，无法直接判断其正侧鼓音程关系。

从以上分析来看，本套编钟的正侧鼓音程关系较为集中，2号、3号、6号、8号钟的正侧鼓音程关系相当准确，体现出本套编钟对正侧鼓精确音程关系的理性把握。但从正侧鼓音程关系同为小三度的1号、4号、5号钟来看，其正侧鼓实测音分差的离散度明显，表现出相同音程关系的规范性不足。将4号、5号钟与7号钟的正侧鼓实测音分差结合来看，这三件钟的正侧鼓实测音分差非常接近，但由于7号钟的正侧鼓实测音分差相对更大，因此在与纯律小三度的理论音分值相近的同时，又贴近纯律大三度的理论音分值，这使其正侧鼓音分数位于纯律小三度与大三度的理论音分值之间，而无法直接判断其正侧鼓音程关系。但4号、5号、7号钟的正侧鼓实测音分差较为相近，理应存在对某一音程的理性追求，其是否为在调锉小三度音程时由锉磨不足所导致的音程关系偏大所致？结合本章第二节对本套编钟正侧鼓音列的推定结果来看，7号钟正侧鼓音位为"角（徵/宫曾）"，音程关系为小三度的"角（徵）"确实较"角（宫曾）"的可能性更大。总之,存疑。另外,本套编钟保存状况不佳,这会对其音乐性能产生较大影响。

四、句鑃

以下是对本书所涉编句鑃的正侧鼓音程关系进行的逐一分析。另有春秋晚期浙江配儿句鑃、春秋安徽广德编句鑃、春秋初期安徽青阳句鑃、春秋安徽泾县南容句鑃无测音数据,在此未做涉及。

1. 战国江苏淹城句鑃[①]

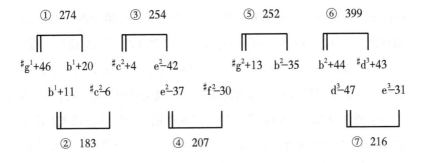

---

① 本套钟测音数据源自马国伟《句鑃研究》一文,中国艺术研究院硕士学位论文,2012年,第91页。

本套编句镯的正侧鼓音程关系分析如下：

表3-19　　江苏淹城句镯音程关系分析表　　　　　　单位：音分

序号	编号	正侧鼓音分差	纯律音分值	五度律音分值	正侧鼓音程关系
1	一	274	316	294	小三度
2	一	183	182	204	大二度
3	一	254	—	294	小三度
4	一	207	204	204	大二度
5	一	252	—	294	小三度
6	一	399	386	408	大三度
7	一	216	204	204	大二度

　　从正侧鼓测音数据的音分差来看，本套编句镯的音程关系集中于二度和三度。1号、3号、5号钟的正侧鼓音程关系均为小三度，其中1号钟的正侧鼓实测音分差比五度律小三度的理论音分值小20音分，为相对准确的小三度音程；3号、5号钟的正侧鼓实测音分差相当接近，分别比五度律小三度的理论音分值小40音分和42音分，为明显偏小的小三度音程。2号、4号、7号钟的正侧鼓音程关系均为大二度，其中2号、4号钟的正侧鼓实测音分差与大二度理论音分值分别相差1音分和3音分，为相当准确的大二度音程；7号钟的正侧鼓实测音分差比大二度理论音分值大12音分，为相对准确的大二度音程。6号钟的正侧鼓实测音分差比五度律大三度的理论音分值小9音分，为相当准确的大三度音程。

　　从以上分析来看，本套编句镯的正侧鼓音程关系较为集中，2号、4号、6号钟的正侧鼓音程关系相当准确，体现出本套编钟对正侧鼓精确音程关系的理性把握。具有相同音程关系的4号、7号钟和3号、5号钟的正侧鼓实测音分差相当接近,表现出对规律性双音的理性追求,但3号、5号钟所呈音程关系的音分值比理论值偏小较多,反映出对相同音程关系的把握尚不够精确、规范。

2. 战国江苏高淳松溪编句镯

本套编句镯1号、7号钟音哑,3号钟破裂,2号钟侧鼓音不辨,故无测音数据。根据其他测音数据分析如下:

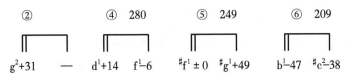

表3-20　江苏高淳松溪编句镯音程关系分析表　　　　　单位:音分

序号	编号	正侧鼓音分差	纯律音分值	五度律音分值	正侧鼓音程关系
2	—	—	—	—	—
4	—	280	316	294	小三度
5	—	249	204	204/294	大二度/小三度
6	—	209	204	204	大二度

从正侧鼓测音数据的音分差来看,4号钟的正侧鼓实测音分差比五度律小三度的理论音分值小14音分,为相对准确的小三度音程。5号钟的正侧鼓实测音分差与大二度、小三度的理论音分值相比都相差45音分,无法判断其所属音程关系。6号钟的正侧鼓实测音分差比大二度的理论音分值大5音分,为相当准确的大二度音程。

从以上分析来看,本套编句镯6号钟的音程关系十分准确,4号钟的正侧鼓实测音分差也较为贴近理论值,反映出本套编句镯在设计制作层面存在对规律性双音的理性追求与把握。但5号钟所呈音程关系的音分值介于大二度、小三度的理论音分值之间，其钟上双音应处于失控状态而无法判断其音程关系，反映出本套编句镩对正侧鼓音程关系的把握尚不精确、规范。

五、其他

越族分布地区所特有的羊角纽钟和筒形钟，其中属于两周时期的有云南万家坝羊角纽钟，另有一套可能属于战国时期的云南牟定县新甸公社福堍村出土的筒形钟。由于牟定筒形钟仅有对正鼓音列的耳测数据，无法对其分析正侧鼓音程关系，因而在此仅涉及万家坝羊角纽钟一套编钟。

云南万家坝羊角纽钟经过两次测音，第一次是由秦序、吴学源二人协助测音，又送录音胶带由中国艺术研究院音乐研究所用闪光频率仪做进一步分析所得出的结果；第二次是由音乐研究所的吴钊等人用日本NODE TYPE:700型闪光测频仪直接测定的结果。[1]由于第一次测音的学者认为本套钟无明显一钟双音的情况，因此没有侧鼓音数据。现为分析本套钟正侧鼓音程关系的存在状况，以第二次测音的数据为准。在本章第二节针对本套钟音列的推断中，将综合考虑两次测音的整体情况。

---

[1] 云南省文物工作队《楚雄万家坝古墓群发掘报告》，《考古学报》1983年第3期；李纯一《中国上古出土乐器综论》，文物出版社1996年版，第287页。

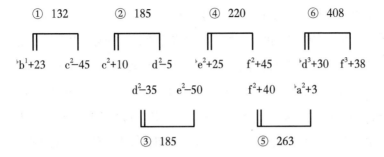

本套羊角组钟正侧鼓音的音程关系分析如下：

表3–21　云南万家坝羊角组钟音程关系分析表　　　　　　　　　单位：音分

序号	编号	正侧鼓音分差	纯律音分值	五度律音分值	正侧鼓音程关系
1	M1:13-a	132	112	114	小二度
2	M1:13-b	185	182	204	大二度
3	M1:13-c	185	182	204	大二度
4	M1:13-d	220	204	204	大二度
5	M1:13-e	263	—	294	小三度
6	M1:13-f	408	386	408	大三度

从正侧鼓测音数据的音分差来看，本套羊角纽钟的正侧鼓音程基本呈二度与三度关系。此外，5号钟自身存在裂缝，且其测音数据是在焊接之后所得到的结果，应不具有代表性。

1号钟的正侧鼓音分差与五度律小二度理论音分值相差18音分，为相对准确的小二度音程；2号、3号钟的正侧鼓音分差与纯律大二度理论音分值相差3音分，为十分准确的大二度音程；4号钟的正侧鼓音分差与小二度理论音分值相差16音分，为相对准确的大二度音程；5号钟的正侧鼓音分差与五度律小三度理论音分值相差31音分，为偏小的小三度音程；6号钟的正侧鼓音分差与五度律大三度理论音分值相符，为十分准确的大三度音程。

从以上分析来看，2号、3号、4号钟的正侧鼓音程均为大二度，且其中2号、3号钟具有高度一致的正侧鼓音分差，似乎表现出在正侧鼓音程关系上的精确度及理性把握，但观察本套编钟的形制数据可知，2号、3号钟在形制数据具有相当高的一致性（见表3-22）。因此，2号、3号钟正侧鼓音分差高度一致的现象，笔者认为应是在钟形基本一致的情况下所出现的原生或铸生双音音分差相近或者偶然相等的状况；而正侧鼓音程关系同为大二度的4号钟与2号、3号钟的音分差差别明显，表现出音程关系的规范性不足。

表3-22　云南万家坝羊角纽钟形制数据表[①]　　　单位:厘米

序号	编号	通高	孔高	孔宽	口长	口宽
1	M1:13-a	21.9	3.4	1.7	13.5	11.3
2	M1:13-b	21.5	3.6	1.8	13.2	11.2
3	M1:13-c	21.4	3.7	1.7	13.2	11.2
4	M1:13-d	21.4	3.5	1.5	11.6	9.9
5	M1:13-e	18.3	3	1.3	10.8	9.1
6	M1:13-f	15	3	1.4	9.5	8.2

第二节　音列推定及调高分析

在本节中，笔者通过对越地编钟正侧鼓测音数据的分析，推断各套编钟的正侧鼓音列及设计调高，力求推断、分析的结论能够尽可能

---

① 李纯一《中国上古出土乐器综论》，文物出版社1996年版，第283页；黄德荣《云南羊角编钟初探》，《四川文物》2007年第5期。

贴近历史的真实。

分析的具体步骤及方法为：第一，从每套编钟的正鼓原测音数据中，找出音程关系较为规律或无法合理解释的数据作为分析的切入点。当几件钟的正鼓音程关系较为规律时，根据其相互间所呈音程关系，结合编钟正鼓音排列的一般规律，推断其各自所属的音位，继而完成其他钟的正鼓音位推断；当相邻两件钟的正鼓音程关系无法合理解释时（如存在增四度、减五度、小二度音程），则通过观察前后其他钟测音数据的合理性，结合编钟正鼓音排列的一般规律，等音改写这两件钟其中一件的原测音数据，使其有合理音位可解，继而完成其他钟的正鼓音位推断。第二，将编钟正鼓音列推定完成后，根据本章第一节中的分析结论，确定编钟的侧鼓音位。由于第一节中对正侧鼓音程关系准确度的判断标准认为，当音程音分值的实际值与理论值差距达到 ±27 至 ±50 音分时被认为是偏差明显的，因此在标注正侧鼓音程关系时，正侧鼓音程的实际音分值比理论值偏大 27 至 50 音分时被认为是"宽"音程（如"宽大三度"），正侧鼓音程的实际音分值比理论值偏小 27 至 50 音分时被认为是"窄"音程（如"窄大三度"），当正侧鼓音程的实际音分值与理论值的差距在 ±26 音分（含）以内时，被视为准确的音程关系。第三，五正声在编钟音列中占有核心地位，将编钟正侧鼓音中五正声的音分补正数加以统计，并求得其平均值，可以在一定程度上反映出在编钟的设计层面所采用的音律标准，从而得知其相对调高。但对调高的分析也可根据每套编钟不同的情况而灵活应变。当某个音的存在相对多且稳定时，则可求得此音音分补正数的平均值，并以此平均值作为补正数，对宫音的音高加以补正并作为相对调高；其他情况，则可先求得所有音的音分补正数的平均值，并以此平均值作为补正数，对宫音的音高加以补正并作为相对调高。第四，音分补正数所反映出来的偏离程度，能够体现出本套编钟的音准状况。当音分补正数在整体上起伏相对平稳、平均，抑或是在整体上呈现递增或递减的趋势而无骤然的高低变化时，由于能够为宽容性较强的人耳所接受，因而被认为是音准状况相对较好；当音分补正数起伏明显且偏离度较大时，音准状况被认为是不理想的。

　　针对上述步骤一需要说明的是：首先，当对几个较为规律的正鼓音进行音位推定时，往往存在几种并列的可能性，在推定的过程中不妨先让各种可能性并存（以"/"间隔），待完成全部正侧鼓音位推定后再作出判断及取舍；其次，推定音位，需根据原测音数据的音分补正数采取就近原则，同时兼顾乐钟正鼓音位排列规律，必要时可以对原测音数据进行等音改写；再者，关于本书所采用的音位标记名称需要说明的是，由于存世乐钟中带有乐律铭文者极少，音乐考古学界有借用曾侯乙编钟铭文体系中的称谓去标记乐钟正侧鼓音中偏音的方法。考虑到整个中国古代音乐史学界的标记习惯，在本书中将沿用"和""变徵""闰""变宫"四个偏音的专用名称，其他偏音则使用曾钟体系的"曾"和"角"进行标记。

　　针对上述步骤四需要说明的是，对编钟整体音准状况的判断，需结合本章第一节中对该套编钟正侧鼓音程关系准确度的分析结论，并兼顾编钟的保存现状对音准状况是否存在影响来综合考量。

一、镈

以下是对本书所涉编镈的音列及调高所进行的逐一分析。另有春秋晚期江苏邳州九女墩3号墓编镈，由于钟体残破而无测音数据，未纳入分析。

1. 春秋晚期江苏六合程桥2号墓编镈

从原测音数据来看，本套编镈的2号、3号、5号钟正鼓音之间的音程关系较有规律，三者之间呈"小三度—纯五度"关系。这种音程关系可构成以下两种正声音列：

音列一	宫	商	角	徵	羽
	B	#C	#D	#F	#G

音列二	宫	商	角	徵	羽
	E	#F	#G	B	#C

可见2号、3号、5号钟的正鼓音有两种排列可能：羽—宫—徵、角—徵—商。现分别根据这两种可能的音位对各钟正侧鼓音的音列进行推定，[①]以期找出其中较为合理的排列方式。

序号	编号	正鼓音		侧鼓音	
		音高	音位	音高	音位
1	10:16947–1	g^1–38($^\#f^1$+62)	↑徵/↑商	$^\#c^2$–40	—
2	10:16947–2	$^\#g^1$–10	羽/角	d^2–43	—
3	10:16947–3	b^1+42	宫/徵	e^2+17	和/宫
4	10:16947–4	哑	（角、商/羽）	哑	
5	10:16947–5	$^\#f^2$–12	徵/商	a^2–47	闰/和

（1）当2号、3号、5号钟正鼓音为"羽—宫—徵"时，1号钟的正

---

① 以下没有编号及命名的表格内容，均为笔者对于推定过程及思路的展现。

鼓音如按照原测音数据来看，与2号钟正鼓音呈小二度关系，无合理音位解释，可将g^1-38改写为$^{\#}f^1$+62，即与2号钟正鼓音呈偏小的大二度关系，则1号钟正鼓音位为徵；4号钟正鼓音按照编钟正鼓音的基础音列推测，应与2号、3号钟成"羽—宫—角"三音列，但参考同为江苏出土的邍邖的编镈3号、4号钟的正鼓音程，并结合商音在春秋时期的编钟中已经具有稳定地位的实际情况来看，[①]亦有"羽—宫—商"的可能性；关于侧鼓音位，结合本章第一节中对本套编钟正侧鼓音程关系的分析来看，1号、2号钟可能由于首钟、次钟侧鼓音不用故不调的原因，而无相应侧鼓音位，3号、5号钟的侧鼓音位分别为和、闰两个偏音。

（2）当2号、3号、5号钟正鼓音为"角—徵—商"时，1号钟的正鼓音仍需将g^1-38改写为$^{\#}f^1$+62，即与2号钟正鼓音呈偏小的大二度关系，则1号钟正鼓音位为商；4号钟正鼓音按照编钟各钟正鼓音间的音程关系（通常下窄上宽）的一般规律推测，应与3号、5号钟成"徵—羽—商"关系；关于侧鼓音位，结合本章第一节中对本套编钟正侧鼓音程关系的分析来看，1号、2号钟无相应侧鼓音位，3号、5号钟的侧鼓音位分别为宫、和。

从以上两种音位排列的可能性来看，第二种音位排列由于处于重要地位的宫音仅出现于侧鼓音位及商音地位较为突出等多方面原因，可能性较小；第一种音位排列则由于骨干音位及偏音音位的合理解释，从而更加可信。

---

① 王子初《周乐戒商考》，《中国历史文物》2008年第4期。

根据以上音位分析,笔者将本套编镈的基本音列推定如下:

表3-23　六合程桥2号墓编镈音列推定表　　　　　　单位:音分

序号	编号	正鼓音		侧鼓音		正侧鼓音程	保存状况	备注
		音高	音位	音高	音位			
1	10:16947-1	g^1-38($^\sharp f^1$+62)	↑徵	$^\sharp c^2$-40	—		制作较粗,经过修复	有音梁
2	10:16947-2	$^\sharp g^1$-10	羽	d^2-43	—			
3	10:16947-3	b^1+42	宫	e^2+17	和	纯四度		
4	10:16947-4	哑	(角/商)	哑				
5	10:16947-5	$^\sharp f^2$-12	徵	a^2-47	闰	窄小三度		

从以上推定结论来看,本套编钟音域达一个八度又一个小三度,其正鼓音列为以B为宫的五声音列,结合侧鼓音列,则可构成B宫清商音阶。

由于五正声在编钟音列中占有核心地位,将编钟正侧鼓音中五正声的音分补正数加以统计,并求得其平均值,可以在一定程度上反映出在编钟的设计层面所采用的音律标准,从而得知其调高。另外,音分补正数所反映出来的偏离程度,能够体现出本套编钟的音准状况。

表3-24　六合程桥2号墓编镈核心音列音分补正数统计表　　　　　　单位:音分

音位	宫	商	角	徵	羽
音高	b^1+42			$^\sharp f^1$+62	$^\sharp g^1$-10
				$^\sharp f^2$-12	

从表3-24中的数据来看,徵音$^\sharp$F出现两次,其他音仅出现一次,本可从$^\sharp$F入手分析本套编镈的调高,但由于两个徵音的音分补正数差别较大,因此难以从其入手分析调高。此种状况可将核心音列中所有的音分补正数求得平均值,即(42+62-12-10)÷4≈21,则$^\sharp$F+21音分可

以相对准确地反映出本套编钟徵音的设计音高，并可由其推算出宫音的相对音高为B+21音分，即宫=B+21音分可以在一定程度上代表本套编镈的设计调高。

从音准方面来看，本套编镈核心音分补正数的平均值偏差明显，其中宫、羽之间偏小52音分，两个徵音之间的音分补正数相差74音分，可见音准状况并不理想。此外，本套编钟经过修复，这一状况会对其音乐性能产生较大影响。

2. 春秋晚期江苏遷邟编镈

表3–25 遷邟编镈音列推定表 单位：音分

序号	编号	正鼓音		侧鼓音		正侧鼓音程	保存状况	调音
		音高	音位	音高	音位			
1	10:25291	残破	（徵）	残破			修复	不详
2	10:25292	残破	（羽）	残破			修复	
3	10:25293	$^{\#}g^1$–5	宫	a^1+38	羽角/商	小/大二度	完好	
4	10:25294	$^{\#}a^1$–20	商	$^{\#}c^2$–3	和	小三度	完好	
5	10:25295	残破	（角）	残破			修复	

本套编镈由于保存状况不佳，仅有3号、4号两件钟有测音数据。结合本章第一节对本套编镈正侧鼓音程关系的分析来看，3号钟正侧鼓实测音分差介于小二度与大二度之间，无法直接判断其正侧鼓音程关系。从本套编镈上述客观状况来看，实难对其进行音列推定及调高分析。但如结合同为江苏出土的四件套编镈六合程桥2号墓编镈的音列推定状况，以及同为江苏出土的五件套编镈邳州九女墩2号墩1号墓编镈的音列推定状况来看，本套编镈的正鼓音列有可能为“徵—羽—宫—商—角/徵”。

但再结合同墓出土的邍邝编纽钟的音列"徵—羽—商—羽—商—角—羽"来判断，由于邍邝编镈的音区在小字一组，邍邝编纽钟在小字二组，将两者的音列结合来看，邍邝编镈的正鼓音列如为"徵—羽—宫—商—角"时，显然与邍邝编纽钟的正鼓音列衔接得更为顺畅自然。因此笔者在上表中，将本套编镈的正鼓音列推断为"（徵）—（羽）—宫—商—（角）"。

3. 战国早期江苏邳州九女墩2号墩1号墓编镈

从原测音数据来看，本套编镈的2号、3号、4号钟正鼓音之间的音程关系似乎较有规律，但按照"大三度—小二度"进行音列推定，正鼓偏音较多，可能性较小。由于1号钟的正鼓音$^\sharp$a+50可以等音变换为$^\flat$b+50，则1号、2号、4号钟的正鼓音关系为"大二度—纯四度"，这种音程关系可构成以下三种正声音列：

音列一	宫	商	角	徵	羽
	$^\flat$E	F	G	$^\flat$B	C

音列二	宫	商	角	徵	羽
	$^\flat$A	$^\flat$B	C	$^\flat$E	F

音列三	宫	商	角	徵	羽
	$^\flat$B	C	D	F	G

可见1号、2号、4号钟的正鼓音位有三种可能：徵—羽—商、商—角—羽、宫—商—徵。现分别根据这三种可能的音位对各钟正侧鼓音的音列进行推定，以期找出其中较为合理的排列方式。

序号	编号	正鼓音		侧鼓音	
		音高	音位	音高	音位
1	一	$^\sharp$a+50($^\flat$b+50)	徵/商/宫	d^1−14($^\flat$d+86)	↑闰/↑和/↑徵曾
2	一	c^1+29	羽/角/商	e^1−15	羽角/宫曾/变徵
3	一	e^1−28($^\flat$e+72)	↑宫/↑徵/↑和	g^1+7($^\flat$g^1+107)	↑徵曾/↑闰/↑宫曾

(续表)

序号	编号	正鼓音		侧鼓音	
		音高	音位	音高	音位
4	—	f^1-3	商/羽/徵	$\sharp g^1+32(\flat a^1+32)$	和/宫/闰
5	—	裂	（角/宫/羽）	裂	
6	—	$b^1+46(c^2-54)$	↓羽/↓角/↓商	e^2-28	羽角/宫曾/变徵

从上表的推定过程来看，第三种排列法在正鼓音位排列中存在偏音，与其他两种全正声的排列方式相比可能性较小。现根据其余两种可能性分析如下：

（1）当1号、2号、4号钟正鼓音为"徵—羽—商"时，3号钟如按正鼓音e^1-28来推则音位为偏音，将e^1-28改写为$\flat e+72$，则其音位为偏高的宫。6号钟的正鼓音与4号钟呈增四度音程，无合理音位可解，将b^1+46就近改写为c^2-54，则其音位为偏低的羽。5号钟由于残破而无测音数据，但根据4号、6号钟的正鼓音位并结合编钟正鼓音列的一般规律进行推断，其正鼓音位为"角"较为合理。在以上对正鼓音列进行推断的基础上，结合本章第一节中对正侧鼓音程关系的分析，部分侧鼓音高等音改写，即可将各钟的侧鼓音位推定。

（2）当1号、2号、4号钟正鼓音为"商—角—羽"时，3号钟如按正鼓音e^1-28来推则音位为偏音，将其改写为$\flat e+72$，则其音位为偏高的徵。6号钟的正鼓音与4号钟呈增四度音程，无合理音位可解，将其就近改写为c^2-54，则其音位为偏低的角。5号钟根据4号、6号钟的正鼓音位并结合编钟正鼓音列的一般规律进行推断，其正鼓音位为"宫"较为合理。在以上对正鼓音列进行推断的基础上，结合本章第一节中对正侧鼓音程关系的分析进行侧鼓音位推定，部分音高等音改写,即可将各钟的侧鼓音位推定。

从以上两种音位排列的可能性来看,第二种音位排列由于商音地位较为突出,可能性较小;第一种音位排列则由于对骨干音位的合理解释,且同江苏地区出土其他编镈的音列较为相近,从而更加可信。

根据以上音位分析,笔者将本套编镈的音列推定如下:

表3-26　九女墩2号墩1号墓编镈音列推定表　　单位:音分

序号	编号	正鼓音		侧鼓音		正侧鼓音程	保存状况	备注
		音高	音位	音高	音位			
1	—	$^{\sharp}$a+50(^{b}b+50)	徵	d^1－14(^{c}d+86)	↑闰	小三度	完好,未除锈	有音梁及调锉痕迹
2	—	c^1+29	羽	e^1－15	羽角	窄大三度	完好,除锈	
3	—	e^1－28(^{c}e+72)	↑宫	g^1+7(^{c}g^1+107)	↑徵曾	小三度	完好,未除锈	
4	—	f^1－3	商	$^{\sharp}$g^1+32(^{a}a^1+32)	和	小三度	完好,未除锈	
5	—	裂	(角)	裂			破裂	
6	—	b^1+46(c^2－54)	↓羽	e^2－28	羽角	大三度	完好,未除锈	

从以上音列推定的过程与结果可见,本套编镈的侧鼓音全是偏音,且3号钟正鼓原测音数据与6号钟侧鼓原测音数据同为e^1－28,但一为宫、一为羽角。这种情况当然有存在的可能,也可能与钟的保存状况有关,但亦有可能是侧鼓音不在音列设计的考虑之内的原因所造成。总之,本套编镈音域达一个八度又一个增四度,其正鼓音列为以^{b}E为宫的五声音列,如结合侧鼓音列,则可构成带有羽角、徵曾的^{b}E宫清商音阶。

表3-27　　九女墩2号墩1号墓编镈核心音列音分补正数统计表　　　　单位:音分

音位	宫	商	角	徵	羽
音高	$^\flat e+72$	f^1-3		$^\flat b+50$	c^1+29
					c^2-54

从表3-27中的数据来看,羽音C出现两次但音分补正数差别较大,因此难以从其入手分析调高。此种状况可将核心音列中所有的音分补正数求得平均值,即$(72-3+50+29-54)÷5 \approx 19$,则C+19音分可以相对准确地反映出本套编钟羽音的设计音高,并可由其推算出宫音的相对音高为$^\flat E$ +19音分,即宫$=^\flat E$ +19音分可以在一定程度上代表本套编镈的设计调高。

从音准方面来看,本套编镈核心音位音分补正数的平均值偏差明显,其中宫、商之间偏小75音分,两个羽音之间的音分补正数相差83音分,可见音准状况并不理想。本套编钟的除锈状况不一,应是导致其音分补正数相差较大、音准状况不理想的原因之一。

二、甬钟

以下是对本书所涉编甬钟的音列及调高所进行的逐一分析。另有春秋晚期江苏邳州九女墩3号墓编钟、春秋广东兴宁古树窝编钟、春秋广东清远马头岗甬钟、东周广东增城庙岭编钟、战国广东罗定太平编钟、战国广东肇庆松山编钟、春秋早期浙江江山编钟,由于残破、暗哑等原因,未将其纳入分析。

1. 春秋横8字纹编钟

从测音数据来看，本套钟的正鼓音之间的音程关系较有规律，相互间呈"纯四度—大二度"关系。这种音程关系可构成以下三种正声音列：

音列一	宫	商	角	徵	羽
	F	G	A	C	D

音列二	宫	商	角	徵	羽
	♭E	F	G	♭B	C

音列三	宫	商	角	徵	羽
	♭B	C	D	F	G

可见本套编钟的正鼓音排列有三种可能：徵—宫—商、羽—商—角、商—徵—羽。现分别根据这三种可能的音位对各钟正侧鼓音的音列进行推定，以期找出其中较为合理的排列方式。

序号	编号	正鼓音		侧鼓音	
		音高	音位	音高	音位
1	21918	c^1+40	徵／羽／商	e^1-28($^\flat e^1$+72)	↑闰／↑宫／↑和
2	21914	f^1-49	宫／商／徵	g^1-28	商／角／羽
3	21913	g^1-20	商／角／羽	$^\sharp a^1$-48($^\flat b^1$-48)	和／徵／宫

上表为根据这三种可能的音位，对各钟正侧鼓音的音列进行推定，以期找出其中较为合理的排列方式。在推定的过程中，结合本章第一节对本套编钟正侧鼓音程分析的结论来看，由于1号、3号钟的正侧鼓音程关系均为小三度，因此需要将1号钟侧鼓音由e^1-28改写为$^\flat e^1$+72，3号钟侧鼓音由$^\sharp a^1$-48改写为$^\flat b^1$-48。

从上表的推定状况来看，第一种音位排列方式由于对正侧鼓音位的合理解释，显得较为可信，应为本套编钟的首要设计音列；另两种排列由于具有重要地位的宫音位于侧鼓音，而显得可能性较小，因此笔者将本套编钟的音列推定如下：

表3-28　横8字纹编钟音列推定表　　　　　单位:音分

序号	编号	正鼓音		侧鼓音		正侧鼓音程	保存状况	调音
		音高	音位	音高	音位			
1	21918	c^1+40	徵	e^1−28($^c e^1$+72)	↑闰	小三度	稍有残蚀	不详
2	21914	f^1−49	宫	g^1−28	商	大二度		
3	21913	g^1−20	商	$^\#a^1$−48($^b b^1$−48)	和	小三度		

从以上推定结论来看,本套编钟音域为一个小七度,其正鼓音列为以F为宫的三声音列。

表3-29　横8字纹编钟核心音列音分补正数统计表　　　　　单位:音分

音位	宫	商	角	徵	羽
音高	f^1−49	g^1−20		c^1+40	
		g^1−28			
平均值	F−49	G−24		C+40	

从表3-29中的音高数据来看,商音G出现两次且音分补正数偏离较小,因此可从G入手分析本套编钟的调高。g^1−20和g^1−28两音的平均值为G−24,则G−24音分可以相对准确地反映出本套编钟商音的设计音高,并可由其推算出宫音的相对音高为F−24音分,即宫=F−24音分可以在一定程度上代表本套编钟的设计调高。

从音准方面来看,本套编钟核心音位中的两个商音音分补正数仅相差8音分,难以为人耳所辨别;宫音与商音之间相差二十余音分,可以被人耳的宽容性所接受;唯徵音的音分补正数与其他音位偏差明显,与其差别最大的宫音相差了89音分。结合本套编钟正侧鼓音程关系相对准确的状况,从总体来说,本套编钟的音准状况尚可,1号钟较其他钟偏高。

2. 西周江西吉水甬钟

从测音数据来看，本套钟正鼓音之间的音程关系如按照"大二度—增四度"进行音列推定，则无合理音位解释。究其原因，是因为2号、3号钟正鼓音所呈增四度音程应不合理，需要3号钟的音高就近改写为d^2-68则能合理解释其音位。

从调整后的测音数据来看，本套钟的正鼓音之间的音程关系呈"大二度—纯五度"，这种音程关系可构成以下两种正声音列：

音列一	宫	商	角	徵	羽
	F	G	A	C	D

音列二	宫	商	角	徵	羽
	ᵇB	C	D	F	G

可见本套编钟的正鼓音排列有两种可能：宫—商—羽、徵—羽—角。分别根据这两种可能的音位，对各钟正侧鼓音的音列进行推定，以期找出其中较为合理的排列方式。

序号	编号	正鼓音		侧鼓音	
		音高	音位	音高	音位
1	296	$^\sharp f^1$+41	宫/徵	$^\sharp a^1$ – 12(a^1+88)	↑角/↑变宫
2	297	g^1+44	商/羽	b^1+42	变徵/羽角
3	298	$^\sharp c^2$+32(d^2-68)	↓羽/↓角	g^2 – 36	商/羽

从上表的推定状况来看，第二种排列由于缺少具有重要地位的宫音，而可能性较小；第一种音位排列方式较为合理，应为本套编钟的首要设计音列。因此笔者将本套编钟的音列推定如下：

表3–30　吉水甬钟音列推定表　　　　　　　　　　单位:音分

序号	编号	正鼓音		侧鼓音		正侧鼓音程	保存状况	调音
		音高	音位	音高	音位			
1	296	f^1+41	宫	$^{\sharp}a^1$–12(a^1+88)	↑角	宽大三度	基本完整	
2	297	g^1+44	商	b^1+42	变徵	大三度	甬、于口略残	无
3	298	$^{\sharp}c^2$+32(d^2–68)	↓羽	g^2–36	商	宽纯四度	甬残干断	

从以上推定结论来看，本套编钟音域达一个八度又一个大二度，其正鼓音列为以F为宫的三声音列。

表3–31　吉水甬钟核心音列音分补正数统计表　　　　　　单位:音分

音位	宫	商	角	徵	羽
音高	f^1+41	g^1+44	a^1+88		d^2–68
		g^2–36			

从表3–31中的音高数据来看，商音G出现两次但偏差达到80音分，从其入手分析调高似不合理。此种状况可将核心音列中所有的音分补正数求得平均值，即(41+44–36+88–68)÷5 ≈ 14，则宫 =F+14音分可以在一定程度上代表本套编钟的设计调高。

从音准方面来看，本套编钟核心音位中的两个商音之间的音分补正数相差80音分，几乎差了一个半音的距离；较其他音来看，羽音明显偏低，角音几乎偏高一个半音。结合本套编钟正侧鼓音程关系的情况来看，2号钟音准状况较好，但从整体上来看，本套编钟的音准状况并不理想。

3.西周江西萍乡彭高甬钟

从测音数据来看，本套钟正鼓音之间的音程关系由于为增四度音程而无合理音位解释。将2号钟正鼓音高由$^\sharp d^1$-20就近改写为d^1+80则能合理解释其音位。从调整后的测音数据来看,本套钟的正鼓音之间的音程关系呈纯四度,这种音程关系可构成以下四种排列可能:

序号	编号	正鼓音		侧鼓音	
		音高	音位	音高	音位
2	14945-2	$^\sharp d^1$-20	宫/商/徵/羽	g^1-45($^\times f^1$-45)	角/变徵/变宫/羽角
1	14945-1	a^1-21($^\sharp g^1$+79)	↑徵/↑羽/↑商/↑角	c^2-21(b^1+79)	↑闰/↑宫/↑和/↑徵

从这四种排列方式来看,第一种排列的可能性较大,其他三种排列方式由于正鼓音中缺少居于重要地位的宫音,显得可能性较小。因此,笔者将本套编钟的音列推定如下:

表3-32　萍乡彭高甬钟音列推定表　　　　　单位:音分

序号	编号	正鼓音		侧鼓音		正侧鼓音程	保存状况	调音
		音高	音位	音高	音位			
2	14945-2	$^\sharp d^1$-20	宫	g^1-45($^\times f^1$-45)	角	大三度	基本完好甬端微磕	不详
1	14945-1	a^1-21($^\sharp g^1$+79)	↑徵	c^2-21(b^1+79)	↑闰	小三度		

从以上推定结论来看,本套编钟音域达一个小六度。将核心音列中所有的音分补正数求得平均值,即(-20+79-45+79)÷4 ≈ 23,则宫=$^\sharp$D+23音分可以在一定程度上代表本套编钟的设计调高。

从音准方面来看,本套编钟正侧鼓音程关系准确。但从正鼓音的音程关系来看,两件钟可以说为准确的增四度音程,可见音准状况并不十分理想,正侧鼓音程关系的准确性明显高于正鼓音列。

4.春秋早中期江苏东海庙墩编钟

从原测音数据来看,本套编钟的2号、3号、4号钟正鼓音之间的音程关系,以及7号、8号钟对3号、4号钟音高的高八度重复较有规律。其中2号、3号、4号钟之间的正鼓音呈"大三度—纯四度"关系,这种音程关系可构成的正声音列仅有以下一种:

音列	宫	商	角	徵	羽
	G	A	B	D	E

可见本套编钟2号、3号、4号钟的正鼓音排列应该为"宫—角—羽"的关系,则7号、8号钟的正鼓音也可分别确定为角、羽。根据上述线索将本套编钟的音列推定如下:

表3-33　东海庙墩编钟音列推定表　　单位:音分

序号	编号	正鼓音		侧鼓音		正侧鼓音程	保存状况	调音
		音高	音位	音高	音位			
1	449		(羽)				修补	
2	450	g^1-8	宫	$\sharp a^1-10(\flat b^1-10)$	徵曾	小三度	完好	
3	451	b^1-34	角	d^2+1	徵	小三度	完好	
4	452	e^2+16	羽	$\sharp g^2-45(g^2+55)$	↑宫	小三度	甬残缺	
5	454	$\sharp d^2+6(d^2+106)$	↑徵	$\sharp f^2+47(f^2+147)$	↑闰	小三度	完好	有
6	453	$\sharp d^2+38(d^2+138)$	↑徵	$\sharp f^2-31(e^2+169)$	↑羽	宽大二度	舞凹鼓残	
7	455	b^2-8	角	$\sharp d^3-30(\flat e^3-30)$	宫曾	大三度	完好	
8	456	e^3-11	羽	$\sharp g^3-42$	羽角	大三度	完好	
9	457		?①					

根据编钟正鼓音排列的一般规律来推测,1号钟的正鼓音位应为

---

① 此处问号是指无法推断音位,或是音位不明确。后面表格中的问号同此。

羽音。5号、6号钟的音位如仍按原测音数据来推定，则无合理音位解释，因为羽音E与#D相差小二度，如仍按#D来排，则#D=♭E为宫曾，但这一音位在编钟的正鼓音位中出现并不合理。因此，将5号钟正鼓音原测音数据由#d²+6改写为d²+106，6号钟由#d²+38改写为d²+138，则能将5号、6号钟的音位解释为偏高的徵音。排定正鼓音位后，侧鼓音位可根据本章第一节对本套编钟所分析的正侧鼓音程关系一一确定，必要时对原测音数据进行合理改写。

从以上推定结论来看，本套编钟音域超过两个八度，其正鼓音列为以G为宫的四声音列，其侧鼓偏音较多，也许与其保存状况相关，因此未纳入音阶性质分析。

表3-34　东海庙墩编钟核心音列音分补正数统计表　　　　单位：音分

音位	宫	商	角	徵	羽
音高	g¹-8		b¹-34	d²+106	e²+16
	g²+55		b²-8	d²+138	e³-11
				d²+1	e²+169

从表3-34中的音高数据来看，羽音E和徵音D均出现三次，但各徵音、各羽音之间的音分偏差本身较大，从二者入手分析调高并不合理。此种状况可将核心音列中所有的音分补正数求得平均值，即(-8+55-34-8+106+138+1+16-11+169)÷10≈42，则宫=G+42音分可以在一定程度上代表本套编钟的设计调高。

从音准方面来看，本套编钟占有相同音位的不同音之间的音分补正数相差明显，但从整个正鼓音列来看，除5号、6号钟以外，各钟的音分补正数起伏不大，可见是徵音明显偏高。结合本套编钟正侧鼓音程关系的情况来看，除6号钟的正侧鼓音程关系偏大外，其他均较为准确。因此从整体上来看，如果笔者所推定的正侧鼓音位全部准确且合理的话，则本套编钟的音准状况相对较好。但本套编钟的正鼓音列并不符合编钟形体由大到小、音高渐高的规律，5号、6号钟的正侧鼓音高均低于4号钟。另外，5号、6号钟正鼓音似乎为相同的音位，这些状况对编钟的音位设计来说都是不合理的。

5. 春秋广东博罗陂头神编钟

从原测音数据来看，本套编钟2号、3号、7号钟的正鼓音较有规律，相互间呈"小三度—大二度（大九度）"关系，这种关系可构成以下两种正声音列：

音列一	宫	商	角	徵	羽
	F	G	A	C	D

音列二	宫	商	角	徵	羽
	♭B	C	D	F	G

可见本套编钟2号、3号、7号钟的正鼓音列有两种可能：羽—宫—商，角—徵—羽。分别根据这两种可能的音位，对各钟正侧鼓音的音列进行推定，以期找出其中较为合理的排列方式。

序号	编号	正鼓音		侧鼓音	
		音高	音位	音高	音位
1	0638	哑	（徵/商）	哑	
2	0639	d^1-49	羽/角	f^1-32(e^1+68)	↑变宫/↑变徵
3	0640	f^1+29	宫/徵	g^1-34($^\sharp g^1$+66)	↑羽角/宫曾
4	0641	a^1-2(g^1+198)	↑商/↑羽	$^\sharp d^2$-28	—
5	0642	$^\sharp a^1$-10(a^1+90)	↑角/↑变宫	$^\sharp a^1$-13	
6	0643	$^\sharp d^2$+39(d^2+139)	↑羽/↑角	$^\sharp f^2$-3(f^2+97)	↑宫/↑徵
7	0644	g^2+3	商/羽	$^\sharp c^3$+2	—

从上表的推定来看，第二种排列由于缺少具有重要地位的宫音，而可能性较小；第一种音位排列方式较合理，应为本套编钟的首要设计音列。因此笔者将本套编钟的音列推定如下：

序号	编号	正鼓音		侧鼓音		正侧鼓音程	保存状况	调音/音梁
		音高	音位	音高	音位			
1	0638	哑	（徵）	哑				音梁
2	0639	d¹+49	羽	f¹-32(e¹+68)	↑变宫	大二度		音梁
3	0640	f¹+29	宫	g¹-34(ᵇg¹+66)	↑羽角	小二度		音梁
4	0641	a¹-2(g¹+198)	↑商	♯d²-28	—	—	均有残裂锈蚀严重	均有
5	0642	♯a¹-10(a¹+90)	↑角	♯a¹-13				均有
6	0643	♯d²+39(d²+139)	↑羽	♯f²-3(f²+97)	↑宫	窄小三度		无
7	0644	g²+3	商	♯c³+2				均有

其中，4号、5号、6号钟的正鼓音根据原测音数据，可以依次推定为角、和、闰，但这三个正鼓音的音位存在不合理之处，特别是5号、6号钟的正鼓音均为偏音，值得推敲。将1号、2号、3号、7号钟的正鼓音列依次排列，前三者的"徵—羽—宫"与最后的"商"中间所余三个音位，按照编钟正鼓音一般规律来看应为"商—角—羽"，且这三个音位与原正鼓测音数据较为接近，应非巧合，因此笔者认为应将4号、5号、6号钟的原正鼓测音数据改写，则本套编钟正鼓音列为"徵—羽—宫—↑商—↑角—↑羽—商"。在以上对正鼓音列进行推断的基础上，结合本章第一节中对正侧鼓音程关系的分析推定侧鼓音位，则2号、3号、6号钟的侧鼓音需先将原测音数据改写再确定音位；4号、7号钟正侧鼓音分差分别为574、599，因无相应音程关系而难以确定音位；5号钟侧鼓音在上一节中已经有所分析，笔者认为侧鼓测音数据♯a¹-13仍

为正鼓音高,因测音有误因而在此不纳入分析。

从以上推定结论来看,本套编钟音域超过两个八度,其正鼓音列为以F为宫的五声音列,侧鼓偏音因考虑到本套编钟保存状况不佳,未被纳入音阶性质分析。

表3-35　博罗陂头神编钟核心音列音分补正数统计表　　单位:音分

音位	宫	商	角	徵	羽
音高	f^1+29	g^1+198	a^1+90		d^1+49
	f^2+97	g^2+3			d^2+139

从表3-35中的音高数据来看,宫音F、商音G和羽音D各出现两次,但它们内部的音分补正数均偏差较大。此种状况可将核心音列中所有的音分补正数求得平均值,即(29+97+198+3+90+49+139)÷7≈86,则宫=F+86音分。从其音高来看,F+86音分更加贴近$^{\sharp}$F-14音分,则宫=$^{\sharp}$F-14音分可以在一定程度上代表本套编钟的设计调高。以下为根据设计调高而调整的本套编钟的正侧鼓音列表:

表3-36　博罗陂头神编钟音列推定表　　单位:音分

序号	编号	正鼓音		侧鼓音	
		音高	音位	音高	音位
1	0638	哑	(徵)	哑	
2	0639	d^1+49($^{\sharp}d^1$-51)	↓羽	f^1-32($^{\sharp}e^1$-32)	变宫
3	0640	f^1+29($^{\sharp}f^1$-71)	↓宫	g^1-34	羽角
4	0641	a^1-2($^{\sharp}g^1$+98)	↑商	$^{\sharp}d^2$-28	—
5	0642	$^{\sharp}a^1$-10	角	$^{\sharp}a^1$-13	
6	0643	$^{\sharp}d^2$+39	羽	$^{\sharp}f^2$-3	宫
7	0644	g^2+3($^{\sharp}g^2$-97)	商	$^{\sharp}c^3$+2	—

从音准方面来看，本套编钟拥有相同音位的不同音之间，音分补正数相差很大，且正侧鼓音程关系音准不佳。本套编钟每件钟都存在的残裂、锈蚀，应为其音准状况不佳的主要原因。

6. 春秋广东清远马头岗1号墓甬钟

从原测音数据来看，本套编钟的1号、3号钟正鼓音较有规律，相互间呈纯五度关系。这种音程关系在编钟正侧鼓音的音位排列上可以构成以下四种正声音列：

音列一	宫	商	角	徵	羽
	G	A	B	D	E

音列二	宫	商	角	徵	羽
	F	G	A	C	D

音列三	宫	商	角	徵	羽
	D	E	$^\sharp$F	A	B

音列四	宫	商	角	徵	羽
	C	D	E	G	A

可见本套编钟1号、3号钟的正鼓音排列有四种可能：徵—商、羽—角、宫—徵、商—羽。现分别根据这四种可能性对各钟正侧鼓音的音列进行推定，以期找出其中较为合理的排列方式。

序号	编号	正鼓音		侧鼓音	
		音高	音位	音高	音位
1	甲4391	d^1-9	徵/羽/宫/商	e^1-19	羽/变宫/商/角
2	甲4392	$^\sharp g^1$+38(g^1+138)	↑宫/↑商/↑和/↑徵	$^\sharp a^1$+39(a^1+139)	↑商/↑角/↑徵/↑羽
3	甲4393	a^1-12	商/角/徵/羽	b^1-9	角/变徵/羽/变宫

（1）当1号、3号钟正鼓音为"徵—商"时，由于2号钟正鼓音与1号钟正鼓音间呈增四度关系，在编钟正鼓音位上无合理解释，将其由$^\sharp g^1$+38改写为g^1+138则能合理地定位为偏高的宫音。结合本章第一

节中对正侧鼓音程关系的分析来看，本套编钟各钟的正侧鼓音程关系均为准确的大二度音程，因此1号、3号钟的侧鼓音位为羽、角，2号钟侧鼓原测音数据#a¹+39改写为a¹+139则为偏高的商。

（2）当1号、3号钟正鼓音为"羽—角"、"宫—徵"或"商—羽"时，由于1号、2号钟的正鼓音程关系为不合理的增四度音程，因此仍需先根据改写后的正、侧鼓测音数据排定音位，再结合本章第一节对正侧鼓音程的分析来推定侧鼓音位。

从以上四种音位排列的可能性来看，第二种和第四种音位排列由于缺少处于重要地位的宫音，可能性较小；第三种音位排列由于在正鼓位出现偏音，可能性不如第一种排列大；而第一种音位排列则由于对正侧鼓音位的合理解释，更加可信。

根据以上音位分析，笔者将本套编钟的音列推定如下：

表3-37　清远马头岗1号墓甬钟音列推定表　　　　单位:音分

序号	编号	正鼓音		侧鼓音		正侧鼓音程	保存状况	调音
		音高	音位	音高	音位			
1	甲4391	d¹-9	徵	e¹-19	羽	大二度	断甬,腔体有铸孔	无
2	甲4392	#g¹+38(g¹+138)	↑宫	#a¹+39(a¹+139)	↑商	大二度		
3	甲4393	a¹-12	商	b¹-9	角	大二度		

从以上推定结论来看，本套编钟音域达一个大六度，其正鼓音列为以G为宫的三声音列，结合侧鼓音列，则可构成G宫五声音阶。

表3-38　清远马头岗1号墓甬钟核心音列音分补正数统计表　　　　单位:音分

音位	宫	商	角	徵	羽
音高	g¹+138	a¹-12	b¹-9	d¹-9	e¹-19
		a¹+139			

从表3-38中的音高数据来看，除2号钟的正侧鼓音整体明显偏高外，其他钟的音高偏离程度很小，此钟状况可将除2号钟外的所有音的音分补正数求得平均值，即(-12-9-9-19)÷4≈-12，则宫=G-12音分可以在一定程度上代表本套编钟的设计调高。

从音准方面来看，除2号钟的正侧鼓音整体明显偏高外，其他钟的音分补正数偏离程度很小。结合本套编钟正侧鼓音程关系的情况来看，音程关系非常准确。因此从整体上来看，本套编钟的音准状况相对较好。

7. 春秋广东博罗苏屋岗编钟

将测音数据进行分析可知，这两件钟的正侧鼓音高呈小六度音程，这种音程关系在编钟正侧鼓音的音位排列上只可构成以下这种正声音列：

音列	宫	商	角	徵	羽
	G	A	B	D	E

可见本套编钟的正鼓音排列为"角—宫"。结合本章第一节中对正侧鼓音程关系的分析来看，本套编钟各钟的正侧鼓音程关系为较为准确的大三度音程，根据这种正侧鼓音程关系即可排定音位。

表3-39　博罗苏屋岗编钟音列推定表 单位:音分

序号	编号	正鼓音		侧鼓音		正侧鼓音程	保存状况	调音
		音高	音位	音高	音位			
1	甲1705	b+5	角	$^\sharp d^1$-27	宫曾	大三度	基本完整	无
2	甲1704	g^1-46	宫	b^1-28	角	大三度		

从以上推定结论来看，本套钟虽然只有两件，但由于其正鼓音位

排列有序,表明其确为编钟而非两件钟的拼合。本套编钟的音域为一个八度,所属宫调为G宫。

表3-40　博罗苏屋岗核心音列音分补正数统计表　　　单位:音分

音位	宫	商	角	徵	羽
音高	g^1-46		b+5		
			b^1-28		

将所有核心音的音分补正数求得平均值,即(-46+5-28)÷3= -23,则宫=G-23音分可以在一定程度上代表本套编钟的设计调高。

从音准方面来看,两个正鼓音之间的音高差距为51音分,稍嫌明显;两个角音的音分补正数相差33音分,尚在人耳能够接受的范围内;结合本套编钟正侧鼓音程关系的情况来看,音程关系较为准确。因此从整体上来看,本套编钟的音准状况尚可,但1号钟正侧鼓音程尚有疑问,其正侧鼓音程关系有可能应为"角—徵"。

三、纽钟

以下是对本书所涉编纽钟的音列及调高所进行的逐一分析。

1.战国早期湖南浏阳纸背村编钟

从原测音数据来看,本套编钟1号、3号、5号钟正鼓音较有规律,相互间呈"纯四度—大二度"关系。这种音程关系可以构成以下三种正声音列:

音列一	宫	商	角	徵	羽
	#F	#G	#A	#C	#D

音列二	宫	商	角	徵	羽
	E	#F	#G	B	#C

音列三	宫	商	角	徵	羽
	B	#C	#D	#F	#G

可见本套编钟1号、3号、5号钟的正鼓音排列有三种可能：徵—宫—商、羽—商—角、商—徵—羽。但从这三种排列方式在编钟正鼓音中存在的合理性来考虑，后两种排列法由于偏音较多，且处于重要地位的宫音在现有的正鼓测音数据中无接近值，只存在于侧鼓音，而显得可能性不大；第一种排列方式由于对宫音位置的合理解释，以及正鼓均为正声，而更加可信。因此笔者在此仅按照第一种排列方式进行分析。

表3-41　浏阳纸背村编钟音列推定表　　　　　　　　　　单位：音分

序号	编号	正鼓音		侧鼓音		正侧鼓音程	保存状况	调音
		音高	音位	音高	音位			
1	22022 1/9	♯c²-45	徵	f²-6(♯e²-6)	变宫	宽大三度	基本完整	无
2	22022 2/9	破损	(羽)	破损			破损	不详
3	22022 3/9	♯f²-13	宫	♯a²-16	角	大三度	基本完整	
4	22022 4/9	破损	(商)	破损			破损	
5	22022 5/9	♯g²+23(♯a²-177)	↓角	b²+40(♯c²-160)	↓徵	小三度	基本完整	
6	22022 6/9	破损	(羽)	破损			破损	
7	22022 7/9	g³+38(♯g³-62)	↓商	♯a³-20	角	宽大二度	基本完整	
8	22022 8/9	♯g³-40(♯a³-240)	↓角	a³+45(♯b³-255)	↓变徵	大二度	基本完整	
9	22022 9/9	破损	(羽)	破损			破损	

　　当1号、3号钟的正鼓音推定为徵—宫时，2号钟虽然因破损而无测音数据，亦可根据编钟正鼓音列一般排列规律推定为羽。在最初判断1号、3号、5钟的正鼓音位时，根据测音数据认为5号钟正鼓音为商音，但如3号、5号钟的正鼓音为"宫—商"关系，则4号钟的正鼓音无合理音位可解，将5号钟的正鼓音视为严重偏低的角音，原测音数据由♯g²+23改为♯a²-177，则不但4号钟的正鼓音能顺理成章地定位为商，且能从1号至5号钟的正鼓音排列中初步显现出九件套纽钟正鼓音较为稳定的音列模式（即"徵—羽—宫—商—角—羽—商—角—羽"）。

8号钟正鼓音从测音数据来看应为5号钟正鼓音的高八度音,结合比8号钟正鼓音低小二度音程的7号钟来看,将7号钟正鼓的原测音数据g^3+38改写为$^\sharp g^3$-62而作为偏低的商音似乎较为合理。7号钟正鼓音做如此调整后,则8号钟正鼓音为偏低的角音,9号钟正鼓音则能根据音列排列规律推定为羽。正鼓音位推定完毕,可结合本章第一节对正侧鼓音程关系的分析结论对侧鼓音位进行推定,必要时将原测音数据进行改写。

从以上推定结论来看,本套编钟音域超过两个八度,其正鼓音列为以$^\sharp F$为宫的五声音列,结合侧鼓音列则可构成$^\sharp F$宫正声音阶。

表3-42　浏阳纸背村编钟核心音列音分补正数统计表　　单位:音分

音位	宫	商	角	微	羽
音高	$^\sharp f^2$-13	$^\sharp g^3$-62	$^\sharp a^2$-177	$^\sharp c^2$-45	
			$^\sharp a^3$-240	$^\sharp c^2$-160	
			$^\sharp a^2$-16		
			$^\sharp a^3$-20		

从表3-42中的音高数据统计来看,除5号、8号两钟的正侧鼓音整体明显偏低外,其他钟的音高偏离程度相对较小,此种状况可将除5号、8号钟外的所有音的音分补正数求得平均值,即(-13-62-16-20-45)÷5≈-31,则宫=$^\sharp F$-31音分可以在一定程度上代表本套编钟的设计调高。

从音准方面来看,本套编钟一共九件,除5号、8号钟的正侧鼓音整体明显偏高外,尚有四件因破损而无测音数据,因此无法从整体上把握其音准状况。

2.春秋晚期江苏遶邝编钟

从原测音数据来看,本套编钟1号、2号、3号、4号钟的正鼓音较有

规律, 相互间呈"大二度—纯四度—纯五度"关系。这种音程关系可
以构成以下三种正声音列:

音列一	宫	商	角	徵	羽
	♯F	♯G	♯A	♯C	♯D

音列二	宫	商	角	徵	羽
	♯C	♯D	♯E	♯G	♯A

音列三	宫	商	角	徵	羽
	B	♯C	♯D	♯F	♯G

可见本套编钟1号、2号、3号、4号钟的正鼓音排列有三种可能:
徵—羽—商—羽、宫—商—徵—商、商—角—羽—角。但从这三种排
列方式在编钟正鼓音中存在的合理性来考虑,第三种排列法由于会在
6号钟正鼓音位出现偏音,而显得不如其他两种排列的可能性大,因而
在此仅按照前两种音列进行如下推定:

序号	编号	正鼓音		侧鼓音		正侧鼓音程	保存状况	音梁/调音
		音高	音位	音高	音位			
1	10:25274	♯c²−3	徵/宫	f²−12(♯e²−12)	变宫/角	大三度		
2	10:25275	♯d²−22	羽/商	♯f²+18	宫/和	小三度		
3	10:25276	♯g²+1	商/徵	c³−26(♯b²−26)	变徵/变宫	大三度		
4	10:25277	♯d³−6	羽/商	♯f³+31	宫/和	小三度	完好	均有
5	10:25278	a³+12(♯g³+112)	↑商↑/徵	♯c⁴−21(♯b³+79)	变徵/↑变宫	大三度		
6	10:25279	♯a³+45	角/羽	♯d⁴−43(ˣc⁴+57)	宫曾/↑羽角	大三度		
7	10:25280	e⁴±0(♯d⁴+100)	↑羽/↑商	g⁴+40(♯f⁴+140)	↑宫/↑和	小三度		

(1)当1号、2号、3号、4号钟正鼓音排列为"徵—羽—商—羽"
时,由于4号、5号钟正鼓音间呈减五度关系,无合理音位解释,因此需
将a³+12改写为♯g³+112作为商音。6号、7号钟正鼓音间呈减五度关系,
无合理音位解释,需将e⁴±0改写为♯d⁴+100作为羽音。排定正鼓音位
后,结合本章第一节中对正侧鼓音程关系的分析,必要时对原测音数
据进行改写,即可将侧鼓音位排定。

（2）当1号、2号、3号、4号钟正鼓音排列为"宫—商—徵—商"时，根据改写后的测音数据，同时结合本章第一节中对正侧鼓音程关系的分析，即可将各钟的正、侧鼓音位推定。

从以上两种音位排列的可能性来看，第二种音位排列由于对正侧鼓音位的合理解释，似乎较为可信；第一种音位排列由于正鼓音中缺少居于重要地位的宫音，可能性似乎低于第二种排列方式。但是，结合同墓出土的遖𨺮编镈的音列推定状况来看，第一种排列方式的宫音位在#F，与遖𨺮编镈宫音在#G的分析结果相近，这一情况加大了此种音位排列的可能性。且第一种排列方式所推定的音列，与"徵—羽—宫—商—角—羽—商—角—羽"的九件套纽钟正鼓音较为稳定的音列模式相当接近，系缺少正鼓音为宫、角的两钟后的组合形式，这更是增加了第一种排列方式的可能性。

根据以上音位分析，笔者将本套编镈的音列推定如下：

表3–43　　遖𨺮编钟音列推定表　　　　　　　单位:音分

序号	编号	正鼓音		侧鼓音		正侧鼓音程	保存状况	调音
		音高	音位	音高	音位			
1	10:25274	#c²-3	徵	f²-12(#e²-12)	变宫	大三度		
2	10:25275	#d²-22	羽	#f²+18	宫	小三度		
3	10:25276	#g²+1	商	c³-26(#b²-26)	变徵	大三度		
4	10:25277	#d³-6	羽	#f³+31	宫	小三度	完好	有
5	10:25278	a³+12(#g³+112)	↑商	#c⁴-21(#b³+79)	↑变徵	大三度		
6	10:25279	#a³+45	角	#d⁴-43(ᵛc⁴+57)	↑宫曾	大三度		
7	10:25280	e⁴±0(#d⁴+100)	↑羽	g⁴+40(#f⁴+140)	↑宫	小三度		

从以上分析可知，本套编钟音域达两个八度又一个纯四度。其正鼓音列为以#F为宫的四声音列，结合侧鼓音列则可构成#F宫正声音阶。

表3–44　遷沵编钟核心音列音分补正数统计表　　单位:音分

音位	宫	商	角	徵	羽
音高	$^{\sharp}f^{2}$+18	$^{\sharp}g^{2}$+1	$^{\sharp}a^{3}$+45	$^{\sharp}c^{2}$–3	$^{\sharp}d^{2}$–22
	$^{\sharp}f^{3}$+31	$^{\sharp}g^{3}$+112			$^{\sharp}d^{3}$–6
	$^{\sharp}f^{4}$+140				$^{\sharp}d^{4}$+100

将所有核心音的音分补正数求得平均值,即(18+31+140+1+112+45–3–22–6+100)÷10≈42,则宫=$^{\sharp}$F+42音分可以在一定程度上代表本套编钟的设计调高,其与遷沵编镈的宫音$^{\sharp}$G相去不远。

从音准方面来看，本套编钟5号、7号钟的正侧鼓音整体明显偏高,6号钟的正侧鼓音整体稍有偏高,其余钟正鼓音的音分补正数起伏不大。综合整套编钟的正鼓音之间以及正侧鼓音之间音程关系的准确度来看，本套编钟不失为一套音准状况较好的乐器，这也应与其较佳的保存状况相关。

3. 春秋晚期江苏邳州九女墩3号墓编纽钟

表3–45　九女墩3号墓编纽钟音列推定表　　单位:音分

序号	编号	正鼓音		侧鼓音		正侧鼓音程	保存状况	音梁/调音
		音高	音位	音高	音位			
1	93PTM3:11	c^{2}+45($^{\sharp}c^{2}$–55)	↓徵	$^{\sharp}d^{2}$+44(e^{2}–56)	↓闰	小三度	完好	均有
2	93PTM3:12	$^{\sharp}d^{2}$–48	羽	f^{2}+12($^{\sharp}f^{2}$–88)	↓宫	窄小三度	缺纽	
3	93PTM3:13	$^{\sharp}f^{2}$+21	宫	$^{\sharp}g^{2}$+49	商	大二度	完好	
4	93PTM3:14	$^{\sharp}g^{2}$+13	商	c^{3}+10($^{\sharp}b^{2}$+10)	变徵	大三度	完好	
5	93PTM3:15	$^{\sharp}a^{2}$+5	角	$^{\sharp}c^{3}$–2	徵	小三度	完好	
6	93PTM3:16	$^{\sharp}d^{3}$+3	羽	g^{3}–45($^{\sharp}f^{3}$+55)	↑宫/羽角	小/大三度	完好	
7	93PTM3:17	a^{3}–46($^{\sharp}g^{3}$+54)	↑商	$^{\sharp}c^{4}$+49	徵	纯四度	完好	
8	93PTM3:18	$^{\sharp}a^{3}$+29	角	d^{4}–17($^{\sharp}c^{4}$+83)	↑徵/宫曾	小/大三度	完好	
9	93PTM3:19	$^{\sharp}d^{4}$+32	羽	a^{4}+48	?	?	缺纽	

从原测音数据来看，本套编钟的正鼓音排列较有规律，明显与春秋时期九件套纽钟所常见的"徵—羽—宫—商—角—羽—商—角—羽"正鼓音排列方式相符。其中，1号钟正鼓原测音数据需由 c^2+45 改写为 $^\#c^2$-55，7号钟正鼓原测音数据需由 a^3-46 改写为 $^\#g^3$+54，以符合其与前后钟正鼓音之间所具有的音程关系。

在正鼓音位已有推定结论的基础上，结合本章第一节对正侧鼓音程关系的分析来看，6号、8号、9号钟的侧鼓音位推定困难。其中，9号钟的正侧鼓实测音分差为616音分，在纯律、五度律的理论值中无相应音程关系，故无法确定其侧鼓音位；6号、8号钟的正侧鼓音分差分别为353音分和354音分，与纯律小三度和纯律大三度的理论音分值距离相当，因难以直接判定其所属音程关系而无法确定侧鼓音位。

从以上推定结论来看，本套编钟音域达两个八度又一个小六度，其正鼓音列为以 $^\#F$ 为宫的五声音列。

表3-46　九女墩3号墓编纽钟核心音列音分补正数统计表　　单位：音分

音位	宫	商	角	徵	羽
音高	$^\#f^2$+21	$^\#g^2$+13	$^\#a^2$+5	$^\#c^2$-55	$^\#d^2$-48
	$^\#f^3$-88	$^\#g^3$+54	$^\#a^3$+29	$^\#c^3$-2	$^\#d^3$+3
		$^\#g^2$+49		$^\#c^4$+49	$^\#d^4$+32

将所有核心音的音分补正数求得平均值，即(21-88+13+54+49+5+29-55-2+49-48+3+32)÷13≈5，则宫=$^\#F$+5音分可以在一定程度上代表本套编钟的设计调高。

从音准方面来看，本套编钟的正鼓音列较为准确，虽然1号、2号钟从音分补正数值上反映出其音高偏低，但从整体上来看，相邻两钟之间音分补正数值的浮动并不大；从正侧鼓音的音程关系来看，本套编钟中的2号钟音程关系偏小,6号、8号、9号钟的钟上双音应处于失控状态,音程关系无法确定,可见音准并不理想。总之,本套编钟的正鼓音列较为准确,整体的音准状况尚可。但6号、8号钟正侧鼓音程尚有疑问,其正侧鼓音程关系可能应为羽—宫、角—徵。

4. 春秋晚期江苏六合程桥2号墓编钟

观察本套编钟的正鼓原测音数据可发现,带升号的音之间、不带升号的音之间,音程关系似乎都有规律可循。其中,1号、3号、6号、7号钟的正鼓音数据均带有升号,它们相互间呈"小三度—大二度(大九度)—纯五度"关系;2号、4号、5号钟的正鼓测音数据不带变音记号,它们相互间呈"纯五度—大二度"关系。之所以在这个表象上纠结,是因为在对编钟音列的推定过程中,推定的起点不同会影响对音列排列的判断以及调高的分析。为慎重起见,笔者认为不妨将这两组音分别作为推定的起点,排列出所有的可能性,再从中作出取舍,以期得到较为可靠的推断。

(1)1号、3号、6号、7号钟的正鼓音呈"小三度—大二度(大九度)—纯五度",这种音程关系可以构成以下两种正声音列:

音列一	宫	商	角	徵	羽
	♯F	♯G	♯A	♯C	♯D

音列二	宫	商	角	徵	羽
	B	♯C	♯D	♯F	♯G

可见本套编钟1号、3号、6号、7号钟的正鼓音排列有两种可能:羽—宫—商—羽、角—徵—羽—角。现分别根据这两种可能性对各钟正侧鼓音的音列进行推定,以期找出其中较为合理的排列方式。

序号	编号	正鼓音		侧鼓音	
		音高	音位	音高	音位
1	10:16946	$^\sharp d^1$+14	羽/角	$^\sharp g^1$+9	商/羽
2	10:16947	g^1+21($^\sharp g^1$-79)	↓商/↓羽	b^1-23($^\sharp b^1$-123)	↓变徵/↓羽角
3	10:16948	$^\sharp f^1$+8	宫/徵	b^1-30	和/宫
4	10:16949	d^2+35($^\sharp c^2$+135)	↑徵/↑商	g^2-4($^\sharp e^2$+196)	↑变宫/↑变徵
5	10:16950	e^2-20($^\sharp d^2$+80)	↑羽/↑角	g^2+37($^\vee f^2$+37)	羽角/宫曾
6	10:16951	$^\sharp g^2$+49	商/羽	c^3+36($^\sharp b^3$+36)	变徵/羽角
7	10:16952	$^\sharp d^3$+15	羽/角	f^3+43($^\sharp e^3$+43)	变宫/变徵

①当1号、3号、6号、7号钟正鼓音排列为"羽—宫—商—羽"时，由于1号、2号钟正鼓音间呈减四度关系，无合理音位解释，因此需将g^1+21改写为$^\sharp g^1$-79作为偏低的商音。3号、4号、5号钟正鼓音间呈"小六度—大二度"关系，无合理音位解释，需将d^2+35改写为$^\sharp c^2$+135作为偏高的徵音，e^2-20改写为$^\sharp d^2$+80作为偏高的羽音。排定正鼓音位后，结合本章第一节中对正侧鼓音程关系的分析，必要时对原测音数据进行改写，即可将侧鼓音位排定。

②当1号、3号、6号、7号钟正鼓音排列为"角—徵—羽—角"时，根据改写后的测音数据，同时结合本章第一节对正侧鼓音程关系的分析，即可将各钟的正、侧鼓音位推定。

从以上两种音位排列的可能性来看，第一种音位排列由于对正侧鼓音位的解释较为合理，似乎较为可信；第二种音位排列由于正鼓音中缺少居于重要地位的宫音，可能性应该低于第一种排列方式。

（2）2号、4号、5号钟的正鼓音相互间呈"纯五度—大二度"，这种音程关系可以构成以下两种正声音列：

音列一	宫	商	角	徵	羽
	G	A	B	D	E

音列二	宫	商	角	徵	羽
	C	D	E	G	A

可见本套编钟2号、4号、5号钟的正鼓音排列有两种可能:宫—徵—羽、徵—商—角。现分别根据这两种可能性对各钟正侧鼓音的音列进行推定,以期找出其中较为合理的排列方式。

序号	编号	正鼓音		侧鼓音	
		音高	音位	音高	音位
1	10:16946	$^\sharp$d^1+14(e^1-86)	↓羽/↓角	$^\sharp$g^1+9(a^1-91)	↓商/↓羽
2	10:16947	g^1+21	宫/徵	b^1-23	角/变宫
3	10:16948	$^\sharp$f^1+8	变宫/变徵	b^1-30	角/变宫
4	10:16949	d^2+35	徵/商	g^2-4($^\sharp$f^2+96)	↑变宫/↑变徵
5	10:16950	e^2-20	羽/角	g^2+37($^\sharp$g^2-63)	↓羽角/↓宫曾
6	10:16951	$^\sharp$g^2+49(a^2-51)	↓商/↓羽	c^3+36($^\sharp$c^3-64)	↓变徵/↓羽角
7	10:16952	$^\sharp$d^3+15(e^3-85)	↓羽/↓角	f^3+43($^\sharp$f^3-57)	↓变宫/↓变徵

①当2号、4号、5号钟正鼓音排列为"宫—徵—羽"时,由于1号、2号钟正鼓音间呈减四度关系,无合理音位解释,因此需将$^\sharp$d^1+14改写为e^1-86作为偏低的羽音。3号钟的正鼓音比2号钟低小二度,音位应为偏音变宫。6号、7号钟的原测音数据经过改写,分别为偏低的商音与偏低的羽音。正鼓音位排定后,结合本章第一节对正侧鼓音程关系的分析,必要时对原测音数据进行改写,即可将侧鼓音位排定。

②当2号、4号、5号钟正鼓音排列为"徵—商—角"时,根据改写后的测音数据,同时结合本章第一节中对正侧鼓音程关系的分析,即可将各钟的正、侧鼓音位推定。

以上为将带有升号的1号、3号、6号、7号钟的正鼓音数据,和不带变音记号的2号、4号、5号钟的正鼓音数据，分别作为音列推定的起点而进行的分析。从分析结果来看，只有2号、3号钟的音位推定有差别，其他音位完全相同。从以上所分析的两组、共四种音列推定的可能性来看，笔者认为第一组的第一种推定结论更为可信。第一组第二种推定由于处于重要地位的宫音仅存在于侧鼓，第二组两种推定由于正鼓音位出现偏音且较多音位存在偏高、偏低的状况，其可能性都小于第一组第一种推定结论。

根据以上音位分析，笔者将本套编钟的音列推定如下：

表3-47　六合程桥2号墓编钟音列推定表　　　　单位:音分

序号	编号	正鼓音		侧鼓音		正侧鼓音程	保存状况	音梁/调音
		音高	音位	音高	音位			
1	10:16946	$^{\sharp}d^1$+14	羽	$^{\sharp}g^1$+9	商	纯四度	较差,锈蚀严重,大致完整	均有
2	10:16947	g^1+21($^{\sharp}g^1$−79)	↓商	b^1−23($^{\flat}b^1$−123)	↓变徵	窄大三度		
3	10:16948	$^{\sharp}f^1$+8	宫	b^1−30	和	窄纯四度		
4	10:16949	d^2+35($^{\sharp}c^2$+135)	↑徵	g^2−4($^{\sharp}f^2$+96)	↑宫	窄纯四度		
5	10:16950	e^2−20($^{\sharp}d^2$+80)	↑羽	g^2+37($^{\times}f^2$+37)	羽角	窄大三度		
6	10:16951	$^{\sharp}g^2$+49	商	c^3+36($^{\flat}b^3$+36)	变徵	大三度		
7	10:16952	$^{\sharp}d^3$+15	羽	f^3+43($^{\sharp}e^3$+43)	变宫	大二度		

从以上推定结论来看，本套编钟音域达两个八度又一个小二度，其正鼓音列为以$^{\sharp}$F为宫的四声音列，结合侧鼓音列，则可构成缺角音的$^{\sharp}$F宫正声音阶与$^{\sharp}$F宫下徵音阶。

表3-48　六合程桥2号墓编钟核心音列音分补正数统计表　　　　单位:音分

音位	宫	商	角	徵	羽
音高	$^{\sharp}f^1$+8	$^{\sharp}g^1$−79		$^{\sharp}c^2$+135	$^{\sharp}d^1$+14
		$^{\sharp}g^2$+49			$^{\sharp}d^2$+80
		$^{\sharp}g^1$+9			$^{\sharp}d^3$+15

从表3-48中的音高数据来看，商音和羽音均出现三次，其他音仅出现一次，但这两个音本身的偏差偏大，从其入手分析调高似不合理。此种状况可将核心音列中所有的音分补正数求得平均值，即(8-79+49+9+135+14+80+15)÷8≈29，则宫=$^{#}$F+29音分可以在一定程度上代表本套编钟的设计调高。

从音准方面来看，本套编钟正鼓音列的音分补正数起伏较大，音准状况不佳，特别是2号钟正鼓音并不符合编钟形体由大到小、音高渐高的规律；结合本套编钟正侧鼓音程关系的情况来看，七件钟中有四件的音程关系偏小。总之，从整体上来看，本套编钟的音准状况并不理想，其不佳的保存状况也会对音准状况产生影响。

5. 春秋末期江苏六合程桥1号墓编钟

序号	编号	正鼓音		侧鼓音		正侧鼓音程	保存状况	调音
		音高	音位	音高	音位			
1	10:8721-1	$^{#}$g^1+19	徵	c^2+15($^{#}$b^1+15)	变宫	大三度		
2	10:8721-2	$^{#}$a^1+19	羽	d^2-38($^{#}$c^2+62)	↑宫	宽小三度		
3	10:8721-3	$^{#}$c^2+28	宫	f^2-22(e^2+78)	↑徵曾/角	小/大三度		
4	10:8721-4	e^2-48($^{#}$d^2+52)	↑商	$^{#}$f^2-4(e^2+96)	↑角	宽大二度		
5	10:8721-5	f^2+24($^{#}$e^2+24)	角	a^2-18	↑宫曾	窄大三度	很好	有
6	10:8721-6	b^2-14($^{#}$a^2+86)	↑羽	d^3-8($^{#}$c^2+92)	↑宫	小三度		
7	10:8721-7	e^3+39($^{#}$d^3+139)	↑商	f^3+45(e^3+145)	↑徵曾	小二度		
8	10:8721-8	$^{#}$f^3+45($^{#}$e^3+145)	↑角	$^{#}$a^3+24(a^3+124)	↑宫曾	大三度		
9	10:8721-9	$^{#}$g^3-43	徵	c^4+2($^{#}$b^3+2)	变宫	宽大三度		

从原测音数据来看，本套编钟的正鼓音较有规律，明显与春秋时期九件套组钟所常见的"徵—羽—宫—商—角—羽—商—角—羽"正鼓音排列方式相符。但9号钟的测音数据显示，与2号钟相比，9号

钟的正鼓音高更可能是1号钟正鼓音的高八度音，因此将其推定为"徵"。另外，4号、5号、6号、7号、8号钟正鼓原测音数据需改写，以符合其与前后钟正鼓音之间所具有的音程关系，而这一改动的结果，由于符合编钟正鼓音所常见的"越高越偏高"的现象而更为可信。

在正鼓音位已有推定结论的基础上，可结合本章第一节对正侧鼓音程关系的分析来推定侧鼓音位。其中，3号钟正侧鼓实测音分差350音分与纯律小三度、纯律大三度的理论音分值的距离相当，难以直接判定其所属音程关系，因此将两种可能性并列。

观察本套编钟的音列推定表可知，除4号、7号钟以外，其他正鼓音位相同的钟，其侧鼓音位亦同（如1号、9号钟，二者的正鼓音位均为徵，侧鼓音位亦同为变宫），这一表象所反映出的在编钟音列设计层面所具有的一致性，加强了上表中推定结论的可信度。另外，4号、7号钟的正侧鼓音程关系为二度，其他钟均为三度关系，因此笔者认为4号、7号钟正鼓音位相同但侧鼓音位不同的状况，也许有侧鼓音调音失当而过低、音程关系误作二度的可能性。况且，此套编钟的正侧鼓音列中缺少"和"或"变徵"的IV级音位，而根据编钟正侧鼓音程关系的一般规律来看，IV级音位恰恰应该作为侧鼓音处于正鼓音位为商的钟上，这一状况也使得笔者上述推断的可能性增强。

根据以上分析可知，本套编钟音域达两个八度又一个大三度，其正鼓音列为以#C为宫的五声音列。

表3-49　六合程桥1号墓编钟核心音列音分补正数统计表　　　单位:音分

音位	宫	商	角	徵	羽
音高	$^\sharp c^2+28$	$^\sharp d^2+52$	$^\sharp e^2+24$	$^\sharp g^1+19$	$^\sharp a^1+19$
	$^\sharp c^2+62$	$^\sharp d^3+139$	$^\sharp e^3+145$	$^\sharp g^3-43$	$^\sharp a^2+86$
	$^\sharp c^2+92$		$^\sharp e^2+96$		

将核心音的音分补正数求得平均值，即 $(28+62+92+52+139+24+145+96+19-43+19+86) \div 12 \approx 60$，则宫 $=\ ^\sharp$C+60音分。从其音高来看，$^\sharp$C+60音分更加贴近D-40音分，则宫 = D-40音分可以在一定程度上代表本套编钟的设计调高。以下为根据设计调高而调整的本套编钟的正侧鼓音列表:

表3-50　六合程桥1号墓编钟音列推定表　　　单位:音分

序号	编号	正鼓音		侧鼓音		正侧鼓音程	保存状况	调音
		音高	音位	音高	音位			
1	10:8721-1	$^\sharp g^1+19(a^1-81)$	↓徵	$c^2+15(^\sharp c^2-85)$	↓变宫	大三度	很好	有
2	10:8721-2	$^\sharp a^1+19(b^1-81)$	↓羽	d^2-38	宫	宽小三度		
3	10:8721-3	$^\sharp c^2+28(d^2-72)$	↓宫	$f^2-22?$	徵曾/角	小/大三度		
4	10:8721-4	e^2-48	商	$^\sharp f^2-4$	角	宽大二度		
5	10:8721-5	$f^2+24(^\sharp f^2-76)$	↓角	$a^2-18(^\sharp a^2-118)$	↓宫曾	窄大三度		
6	10:8721-6	b^2-14	羽	d^3-8	宫	小三度		
7	10:8721-7	e^3+39	商	f^3+45	徵曾	小二度		
8	10:8721-8	$^\sharp f^3+45$	角	$^\sharp a^3+24$	宫曾	大三度		
9	10:8721-9	$^\sharp g^3-43(a^3-143)$	↓徵	$c^4+2(^\sharp c^4-98)$	↓变宫	宽大三度		

从音准方面来看，本套编钟的正鼓音列规律、明确，虽然多个正鼓音的音分补正数偏低，但基本呈现递增趋势，而无骤然的高低变化，能够为宽容性较强的人耳所接受;从正侧鼓音的音程关系来看，笔者经分析认为其中3号钟的音程关系无法确定,4号、7号钟的音程关系存在疑点仍需推敲,另有5号、9号钟的正侧鼓音程关系偏差较明显。总之,本套编钟正鼓音列音准尚好,正侧鼓音程关系的准确

度并不理想。另外,3号钟正侧鼓音程尚有疑问,其正侧鼓音程关系有可能应为宫—角。

6. 东周江苏连云港尾矿坝编钟

从原测音数据来看,本套编钟的1号、2号、3号、4号钟正鼓音较有规律,看似呈"大二度—纯四度—同度"关系。但从1号、2号钟正鼓原测音数据的音分补正数来看,1号钟偏低41音分,2号钟偏高45音分,则二者所呈音程关系的音分值比大二度偏大86音分,已然是小三度音程。因此1号、2号、3号、4号钟的正鼓音程关系应为"小三度—大三度—同度"关系。这种音程关系只可构成以下这种正声音列:

音列	宫	商	角	徵	羽
	G	A	B	D	E

可见本套编钟1号、2号、3号、4号钟的正鼓音排列为"羽—宫—角—角"。由于5号、7号钟正鼓音为小三度关系,无合理音位解释,因此需将7号钟正鼓原测音数据f^2-16改写为e^2+84作为偏高的羽音。8号钟正鼓原测音数据$^\#c^3+32$改写为d^3-68,以避免其与7号钟正鼓音呈难以合理解释的大六度。改写后的8号钟正鼓音与9号钟正鼓原测音数据呈增四度音程,从其测音数据的音分补正数来看,两者的音分差更接近纯五度,因此将9号钟正鼓原测音数据由$^\#g^3\pm0$改写为a^3-100作为偏低的商音。正鼓音位排定后,结合本章第一节对正侧鼓音程关系的分析,必要时对原测音数据进行改写,即可将侧鼓音位排定。

表3-51 连云港尾矿坝编钟音列推定表　　　　　　　单位:音分

序号	编号	正鼓音		侧鼓音		正侧鼓音程	保存状况	调音
		音高	音位	音高	音位			
1	3:6300-1	e^1-41	羽	g^1-2	宫	小三度		
2	3:6300-2	$^\sharp f^1$+45(g^1-55)	↓宫	$^\sharp a^1$+47(b^1-53)	↓角	大三度		
3	3:6300-3	b^1-6	角	$^\sharp d^2$+21	宫曾	大三度		
4	3:6300-4	b^1+6	角	$^\sharp d^2$+48	宫曾	宽大三度	保存较好,锈蚀较重	有
5	3:6300-5	d^2+5	徵	f^2+18	闰	小三度		
6	3:6300-6	哑		哑		—		
7	3:6300-7	f^2-16(e^2+84)	↑羽	$^\sharp c^3$-11(c^3+89)	↑和	小六度		
8	3:6300-8	$^\sharp c^3$+32(d^3-68)	↓徵	不明确		—		
9	3:6300-9	$^\sharp g^3$±0(a^3-100)	↓商	不明确		—		

根据以上分析可知,本套编钟音域超过两个八度,其正鼓音列为以G为宫的五声音列,结合侧鼓音列,则可构成G宫清商音阶。

表3-52 连云港尾矿坝编钟核心音列音分补正数统计表　　　　　　　单位:音分

音位	宫	商	角	徵	羽
音高	g^1-55	a^3-100	b^1-6	d^2+5	e^1-41
	g^1-2		b^1+6	d^3-68	e^2+84
			b^1-53		

从表3-52中的数据来看,角音B出现次数最多,但三个角音的音分补正数差别较大,不适合用来分析本套编钟的调高。此种情况可将所有核心音的音分补正数求得平均值,即(-55-2-100-6+6-53+5-68-41+84)÷10= -23,则宫=G-23音分可以在一定程度上代表本套编钟的设计调高。

从音准方面来看,本套编钟正鼓音列的音分补正数起伏较大,音列关系不清晰；从正侧鼓音程关系来看，两件钟的侧鼓音不明确，一件钟音程关系明显偏大。总之，从整体上来看，本套编钟的音准状况不佳，这一状况应与其较重的锈蚀状况相关。

7. 战国早期江苏邳州九女墩2号墩1号墓编纽钟

从原测音数据来看，本套编纽钟的2号、3号、6号钟正鼓音较有规律，相互间呈"小三度—大二度（大九度）"关系。这种音程关系可以构成以下两种正声音列：

音列一	宫	商	角	徵	羽
	E	$^\sharp$F	$^\sharp$G	B	$^\sharp$C

音列二	宫	商	角	徵	羽
	A	B	$^\sharp$C	E	$^\sharp$F

可见本套编钟2号、3号、6号钟的正鼓音排列有两种可能：羽—宫—商、角—徵—羽。现分别根据这两种可能性对各钟正侧鼓音的音列进行推定，以期找出其中较为合理的排列方式。

序号	编号	正鼓音		侧鼓音	
		音高	音位	音高	音位
1	—	$^\sharp$a^1+21(b^1−79)	↓徵／↓商	$^\sharp$c^2−17(d^2−117)	↓闰／↓和
2	—	$^\sharp$c^2−5	羽／角	e^2−15	宫／徵
3	—	e^2+3	宫／徵	$^\sharp$f^2−11	商／羽
4	—	g^2−25($^\sharp$f^2+75)	↑商／↑羽	$^\sharp$a^2+7(a^2+107)	↑和／↑宫
5	—	c^3+35($^\sharp$c^3−65)	↓羽／↓角	e^3−24	宫／徵
6	—	$^\sharp$f^3−34	商／羽	$^\sharp$a^3−41	变徵／羽角
7	—	g^3+46($^\sharp$g^3−54)	↓角／↓变宫	b^3+1	徵、宫曾／商、徵曾
8	—	d^4±0($^\sharp$c^4+100)	↑羽／↑角	f^4−15(e^4+85)	↑宫／↑徵

①当2号、3号、6号钟的正鼓音排列为"羽—宫—商"时，本套编钟第5号、6号钟的正鼓音呈无法合理解释的增四度音程，此处应为推定正鼓音列的突破点。由于这两个音一个偏高35音分，另一个偏低34音分，使得5号、6号钟的正鼓音看似为纯五度，实际接近纯四度，因此需将5号钟正鼓音c^3+35改写为$^{\#}c^3$-65作为偏低的羽音，则可合理解释其与6号钟正鼓音之间的音程关系。根据3号、5号钟的正鼓音位，结合4号钟正鼓测音数据与编钟正鼓音列一般规律来看，4号钟正鼓音应与6号钟正鼓音同为商音。推定至此，本套编钟的正鼓音列已经初步呈现9件套纽钟所常见的"徵—羽—宫—商—角—羽—商—角—羽"的正鼓音排列形态，其区别只是在4号、5号钟的正鼓音之间缺少角音。结合上述推定趋势，将其余三件钟的正鼓测音数据作出相应改写，确定音位，则完成第一种排列可能性的音列推定。结合本章第一节对正侧鼓音程关系的分析，即可推定侧鼓音音位。其中，由于7号钟的正侧鼓音分差为355音分，与纯律小三度及纯律大三度的理论音分值分别相差39音分和31音分，虽略微偏近于大三度，但因差距较小实难直接判定其所属音程关系而无法确定侧鼓音位，因此将两种可能性并列。

②当2号、3号、6号钟的正鼓音排列为"角—徵—羽"时，根据改写后的测音数据，结合本章第一节对本套编钟正侧鼓音程关系的分析结论，即可推定正侧鼓音位。但从推定结果来看，这种音位排列，由于正鼓音位缺少处于重要地位的宫音且存在偏音的原因，其可能性并不如第一种排列方式大。

根据以上音位分析，笔者将本套编纽钟的音列推定如下：

表3-53　九女墩2号墩1号墓编纽钟音列推定表　　　　　　　単位:音分

序号	编号	正鼓音		侧鼓音		正侧鼓音程	保存状况	音梁/调音
		音高	音位	音高	音位			
1	—	$^{\sharp}a^1+21(b^1-79)$	↓徵	$^{\sharp}c^2-17(d^2-117)$	↓闰	窄小三度	一铣稍残，有裂纹	
2	—	$^{\sharp}c^2-5$	羽	e^2-15	宫	小三度	舞部锈裂	
3	—	e^2+3	宫	$^{\sharp}f^2-11$	商	大二度		
4	—	$g^2-25(^{\sharp}f^2+75)$	↑商	$^{\sharp}a^2+7(a^2+107)$	↑和	小三度		均有
5	—	$c^3+35(^{\sharp}c^3-65)$	↓羽	e^3-24	宫	小三度	基本完好，锈蚀严重	
6	—	$^{\sharp}f^3-34$	商	$^{\sharp}a^3-41$	变徵	大三度		
7	—	$g^3+46(^{\sharp}g^3-54)$	↓角	b^3+1	徵、宫曾	小/大三度		
8	—	$d^4\pm0(^{\sharp}c^4+100)$	↑羽	$f^4-15(e^4+85)$	↑宫	小三度		

　　根据以上分析可知，本套编纽钟音域达两个八度又一个纯四度，其正鼓音列为以E为宫的五声音列，结合侧鼓音列，则可构成E宫清商音阶。

表3-54　九女墩2号墩1号墓编纽钟核心音列音分补正数统计表　　　　単位:音分

音位	宫	商	角	徵	羽
音高	e^2+3	$^{\sharp}f^2+75$	$^{\sharp}g^3-54$	b^1-79	$^{\sharp}c^2-5$
	e^2-15	$^{\sharp}f^3-34$			$^{\sharp}c^3-65$
	e^3-24	$^{\sharp}f^2-11$			$^{\sharp}c^4+100$
	e^4+85				
平均值	E+12	$^{\sharp}$F+10	$^{\sharp}$G-54	B-79	$^{\sharp}$C+10

　　从表3-54中的数据来看，宫音E出现次数最多，因此可从宫音入手分析本套编钟的调高。四个宫音音高数据的平均值为E+12，则宫＝E+12音分可以在一定程度上代表本套编钟的设计调高。

　　从音准方面来看，本套编纽钟正鼓音列的音分补正数起伏明显，可见音准状况并不理想；从正侧鼓音程关系来看，除1号钟音程关系偏小明显、7号钟音程关系难以确定外，其他均较为准确。但从正鼓音列为编纽钟音列最为凸显的音列形式来考虑，本套编纽钟的音准状况不佳，其锈蚀严重的保存现状应为其音分补正数相差较大、音准状况不理想的原因之一。另外，7号钟正侧鼓音程尚有疑问，其正侧鼓音程关系有可能应为角—徵。

四、句镈

以下为对本书所涉编句镈的音列及调高所进行的逐一分析。另有春秋晚期浙江配儿句镈、春秋安徽广德编句镈、春秋初期安徽青阳句镈、春秋安徽泾县南容句镈无测音数据，在此未涉及。

1. 战国江苏淹城句镈

从原测音数据来看，本套编句镈1号、2号、3号钟的正鼓音呈"小三度—大二度"排列，结合编钟正鼓音排列的一般规律来看，这种音程关系可构成以下两种正声音列：

音列一	宫	商	角	徵	羽
	B	♯C	♯D	♯F	♯G

音列二	宫	商	角	徵	羽
	E	♯F	♯G	B	♯C

可见本套编句镈1号、2号、3号钟的正鼓音排列有两种可能：羽—宫—商、角—徵—羽。现分别根据这两种可能性对各钟正侧鼓音的音列进行推定，以期找出其中较为合理的排列方式。

序号	编号	正鼓音		侧鼓音	
		音高	音位	音高	音位
1	—	$^\sharp g^1+46$	羽/角	b^1+20	宫/徵
2	—	b^1+11	宫/徵	$^\sharp c^2-6$	商/羽
3	—	$^\sharp c^2+4$	商/羽	e^2-42	和/宫
4	—	e^2-37	和/宫	$^\sharp f^2-30$	徵/商
5	—	$^\sharp g^2+13$	羽/角	b^2-35	宫/徵
6	—	b^2+44	宫/徵	$^\sharp d^3+43$	角/变宫
7	—	$d^3-47(^\sharp c^3+53)$	↑商/↑羽	$e^3-31(^\sharp d^3+69)$	↑角/↑变宫

从整套编句鑃正鼓音列来考虑，当1号、2号、3号钟正鼓音程关系被解释为"角—徵—羽"时，正鼓所有音位均可被解释为正声，而另一种排列方式在正鼓位存在偏音。因此笔者认为当1号、2号、3号钟正鼓音程关系被解释为"角—徵—羽"时，其音位排列为本套编句鑃基本设计音列的可能性更大。由此可以根据1号、2号、3钟正鼓音的音位推定所有正鼓音的音位，原测音数据必要时进行改写，同时结合本章第一节对正侧鼓音程关系的分析将侧鼓音位推定。结果如下表所示：

表3-55　淹城句鑃音列推定表　　　　　　　　单位:音分

序号	编号	正鼓音		侧鼓音		正侧鼓音程	保存状况	调音
		音高	音位	音高	音位			
1	—	$^\sharp g^1+46$	角	b^1+20	徵	小三度		
2	—	b^1+11	徵	$^\sharp c^2-6$	羽	大二度		
3	—	$^\sharp c^2+4$	羽	e^2-42	宫	窄小三度		
4	—	e^2-37	宫	$^\sharp f^2-30$	商	大二度	较好	无
5	—	$^\sharp g^2+13$	角	b^2-35	徵	窄小三度		
6	—	b^2+44	徵	$^\sharp d^3+43$	变宫	大三度		
7	—	$d^3-47(^\sharp c^3+53)$	↑羽	$e^3-31(^\sharp d^3+69)$	↑变宫	大二度		

根据以上分析可知，本套编句鑃钟音域达一个八度又一个纯五度，其正鼓音列为以E为宫的四声音列。

表3-56　淹城句鑃核心音列音分补正数统计表　　　　单位:音分

音位	宫	商	角	徵	羽
音高	e^2-37	$^\sharp f^2-30$	$^\sharp g^1+46$	b^1+11	$^\sharp c^2+4$
	e^2-42		$^\sharp g^2+13$	b^2+44	$^\sharp c^3+53$
				b^1+20	$^\sharp e^2-6$
				b^2-35	
平均值	E-40	$^\sharp$F-30	$^\sharp$G+30	B+10	$^\sharp$C+17

从表3-56中的数据来看，徵音B出现次数最多，可从徵音入手分析本套编句鑃的调高。四个徵音音高数据的平均值为B+10，则宫＝E+10音分可在一定程度上代表本套编句鑃的设计调高。

从音准方面来看，本套编句鑃正鼓音列的音分补正数起伏稍大，这主要是由于4号钟正鼓音偏低所造成；从正侧鼓音程关系来看，除3号、5号钟音程关系偏小明显外，其他均较为准确。总之，从整体上来看，本套编句鑃的音准状况相对较好。

2.战国江苏高淳松溪编句鑃

观察本套编句鑃的原测音数据可知，2号、4号、5号、6号钟的正鼓音呈"纯五度—大三度—纯四度"关系，但这种音程关系总有偏音的存在，无法构成任何正声音列，因此考虑其中某音的测音数据需要改写。2号、4号钟正鼓音呈纯五度，5号、6号钟正鼓音呈纯四度，这两组音程一旦稍做变动，则会出现增四度、减五度之类的不合理音程关系,因此音与音之间的相对音程关系需要保持不变。由此可见,可以变动的仅为4号、5号钟正鼓音所呈大三度关系。将5号钟正鼓原测音数据由#f¹±0改写为f¹+100,为保持其与6号钟正鼓音所呈音程关系不变,则6号钟正鼓原测音数据随之由b¹-47改写为♭b¹+53。改写后,则2号、4号、5号、6号钟的正鼓音呈"纯五度—小三度—纯四度"排列,这种音程关系只可构成以下这种正声音列:

音列	宫	商	角	徵	羽
	B	#C	♭D	#F	#G

可见本套编钟2号、4号、5号、6号钟的正鼓音排列为"羽—角—徵—宫",如此即可推定正鼓音列,并结合本章第一节对正侧鼓音程关系的分析,必要时对原测音数据进行改写,可完成侧鼓音位的推定。

表3-57　高淳松溪编句鑃音列推定表　　　单位:音分

序号	编号	正鼓音		侧鼓音		正侧鼓音程	保存状况	调音
		音高	音位	音高	音位			
1	—	哑	(徵)	哑			基本完好	无
2	—	g^2+31	羽	不辨			甬稍残	
3	—	破裂	(宫)	破裂			基本完好	
4	—	d^1+14	角	f^1-6	徵	小三度	基本完好	
5	—	#f^1±0(f^1+100)	徵	#g^1+49(♭a^1+49)	羽/闰	大二/小三度	基本完好	
6	—	b^1-47(♭b^1+53)	宫	#c^2-38(c^2+62)	商	大二度	基本完好	
7	—	哑		哑			甬断裂	

根据以上分析可知,本套编句鑃因首尾两钟音哑无测音数据,因而无法得知其完整音域。其正鼓音列根据目前的推定结论来看,为以♭B为宫的四声音列。

表3-58　高淳松溪编句鑃核心音列音分补正数统计表　　　　单位:音分

音位	宫	商	角	徵	羽
音高	$^\flat b^1+53$	c^2+62	d^1+14	f^1+100	g^2+31
				f^1-6	

从表3-58中的数据来看，徵音F出现次数最多，但两个徵音的音分补正数差别较大，不适合用来分析本套编钟的调高。此种情况可将所有核心音的音分补正数求得平均值，即(53+62+14+100-6+31)÷6≈42，则宫=$^\flat$B+42音分可在一定程度上代表本套编钟的设计调高。

从音准方面来看，本套编句鑃正鼓音列的音分补正数起伏较大，特别是2号钟正鼓音并不符合编句鑃形体由大到小、音高渐高的规律；从正侧鼓音程关系来看，多件钟的侧鼓音哑、不辨或无法确定。总之，从整体上来看,本套编句鑃的音准状况不佳。

五、其他

以下为对本书所涉羊角组钟及筒形钟的音列、调高所进行的逐一分析。

1.东周云南万家坝羊角组钟

从原测音数据来看，本套钟除3号钟外，其余钟的正鼓音音分矫正数起伏很小，均较基本音高稍有偏高。另外,6号钟正鼓音为$^\flat d^3+30$,与3号钟正鼓音高几乎相差一个八度。结合以上两点来看，笔者认为将3号钟正鼓音d²-35改写成♭d²+65更为合理。

从改写后的正鼓音高来看,1号、3号钟正鼓音呈小三度关系,结合正鼓音列两次出现♭D的状况来看,♭D应为需要强调的重要音位,因此3号钟正鼓音所占音位应在音列中占有重要地位。这种音程关系可构成以下两种正声音列:

音列一	宫	商	角	徵	羽
	♭D	♭E	F	♭A	♭B

音列二	宫	商	角	徵	羽
	♭G	♭A	♭B	♭D	♭E

现分别根据这两种可能性对各钟正侧鼓音的音列进行推定,以期找出其中较为合理的排列方式:

序号	馆藏编号	正鼓音		侧鼓音		正侧鼓音程
		音高	音位	音高	音位	
1	M1:13-a	♭b¹+23	羽/角	c²-45	闰/和	小二度
2	M1:13-b	c²+10	变宫/变徵	d²-5	羽角/宫曾	大二度
3	M1:13-c	d²-35(♭d²+65)	↑宫/↑徵	e²-50	商/羽	大二度
4	M1:13-d	♭e²+25	商/羽	f²+45	角/变宫	大二度
5	M1:13-e	f²+40	角/变宫	♭a²+3	徵/商	窄小三度
6	M1:13-f	♭d³+30	宫/徵	f³+38	角/变宫	大三度

从整套编钟正鼓音列来考虑,第一种排列方式由于偏音较少、五声齐备,且在正鼓音列中重复宫音,因而显得可能性更大;而第二种排列方式相较第一种来说,从偏音较多、缺少宫音等方面来看,可能性不如第一种大。基于以上原因,笔者将本套编钟的音列推定如下:

表3-59 万家坝羊角纽钟音列推定表 单位:音分

序号	馆藏编号	正鼓音		侧鼓音		正侧鼓音程	保存状况	调音
		音高	音位	音高	音位			
1	M1:13-a	$^\flat b^1$+23	羽	c^2-45	闰	小二度		
2	M1:13-b	c^2+10	变宫	d^2-5	羽角	大二度		
3	M1:13-c	d^2-35($^\flat d^2$+65)	↑宫	e^2-50($^\flat e^2$+50)	商	大二度		无
4	M1:13-d	$^\flat e^2$+25	商	f^2+45	角	大二度		
5	M1:13-e	f^2+40	角	$^\flat a^2$+3	徵	窄小三度	经焊接	
6	M1:13-f	$^\flat d^3$+30	宫	f^3+38	角	大三度		

从以上推定结论来看,本套编钟的音域为一个八度又一个增四度音程。将其正侧鼓音位综合考虑,可构成带有变宫、闰、羽角的$^\flat$D宫音阶。

表3-60 万家坝羊角纽钟核心音列音分补正数统计表 单位:音分

音位	宫	商	角	徵	羽
音高	$^\flat d^2$+65	$^\flat e^2$+25	f^2+40	$^\flat a^2$+3	$^\flat b^1$+23
	$^\flat d^3$+30	$^\flat e^2$+50	f^2+45		
			f^3+38		
平均值	$^\flat$D+48	$^\flat$E+38	F+41	$^\flat$A+3	$^\flat$B+23

从表3-60中的数据来看,角音F出现次数最多且音分补正数较为平稳,因此可从F入手分析本套编钟的调高。三个角音的音高平均值为F+41,则F+41可以相对准确地反映出本套编钟角音的设计音高,并可由其推算出宫音的相对音高为$^\flat$D+41音分,即宫=$^\flat$D+41可以在一定程度上代表本套编钟的设计调高。

从音准方面来看,本套编钟除3号钟外,正鼓音列的音分补正数起伏较小；从正侧鼓音程关系来看，除经过焊接的5号钟音准欠佳外，其他钟的正侧鼓音程关系均较准确，可见本套编钟的音准状况尚可。但从本套编钟所历经的两次测音状况来看，由于第一次测音的学者认为其无明显一钟双音的情况，反映出这套羊角纽钟的双音性能似乎欠佳。结合本套编钟的形制因素来考虑，在本书第二章第一节针对本套钟的形制数据分析中已经指出，由于本套编钟$\frac{口长}{口宽}$一项的比值大大低于其他编钟，反映出钟口非常浑圆，这会对钟体双音的隔离度产生不良影响，因此此套编钟的双音性能可能并不理想。以上从形制数据所反映的问题，亦可以从另一角度为第一次测音的学者所判断的结论给予解释与支持。总之，笔者经形制特点与测音数据、测音状况三方面的分析认为，本套羊角纽钟的音准状况尚可，但双音性能似乎欠佳，很可能存在侧鼓音音量较小、不清晰、不易被激发的状况。

2. 战国云南牟定筒形钟

本套钟仅有正鼓音的耳测结果[①]，无仪器测音数据。虽然耳测的准确性理应大大低于仪器，但从耳测的结果来看，基本呈 do – mi – sol 三音列的单一模式，相信哪怕在音区、音高上可能会存在误差，但音程关系理应容易把握，其准确的可能性应该相对较高。

---

① 李纯一《中国上古出土乐器综论》，文物出版社1996年版，第286页。

表3-61　牟定筒形钟音列推定表

序号	编号	正鼓音		保存状况	调音
		音高	音位		
1	—	♭e	宫		
2	—	g	角		
3	—	♭e	宫	不详	无
4	—	♭b	徵		
5	—	♭e	宫		
6	—	♭e¹	宫		

　　从耳测的结果来看，♭e在本套筒形钟的正鼓音列中是一个相当重要的存在，其他音围绕♭e构成大三度、纯五度和纯八度音程，其音位分别为宫、角、徵的可能性很大。而这又令人不难联想到我国当代西南少数民族民歌中所存在的四度、五度三音列的状况。刘正维曾指出，在我国云南地区的彝族音乐中，有不少曲调是以do－mi－sol的五度三音列构成，[①]而本套筒形钟所出土的牟定，正是云南省楚雄彝族自治州的中部地区。当然，民族的形成、分布本就是动态的，跨越几千年的相似也许只能是巧合而难以成为确凿的证据。

第三节　从出土实物看越地青铜编钟的音乐性能

　　本节内容是基于本章第一、二两节的基础分析所作出的梳理、比较及总结。具体方法为：将本章第一、二节中针对各套编钟所做的测

[①] 刘正维《四度三音列——传统音乐的"染色体"》，《中国音乐》2009年第1期。

音数据分析结论，以表格的形式加以总结、并列，以便进行对比分析。笔者认为，对出土于相同地域的编钟音乐性能进行对比分析并总结，可以得出这些编钟所共有的地域性音乐性能。本节对编钟地域性音乐性能的观察，涉及编列及正鼓音列的设置是否具有相对稳定的模式，正侧鼓音程及其准确性、规范性，正侧鼓音位所能构成的音阶性质及音准状况……但根据各地出土状况的不同，这些观察的角度难免会根据分析对象的情况而有所增减。

需要说明的是，有些地区除出土了成编的某类乐钟外，尚有未成编的同类乐钟出土，这些未成编的乐钟虽不属于本题针对"越地编钟"所设定的聚焦范畴，但亦可以作为支撑材料为地域性音乐性能的观察提供有力的旁证。

一、镈

本章第一、二节的分析，仅涉及江苏地区的编镈。下表即是以第一、二节的结论为基础，所总结的江苏编镈音位设置统计表。在此基础上，可对编镈进行地域性音乐性能的观察。

表3-62　江苏地区出土编镈音位设置统计表

时代	钟名	调高	正侧鼓音位及音程					
春秋晚期	江苏六合程桥2号墓编镈	宫=B+21	正鼓音列	↑徵	羽	宫	(商/角)	˙徵
			侧鼓音列	—	—	和		闰
			正侧鼓音程 小三度	—	—			√
			大三度	—	—			
			其他	—	—	√		

时代	钟名	调高	正侧鼓音位及音程							
春秋晚期	江苏遱邝编镈	宫=♯G-5	正鼓音列		(徵)	(羽)	宫	商	(角)	
			侧鼓音列				羽角/商	和		
			正侧鼓音程	小三度				√		
				大三度						
				其他					√	
战国早期	江苏邳州九女墩2号墩1号墓编镈	宫=♭E-25	正鼓音列		徵	羽	↑宫	商	(角)	↓羽
			侧鼓音列		↑闰	羽角	↑徵曾	和		羽角
			正侧鼓音程	小三度	√		√	√		
				大三度		√				√
				其他						

从以上总结可知，以目前的出土实物为依据，东周时期的江苏编镈有五至六件成编的编制。从正鼓音列来看，均以徵音为首，其排列为由徵、羽、宫、商、角组成的四声或五声音列，在此音列的基础上可重复首钟或次钟的正鼓音"徵""羽"。总之，从目前出土的东周江苏编镈来看，其编列及正鼓音列的设置呈现较为稳定的模式。

从正侧鼓音位的设置状况来看，六合程桥2号墓编镈首钟、次钟的正侧鼓音分差呈现出无规律状态，无法判断其音程关系，这可能是由于首钟、次钟的侧鼓音不用故不调的原因。遱邝编镈1号、2号、5号钟因破损而未测音，无法观察其首钟、次钟的正侧鼓音的状态。但从邳州九女墩2号墩1号墓编镈的首钟、次钟的音程关系来看，其首钟、次钟的侧鼓音很有可能是在设计音列的考虑之中的。首先，1号钟的正侧鼓音程关系为相对准确的小三度，2号钟为偏小的大三度音程，不存在音程关系无法归属的问题；其次，结合两钟的正侧鼓音位来看，1

号钟的正侧鼓音位为较为合理的"徵（闰）"，而2号钟与高八度的6号钟的正侧鼓音位同为"羽（羽角）"，这一音位设置相同的状况，增加了这一音位推定的可信度。另外，本套编镈1号镈一侧鼓部、2号镈两正鼓部的锉磨痕迹明显，由于锉磨两正鼓部的目的是改善侧鼓音的音量、音色并使侧鼓音获得较好的独立性，而锉磨侧鼓部位的目的是调准正侧鼓音的音高及音程关系，可见本套编镈1号、2号钟的侧鼓音很有可能是被考虑在乐钟铸调的过程内的。

从正侧鼓音所呈音程关系来看，虽然这三套编镈均由于或残或哑的原因，没有完整的测音数据从而无法全面观察其音乐性能，但就目前所能得到的资料来看，春秋晚期的两套编镈，其正侧鼓音程关系除编钟最为常见且规律、规范的大、小三度音程外，还有纯四度音程及介于大、小二度之间而无法确定的音程关系。战国早期的九女墩2号墩1号墓编镈，其正侧鼓音程关系均为三度，反映出侧鼓与正鼓所呈音程关系的规律性及规范性。

此外，三套编镈虽然调高并不一致，但从正侧鼓音列所能构成的音阶性质来看，三套编镈均在侧鼓有"和"的音位。同时，完好保存了正鼓音位为"徵"的钟的两套编镈，其侧鼓音位均为"闰"，这种一致性使其所能构成的音阶明显带有清商音阶的特征。

从音准状况来看，由于保存状况并不理想，各套编镈的音乐性能并不能完全展现。从测音数据来看，各套编镈正鼓音列的音分补正数起伏较大，可见音准状况并不理想。但单从正侧鼓音程关系的准确程度来看，九女墩2号墩1号墓编镈无疑是突出的。这一突出，主要表现在五件有测音数据的镈钟中，有三件的正侧鼓音程为小三度且正侧鼓音分差分别为336、335、335音分，它们的音分值虽然与纯律小三度的理论音分值尚有19至20音分的差距，但这三个正侧鼓音分差在整体上的极小差距，不但表现出这套编镈的正侧鼓音程所具有的规范性，更是在相当程度上表现出在乐钟的铸调过程中对精确双音关系的理性把握。

二、甬钟

下表是以本章第一、二节的分析结论为基础所总结的六套编甬钟的音乐性能相关数据统计表（见表3-63），另有春秋横8字纹编钟因出土地不详，未参与本节所涉及的地域性音乐性能的观察。

表3-63　越地出土编甬钟音位设置统计表

时代	钟名	调高	音位类	音程类										
										正侧鼓音位及音程				
西周	江西吉水甬钟	宫=F-14	正鼓音列			宫	商			羽				
			侧鼓音列			角	变徵			商				
			正侧鼓音程	小三度										
				大三度		√	√							
				其他						√				
西周	江西萍乡彭高甬钟	宫=♭D+23	正鼓音列			宫			徵					
			侧鼓音列			角			闰					
			正侧鼓音程	小三度					√					
				大三度		√								
				其他										
春秋早中期	江苏东海庙墩编钟	宫=G+42	正鼓音列		(羽)	宫		角	*徵①	羽		角	羽	?
			侧鼓音列			徵曾		徵	闰	羽	宫	宫曾	羽角	
			正侧鼓音程	小三度		√		√	√					
				大三度								√	√	
				其他						√				

---

① "*"是指此处音位推定存在不合理因素，具体分析过程详见下文关于本套编钟音位推定的论述。后文表格同。

时代	钟名	调高	正侧鼓音位及音程										
春秋	广东博罗陂头神编钟	宫=#F-14	正鼓音列	(徵)	羽	宫	商	角		羽		商		
			侧鼓音列		变宫	羽角	一	?		宫		一		
			正侧鼓音程 小三度							√				
			正侧鼓音程 大三度											
			正侧鼓音程 其他		√	√								
春秋	广东清远马头岗1号墓编甬钟	宫=G-12	正鼓音列	徵		宫	商							
			侧鼓音列	羽		商	角							
			正侧鼓音程 小三度											
			正侧鼓音程 大三度											
			正侧鼓音程 其他	√		√	√							
春秋	广东博罗苏屋岗编钟	宫=G-23	正鼓音列					角		宫				
			侧鼓音列					宫曾		角				
			正侧鼓音程 小三度											
			正侧鼓音程 大三度					√		√				
			正侧鼓音程 其他											

1. 广东地区

广东出土的三套编甬钟均为春秋时期遗物，编列数目有二、三、七件制不等。从正鼓音列来看，博罗陂头神编钟明显与春秋时期九件套组钟所常见的"徵—羽—宫—商—角—羽—商—角—羽"的正鼓音排列模式相近，仅是比其少了最高音的两件钟；如果说清远马头岗1号墓编甬钟的正鼓音列"徵—宫—商"尚还与博罗陂头神编钟的正鼓音列有些许近似的话，博罗苏屋岗编钟的正鼓音列"角—宫"则以小六度的音程关系呈现出不同的面貌。总之，从目前出土的春秋时期广东编钟来看，其编列、正鼓音列所呈现的排列形态并不统一。

春秋广东编甬钟的正侧鼓音程关系有大、小三度音程及大、小二度音程四种。结合下表所统计的、广东未成编甬钟来看，亦是如此。

除编钟最为常见且规律的大、小三度音程外,大、小二度音程是广东编甬钟正侧鼓音程关系中一个相当稳定的存在,这一特点从清远马头岗1号墓编甬钟的正侧鼓音程关系全部为准确且稳定的大二度音程的状况得以凸显。

表3-64　广东出土未成编甬钟音程关系分析表[①]　　　　　　　　　单位:音分

时代	钟名	正鼓音	侧鼓音	正侧鼓音分差	纯律音分值	五度律音分值	正侧鼓音程关系
西周中晚期	博罗横岭山1号墓钟	b^1-17	$^\sharp d^2$-37	380	386	408	大三度
西周中晚期	连山三水甬钟	d^2-10	e^2+13	223	204	204	大二度
西周	连山三水小甬钟	d^2+14	e^2+48	234	204	204	大二度
春秋	清远马头岗甬钟	f^1-10	$^\sharp g^1$-18	292	316	294	小三度
东周	广东增城庙岭编钟(2号钟)	$^\sharp c^2$-32	$^\sharp d^2$-38	194	204	204	大二度

从宫音的高度来看,广东三套编甬钟的调高在$^\sharp$D+23音分至F-14音分,相去不远。此外,三套编甬钟均无Ⅳ级音位的呈现,从而使其所构成并使用的音阶性质无从判断。最有可能出现Ⅳ级音位的是博罗陂头神编钟,其两件正鼓音为"商"的钟,正侧鼓音分差一为574音分、一为599音分,在纯律及五度律中无可对应的音程关系,正侧鼓音程关系应处于失控状态,无法观察侧鼓可能出现的Ⅳ级音位及正侧鼓音列所能构成的音阶性质。

从各套编钟的音准状况来看,博罗陂头神编钟保存状况较差,其正鼓音列以及正侧鼓音程关系的音准都不理想;博罗苏屋岗编钟正鼓音列的音分补正数偏差稍大,其正侧鼓音程虽然均较为准确,但同为

---

① 广东增城庙岭编钟仅一件有测音数据,在此表中被一并列入。

大三度音程的两个正侧鼓音分差之间相差了50音分,可见这一音程所具有的规范性并不强;清远马头岗1号墓编甬钟的正侧鼓音程关系均为十分准确的大二度音程,正侧鼓音分差分别为190、201、203音分,与大二度音程的理论音分值204音分相差很小,可见音程关系规范、精确,反映出这套编钟在设计、铸造层面对规律性双音的理性把握。

2. 江西地区

江西地区的两套编甬钟均为西周时期遗物,编列数目有二件制和三件制,正鼓音列分别被推定为"宫—商—羽"和"宫—徵",可见其编列数目较少,且正鼓音列所呈现的排列形态并不统一或近似。

西周时期江西编甬钟的正侧鼓音程关系有小三度、大三度和纯四度。结合表3-65所统计的江西未成编甬钟来看,小三度与大三度的存在较为常见,纯四度与大二度只有孤例;从每件钟的正侧鼓音分差来考虑,春秋晚期者盨钟的正侧鼓音分差213音分为十分准确的大二度音程,而吉水甬钟3号钟的正侧鼓音分差532音分为偏大34音分的纯四度音程。从这种状况来看,在江西地区的甬钟上,大二度应为比纯四度更为稳定且已被理性所把握的音程关系。表3-65中三件呈小三度音程关系的钟,其音分值分别为334、337、343音分,三者中差距最大的两个音分值也不过相去9音分,难以为人耳所辨别,可见在西周时期,江西地区在对甬钟的铸调中已对小三度音程关系有着规律、规范且理性的要求。

表3-65　江西出土未成编甬钟音程关系分析表　　单位：音分

时代	钟名	正鼓音	侧鼓音	正侧鼓音分差	纯律音分值	五度律音分值	正侧鼓音程关系
西周	鹰潭甬钟	e^1+35	$^\sharp g^1$-31	334	316	294	小三度
西周	南昌李家庄甬钟	b^1+10	d^2+47	337	316	294	小三度
春秋晚期	者盪钟	d^2-43	e^2-30	213	204	204	大二度
春秋晚期	者减钟	$^\sharp c^3$-21	e^3+22	343	316	294	小三度

从宫音的高度来看，两套江西编甬钟的调高在$^\sharp$D+23音分至$^\sharp$F-14音分，相去不远。从音准状况来看，两套编钟所反映出的状况恰好相反：萍乡彭高甬钟正侧鼓音程关系的准确性明显高于正鼓音列；吉水甬钟正鼓音列的准确性尚可，但正侧鼓音程关系并不理想。笔者认为，这种并不一致的状况所反映出来的本质，恰恰是西周时期江西地区对于甬钟音乐性能的把握并不成熟，从而难以从整体上保证编钟音准状况的原因。

3. 江苏地区

江苏地区出土的、有测音数据的编甬钟，目前仅见属于春秋早中期的东海庙墩编钟一套，其正鼓音列经分析推断为"（羽）—宫—角—羽—徵—徵—角—羽—徵"，但其中存在不合理之处。首先，5号钟的正侧鼓原测音数据分别为$^\sharp d^2$+6、$^\sharp f^2$+47，6号钟的正侧鼓原测音数据分别为$^\sharp d^2$+38、$^\sharp f^2$-31，可见5号、6号钟的正侧鼓音高均低于4号钟的测音数据e^2+16、$^\sharp g^2$-45，但这种状况并不符合编钟形体由大到小音高渐高的规律；其次，5号、6号钟的正鼓原测音数据仅相差32音分，按照两个不同的音位去推定非常勉强，如将二者视为相同音位便会造成正鼓音位重复，这对编钟的音位设计来说是不合理的。笔者认为，这些不合理之处的存在，或是由于此套编钟音准状况不佳从而音列推断有误，或是其本身就非实用器的原因所导致。

但从本套编钟的正侧鼓音程关系来看，音程的准确度还是相对理想的。除6号钟为大二度音程且有所偏大外，其他六件钟的音程关系均为准确的三度音程，表现出规律性双音的特点。特别是其中同为小三度音程关系的3号、4号、5号钟与同为大三度关系的7号、8号钟，音程音分值的偏离度很小，表现出相同音程关系的规范性。结合这一地区所出土的西周晚期兮仲钟（之一）[①]来看，其正侧鼓音程关系为小三度音程，正侧鼓音分差338音分，这与东海庙墩编钟中正侧鼓音呈小三度的3号、4号、5号钟的正侧鼓音分差335、339、341十分接近。以上数据总结及对照，反映出江苏地区至晚于春秋早中期时，在对甬钟的铸调过程中已经能够做到对大、小三度音程关系理性且准确的把握。

表3-66　江苏出土未成编甬钟音程关系分析表　　　　单位:音分

时代	钟名	正鼓音	侧鼓音	正侧鼓音分差	纯律音分值	五度律音分值	正侧鼓音程关系
西周晚期	兮仲钟（之一）	$^{\sharp}d^2-16$	$^{\sharp}f^2+22$	338	316	294	小三度

三、纽钟

下表为以本章第一、二节的分析结论为基础所总结的七套编纽钟的音乐性能相关数据统计表。在此基础上，可对不同地区所出土的编

---

① 兮仲钟传世共有六枚，多流至国外。表3-66中所录为《中国音乐文物大系·上海/江苏卷》中收入的兮仲钟之一。

纽钟进行地域性音乐性能的观察。

表3-67　越地出土编纽钟音位设置统计表

时代	钟名	调高	音列/音程	正侧鼓音位及音程										
战国早期	湖南浏阳纸背村编钟	宫=♯F-31	正鼓音列	徵	(羽)	宫	(商)	角		(羽)	商	角		(羽)
			侧鼓音列	变宫		角		徵			角	变徵		
			正侧鼓音程·小三度					√						
			正侧鼓音程·大三度	√		√								
			正侧鼓音程·其他									√	√	
春秋晚期	江苏遷邳编钟	宫=♯F+42	正鼓音列	徵	羽		商			羽	商	角		羽
			侧鼓音列	变宫	宫		变徵			宫	变徵	宫曾		宫
			正侧鼓音程·小三度		√					√				√
			正侧鼓音程·大三度	√			√				√	√		
			正侧鼓音程·其他											
春秋晚期	江苏邳州九女墩3号墓编钟	宫=♯F+5	正鼓音列	徵	羽	宫	商	角		羽	商	角		羽
			侧鼓音列	闰	宫	商	变徵	徵		宫	徵	徵		？
			正侧鼓音程·小三度				√							
			正侧鼓音程·大三度				√							
			正侧鼓音程·其他		√						√			
春秋晚期	江苏六合程桥2号墓编钟	宫=♯F+29	正鼓音列		羽	宫	商		徵	羽	商			羽
			侧鼓音列		商	和	变徵		宫	羽角	变徵			变宫
			正侧鼓音程·小三度											
			正侧鼓音程·大三度				√			√	√			
			正侧鼓音程·其他		√	√			√					√
春秋末期	江苏六合程桥1号墓编钟	宫=D-40	正鼓音列	徵	羽	宫	商		角	羽	商	角	徵	
			侧鼓音列	变宫	宫	角	角		宫曾	宫	徵曾	宫曾	变宫	
			正侧鼓音程·小三度	√						√				
			正侧鼓音程·大三度	√						√		√		
			正侧鼓音程·其他				√				√			
东周	江苏连云港尾矿坝编钟	宫=G-23	正鼓音列		羽	宫		*角	徵	羽		徵		商
			侧鼓音列		宫	角		宫曾	闰	和		—		—
			正侧鼓音程·小三度		√					√				
			正侧鼓音程·大三度				√			√				
			正侧鼓音程·其他							√				

时代	钟名	调高	正侧鼓音位及音程										
战国早期	江苏邳州九女墩2号墩1号墓编钟	宫=E+12	正鼓音列	徵	羽	宫	商			羽	商	角		羽
			侧鼓音列	闰	宫	商	和			宫	变徵	徵		宫
			正侧鼓音程　小三度	√	√		√			√		√		√
			大三度								√			
			其他			√								

1. 湖南地区

湖南地区所出土的、有测音数据的编纽钟，目前仅见战国早期浏阳纸背村编钟一套，其正鼓音列被推定为"徵—（羽）—宫—（商）—角—（羽）—商—角—（羽）"，是非常典型且稳定的九件套纽钟正鼓音列模式。其正侧鼓音列所能构成的音阶性质为#F宫正声音阶。

从正侧鼓音程关系来看，保存基本完整且有测音数据的五件钟中，1号、7号钟的音程关系明显偏大；从同为大三度关系的1号、3号钟与同为大二度的7号、8号钟的正侧鼓音分差来看，相同音程关系的音分差差别明显，可见此套编钟正侧鼓音程的规范性较弱。

表3-68　湖南出土未成编纽钟音程关系分析表　　　　单位:音分

时代	钟名	正鼓音	侧鼓音	正侧鼓音分差	纯律音分值	五度律音分值	正侧鼓音程关系
春秋	岳阳烂泥港钟	$^\#g^2+41$	b^2+8	267	316	294	小三度
春秋	衡阳毛家钟	d^4+43	不明确	—	—	—	—

结合表3-68中所统计的湖南未成编纽钟的音准状况来看，岳阳烂泥港钟的正侧鼓音分差比五度律小三度的理论音分值小27音分，为偏小的小三度音程，与同为小三度的纸背村编钟5号钟的正侧鼓音

分差317相比,相差50音分,差别明显;衡阳毛家钟在两铣有所磨损但保存基本完整的状况下,并无明确的侧鼓音,可见双音性能并不理想。

综合以上所有针对湖南纽钟的数据统计与分析来看,虽然浏阳纸背村编钟由于破损了四件而无法得知其正鼓音列整体的音准状况,但从现有出土资料的状况来看,这一地区纽钟的音准状况并不理想。

2.江苏地区

江苏地区出土的六套编纽钟均为东周时期遗物,编列数目有七、八、九件制不等。根据正鼓音列的排列状况,可将其分为三类:(1)九件套纽钟正鼓音列典型模式;(2)与典型模式明显相关的音列;(3)其他音列。

(1)邳州九女墩3号墓编纽钟的正鼓音列,为十分典型的九件套纽钟"徵—羽—宫—商—角—羽—商—角—羽"的正鼓音排列模式。从正侧鼓音程关系来看,其2号钟的音程关系偏小,6号、8号、9号钟的音程关系无法确认,其他五件钟的音程关系较为准确。特别是同为小三度音程关系的1号、5号钟,其正侧鼓音分差仅有6音分的偏离,表现出乐钟铸调过程中把握小三度音程关系的理性因素。

(2)邃邡编钟、六合程桥2号墓编钟、六合程桥1号墓编钟、邳州九女墩2号墩1号墓编钟的编列形态,明显表现出与九件套纽钟正鼓音列典型模式较为近似的特点。

其中,邃邡编钟的正鼓音列"徵—羽—商—羽—商—角—羽"是在九件套纽钟正鼓音列典型模式的基础上减少了正鼓音为"宫""角"的两件钟。从正侧鼓音程关系来看,邃邡编钟各钟的音程关系集中于大三度与小三度，且音程关系非常准确，反映出正侧鼓音程关系的规律性及规范性。从相同音程关系的音分值来看，三件正侧鼓音程为小三度的钟，其正侧鼓音分差的差距为0至3音分；同为大三度音程的四件钟，其正侧鼓音分差虽并不完全接近，但在音分值上仍表现出相当的一致性与准确度。以上都表现出本套编钟在铸调过程中对大、小三度音程的理性把握。

六合程桥2号墓编钟的正鼓音列为"羽—商—宫—徵—羽—商—羽"，其中2号钟正鼓音高高于3号钟，这有悖于编钟形体由大到小音高渐高的规律。将正鼓音列中的2号、3号钟的音位互换位置，则音列"羽—宫—商—徵—羽—商—羽"显然是在九件套纽钟正鼓音列典型模式的基础上，减少了正鼓音为"徵"的第一件钟、为"角"的第八件钟，并将第五件钟的正鼓音由"角"改铸为"徵"。另外，从正侧鼓音程关系来看，由于多件钟的双音音程偏差较大，可见六合程桥2号墓编钟在整体上的音准状况并不理想。

六合程桥1号墓编钟的正鼓音列为"徵—羽—宫—商—角—羽—商—角—徵"，显然是在九件套纽钟正鼓音列典型模式的基础上，将第九件钟的正鼓音由"羽"改铸为"徵"。从正侧鼓音程关系来看，本套编钟中虽有四件钟的正侧鼓音程关系较为准确，但从正侧鼓音程关系相同的几件钟来看，其正侧鼓音分差偏离较大、并不相近，可见本套编钟在把握相同音程关系的规范性上尚嫌不足。

邳州九女墩2号墩1号墓编钟的正鼓音列为"徵—羽—宫—商—羽—商—角—羽"，可见是在九件套纽钟正鼓音列典型模式的基础上，减少了正鼓音为"角"的第五件钟。从正侧鼓音程关系来看，本套编钟虽然只有两件钟的正侧鼓音程偏离较大，但从正侧鼓音程关系同为小三度的五件钟来看，其正侧鼓音分差偏离明显，可见本套编钟在把握相同音程关系的规范性上稍有不足。

（3）连云港尾矿坝编钟的正鼓音列为"羽—宫—角—角—徵—？[①]—羽—徵—商"，与九件套纽钟正鼓音列典型模式表现出较大差异。但这一音列推定的结果存在两处不合理：首先，3号、4号钟的正鼓原测音数据仅相差12音分，按照两个不同的音位去推定非常勉强，但将二者视为相同音位便会造成正鼓音位的重复，这对编钟的音位设计来说是不合理的；其次，5号、7号钟的音位分别被推定为徵、羽，则二者之间的6号钟无合理音位可以解释。笔者认为，这些不合理之处的存在，也许由于其音准状况不佳导致音列推断有误，或由于非实用器等原因所导致。

总结以上状况来看，江苏出土的东周编纽钟其正侧鼓音程关系除编钟最为常见且规律、规范的大、小三度音程外，尚有小二度、大二度、纯四度及小六度音程。从邳州九女墩3号墓编纽钟、邃邳编钟的正侧鼓音程关系中，反映出对大、小三度音程铸调规律的理性把握。其他编纽钟从测音数据中所表现出来的音程音准状况不佳。

从宫音的高度来看，江苏出土六套编纽钟的调高在D-40至G-23，其中邃邳编钟、九女墩3号墓编纽钟、六合程桥2号墓编钟和连云港尾矿坝编钟四套编纽钟的调高在♯F+5至G-23，可见调高相对集中、稳定。

---

① 此处问号是指无法推断音位、音位不明确之意。

从正侧鼓音列所能构成的音阶性质来看，遄邟编钟正侧鼓音列可构成#F宫正声音阶，六合程桥2号墓编钟的正侧鼓音列可构成#F宫正声音阶和#F宫下徵音阶，连云港尾矿坝编钟和邳州九女墩2号墩1号墓编钟的正侧鼓音列分别可构成G宫与E宫的清商音阶。据此推断，东周时期江苏编纽钟上可实践的音阶性质较为丰富。

综合以上所有分析来看，江苏地区所出土的东周编纽钟以邳州九女墩3号墓编纽钟、遄邟编钟的音乐性能最为突出。其他编钟或由于保存状况等原因的影响，从测音数据所分析出的音乐性能不佳。

四、句镘

表3-69是以本章第一、二节的分析结论为基础，所总结的两套编句镘的音乐性能相关数据统计表。由于只涉及江苏地区所出土的编句镘，因此可对江苏编句镘进行地域性音乐性能的观察。其他地区出土的句镘均无测音数据，在此无法论及。

表3-69　越地出土编句镘音位设置统计表

时代	钟名	调高	正侧鼓音位及音程									
战国	江苏淹城句镘	宫=E+10	正鼓音列		角	徵	羽	宫	角	徵	羽	
			侧鼓音列		徵	羽	宫	商	徵	变宫	变宫	
			正侧鼓音程	小三度	√		√		√			
				大三度						√		
				其他		√		√			√	
战国	江苏高淳松溪编句镘	宫=B+42	正鼓音列		(徵)	羽	(宫)	角	徵		宫	?
			侧鼓音列					徵	羽/闰		商	
			正侧鼓音程	小三度				√				
				大三度								
				其他							√	

从以上总结可知，以目前的出土实物为依据，战国时期江苏编句鑃有七件成编的编制。从这两套编句鑃被推定的正鼓音列来看，"徵—羽—宫—角—徵"的排列较为稳定，可见其编列及正鼓音列的设置具有相对稳定的模式，但松溪编句鑃2号钟正鼓音"羽"比4号钟正鼓音"角"高出一个八度又一个纯四度，值得推敲。

从正侧鼓音所呈音程关系来看，除编钟最为常见且规律的大、小三度音程外，大二度是江苏编句鑃正侧鼓音程关系中一个相当稳定的存在。但从正侧鼓音程的准确性来看，个别音程对理论音分值的偏离稍大，松溪编句鑃5号钟更是无法直接判断其正侧鼓音程关系；从呈相同音程关系的钟来看，其音分值偏离较大，表现出对相同音程关系的把握尚不精确和规范。

此外，两套编句鑃的调高并不一致，且从正侧鼓音列来看，两套编句鑃均无Ⅳ级音位，松溪编句鑃Ⅶ级音位的存在尚有疑问，因此无法观察两套编句鑃的正侧鼓音列所能构成的音阶性质。

从音准状况来看，淹城句鑃相对较好。松溪编句鑃2号钟的音高不符合编钟形体由大到小、音高渐高的规律，且多件钟的侧鼓音哑、不辨或无法确定，从整体来看，音乐性能不佳。

五、其他

表3-70是以本章第一、二节的分析结论为基础，所总结的云南地区两套编钟的音乐性能相关数据统计表。这两套编钟并非同类，但将它们一起总结，出于两点考虑：首先，属于两周时期的羊角纽钟仅有万

家坝羊角纽钟一例，属于这一时期的筒形钟也仅有牟定筒形钟一例，在连未成编的同类钟都没有的状况下，实在难以从个例的分析去窥探云南编钟的音乐性能；但从另一个角度去考虑，羊角纽钟与筒形钟具有明显的共性——同出于云南地区，均形制特异而有别于常见的合瓦形钟，且这两类钟有同出于同一墓葬的情况（如云南晋宁石寨山6号墓，广西贵县罗泊湾1号墓），文化属性较为接近。出于以上两个层面的思考，笔者在此将两套钟结合论述，以管窥云南地区两周乐钟之一斑。

表3-70　两周越地越系统编钟音位设置统计表

时代	钟名	调高	正侧鼓音位及音程								
东周	万家坝羊角纽钟	宫=D+41	正鼓音列	羽	变宫	宫	商	角			宫
			侧鼓音列	闰	羽角	商	角	徵			角
			正侧鼓音程　小三度					√			
			大三度								√
			其他	√	√	√	√				
战国	牟定筒形钟	宫≈F	正鼓音列			宫		角	宫	徵	宫 宫
			侧鼓音列								
			正侧鼓音程　小三度								
			大三度								
			其他								

以目前的出土实物为依据，云南地区出土的东周编钟只有羊角纽钟与筒形钟两类，二者都有六件成编的编制。结合这一地区所出的同类、汉代编钟来看，羊角纽钟与筒形钟的编组件数常为偶数。

从这两套编钟被推定的音列来看，正鼓音列的设置并无稳定的模式。此外，两套编钟的调高虽不一致却相去不远，但由于牟定筒形钟的数据为耳测结果，无仪器测音数据可与万家坝羊角纽钟相对照，因此无法更进一步知晓调高的具体状况。

从正侧鼓音的准确度来看，虽然牟定筒形钟的侧鼓音状况不详，但从万家坝羊角纽钟的侧鼓测音数据来看，除5号钟经过焊接因而其音准状况不具代表性外，其他五件钟的正鼓音列、正侧鼓音程关系的准确性相对较好。但结合本书的形制分析结论来看，由于本套钟的钟体格外浑圆，很可能有隔离度较差、侧鼓音不明显的状况存在，其在两周时期是否是双音钟尚有待考察。

第四章
两周越地青铜编钟音响性能分析

本章内容是对越地编钟钟腔内壁的调音锉磨状况及其他与音响性能相关因素的分析。所谓对音响性能的分析，是分析与乐器声学直接相关的钟体构造对乐钟音质的影响。从理论上来思考，乐钟形制、锉磨加工、材质方面的任何细微的差别，都可能会造成音响性能层面的差异。从目前多学科协作研究的结论来看，对乐钟音响性能产生影响的因素主要包括调音锉磨、钟形的长短窄阔、音梁结构、钟枚、用铜量等方面。本章将以上几点为中心，结合个人实地考察的成果，针对越地编钟的具体情况进行论述。

第一节　钟腔内壁调音锉磨

乐钟的音响性能，主要受其腔体内壁调音锉磨状况的影响。关于先秦编钟钟腔内部的调锉方法，王子初写有《中国青铜乐钟的音乐学断代——钟磬的音乐考古学断代之二》一文。文中通过对大量乐钟钟腔内壁调音锉磨、音梁结构的分析总结，梳理出与乐钟内部结构、调锉手法相关的断代标尺。根据王氏此文所言，商铙的钟腔内部并未有调音锉磨痕迹或是音梁结构设置；而西周的乐钟内虽无音梁，但已经采用挖"隧"的方式进行调音锉磨；春秋时期的纽钟不用甬钟挖"隧"的方法，而使用内唇锉磨的方法进行调音，但在春秋早中期时，由于音梁尚未发育完善，调音锉磨仍在内唇上进行，直至春秋晚期以后，随着音梁结构的完善以及调音锉磨手法的日渐成熟，锉磨的位置逐渐由内唇向音梁上集中。

　　从王氏文章中可以总结出，不同时代的乐钟其调音锉磨方式可分为三种：挖"隧"调音，内唇锉磨，以及内唇、音梁多重锉磨。这三种调音锉磨的方式，在越地所出土的编钟上均能见到。总之，正是由于乐钟调音锉磨的方法从未见诸史料记载，对出土乐钟钟腔内壁经调音锉磨所留下的痕迹进行总结、剖析，便成了反推并追溯先秦乐钟调音锉磨方法的唯一且有效的途径。对调音锉磨方法的关注，亦是在研究"一钟双音"的存在状态由原生、铸生向人工铸调阶段过渡的发展历史，其中所隐含的是古代铸钟的能工巧匠对乐钟更佳的音乐、音响性能的理性追求及把握。

一、挖"隧"调音

　　"隧"是指以精确调节音高为目的，在钟腔内壁加以锉磨而形成的条状凹槽。挖"隧"调音是在西周甬钟上首先出现的调音锉磨方法。相对纽钟来说，正是由于甬钟钟壁较厚的原因，使得挖"隧"的方法得以施行。

在越地出土的编钟中,春秋早中期江苏东海庙墩编甬钟正是采用这种挖隧的方式进行调音的。经实地考察可知,本套编钟的部分调音锉磨痕迹已经使用可逆修复材料填平,且钟的悬挂次序似乎有误。现按照449、450、451、452、454、453、455、456、457的次序依次总结其调音锉磨状况。

从本套编钟的现状来看(见图4-1),449号钟在两铣角、四侧鼓内各有一条较浅的凹槽,其中两铣角处的凹槽分别长约6.4厘米、7.9厘米,四侧鼓处的凹槽长约5.0至8.0厘米;450号钟除两铣角处有长约4.5厘米、宽约1.0厘米和长约3.4厘米、宽约1.9厘米的锉磨凹槽外,其余部位较为平整;451号钟在两铣角、两正鼓、四侧鼓处共有八条锉磨凹槽,其中两铣角处的锉磨槽分别长约4.7厘米、2.8厘米,两正鼓处的锉磨槽分别长约3.1厘米、2.1厘米,四侧鼓处的锉磨槽长约1.9至2.9厘米;452号钟在两铣角、两正鼓、四侧鼓处共有八条锉磨凹槽,其中两铣角处的锉磨槽分别长约8.5厘米、6.3厘米,两正鼓处的锉磨槽分别长约3.5厘米、7.2厘米,四侧鼓处的锉磨槽长约5.4至7.6厘米;454号、453号钟铜胎较薄,除453号钟一铣角有长约9.8厘米的锉磨槽外,别处均无明显调音锉磨痕迹;455号钟在两铣角、两正鼓、四侧鼓处共有八条锉磨凹槽,其中两铣角处的锉磨槽均长约5.9厘米,其他六条凹槽由于口直达舞部底端;456号钟在一铣角及一侧鼓处有调音锉磨留下的凹槽,其中铣角处的凹槽长约7.2厘米,侧鼓处的凹槽长约3.9厘米;457号钟在两铣角、两正鼓及一侧鼓处共有五条锉磨凹槽,其中两铣角处的锉磨槽分别长约6.4厘米、4.2厘米，两正鼓处的锉磨槽分别长约3.8厘米、4.8厘米，侧鼓处的锉磨槽长约3.3厘米。

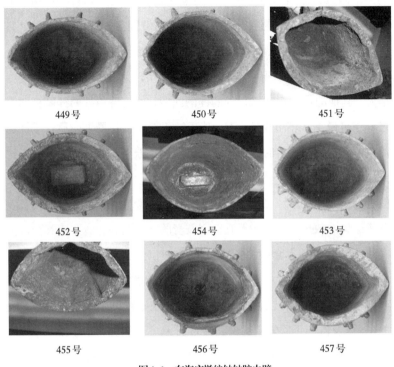

| 449号 | 450号 | 451号 |

| 452号 | 454号 | 453号 |

| 455号 | 456号 | 457号 |

图4-1　东海庙墩编钟钟腔内壁

（注：451号、454号、455号钟的照片由笔者本人拍摄，其他照片由江苏省东海县博物馆馆长朱磊提供。）

东海庙墩编钟挖"隧"调音的状况，可以总结为以下几种情况：第一，仅两铣角处有锉磨凹槽，其他部位较为平整，本套编钟中的450号钟即为此种情况;第二,在两铣角及四侧鼓处共有六条锉磨凹槽,449号钟即是;第三,在两铣角、两正鼓、四侧鼓处共有八条锉磨凹槽,451、452、455号钟即是;第四,其他情况是453号钟仅在一侧铣角有锉磨凹槽,454号钟未见锉磨槽,456号钟在一铣角、一侧鼓处有锉磨槽,457号钟在两铣角、两正鼓及一侧鼓处共有五条锉磨。

总结以上锉磨状况可知:首先,除铜胎较薄的454号钟未见锉磨槽外,其他的钟都存在铣角处的锉磨凹槽,可见铣角处的锉磨在调音过程中可说是必不可少的一环,从乐钟正鼓发音是最为凸显音乐性能的角度考虑,对铣角的锉磨显然是以精调正鼓音为目的的,而其所达到的效果应主要在于使两铣处易于形成节线,从而使正鼓音具有较好的音响效果;[1]其次,根据王子初对本问题的总结归纳,正鼓部调音锉磨所达到的效果,主要在于改善侧鼓音的音量与音色,并使其获得更好的独立性,[2]从本套编钟正鼓部锉磨时有时无的状况看来,在侧鼓音本身或调锉过程中已经达到较为理想的音响性能时,两正鼓部的锉磨亦可减省;第三,侧鼓处锉磨的作用,主要在于精调正侧鼓音所呈音程关系,以及微调正侧鼓音的音高关系,[3]从本套编钟456号、457号钟侧鼓处锉磨槽不足四条的状况来看,在乐钟本身或调锉过程中已经获得较为理想的音乐性能时,对四侧鼓处的锉磨亦可减省。

---

[1] 王子初《中国青铜乐钟的音乐学断代——钟磬的音乐考古学断代之二》,《中国音乐学》2007年第1期。

[2] 同注[1]。

[3] 同注[1]。

二、内唇锉磨

内唇锉磨，是春秋时期主要在纽钟上使用的一种调音锉磨方法。与甬钟相比，由于纽钟钟体较薄，无法进行甬钟所常用的挖隧调音，因而其调音锉磨手法进行了改进，即将锉磨的位置集中于于口内唇处，如此既可在一定程度上避免由挖隧调音所导致的钟体抗击能力减弱、容易开裂的问题，又能达到精调正侧鼓音高的目的。

在越地出土的编钟中，春秋晚期江苏邳州九女墩3号墓编镈正是采用内唇锉磨的方式进行调音的。经实地考察可知，本套编镈1号镈的内唇几乎被锉磨殆尽；2号、5号镈内唇留存大部，有明显的锉磨痕迹；3号镈内唇部分留存，锉磨痕迹不明显；4号、6号镈的调锉痕迹十分明显，内唇部分留存。（见图4-2）

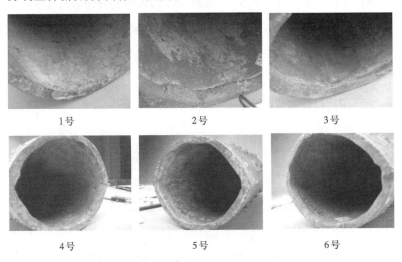

1号　　　　　　　2号　　　　　　　3号

4号　　　　　　　5号　　　　　　　6号

图4-2　邳州九女墩3号墓编镈钟腔内壁

（注：照片为笔者拍摄）

王子初《中国青铜乐钟的音乐学断代——钟磬的音乐考古学断代之二》中，曾由对河南新郑中国银行建筑工地出土第4号坑编纽钟内唇锉磨状况的分析，总结出此套编纽钟的内唇锉磨方法是西周挖"隧"调音的翻版，即这两种方法的锉磨位置都集中于两铣角、两正鼓、四侧鼓八处，只是内唇锉磨在绝大多数情况下并不延伸至钟腔内壁，而是集中于于口内唇之上。从江苏邳州九女墩3号墓编镈的内唇锉磨状况来看，本套编镈与新郑第4号坑编纽钟的调音锉磨状况并不一致。从九女墩3号墓编镈的调音状况来看，调音锉磨痕迹几乎遍布内唇之上，其中1号镈的内唇已被锉磨殆尽；而从其他镈来看，除铣角处的锉磨痕迹相对明显外，各镈的正鼓、侧鼓处并未出现明显可见且较为规律的集中、深度锉磨迹象。笔者认为这可能是由于本套编镈的侧鼓音并未考虑在设计音列之内的原因，因此在调音锉磨的过程中仅需锉断位于两铣处内唇以便形成节线，从而保证正鼓音的音响效果，尚未关注正侧鼓音程关系和侧鼓音独立性等方面的问题。

三、内唇、音梁多重锉磨

　　相较挖"隧"调音，内唇锉磨的调音方法虽然确实能在一定程度上避免由挖"隧"调音所导致的钟体抗击能力减弱、容易开裂的情况，但由于内唇锉磨的实施部位在钟体承受敲击最为集中的于口，且于口本身又为钟体抗击强度最为脆弱的部位，因此仍然无法避免钟体开裂的状况存在。更何况，于口内唇处可供调音锉磨的余地小、铜量少，一旦内唇锉磨殆尽仍无法达到调锉的预期目标，将会导致整件钟的报废。虽不知是历经怎样的摸索历程，总之，先秦工匠凭借实践经验和聪明智慧，最终探索出将内唇锉磨与音梁锉磨相结合的多重锉磨方法，使乐钟的调音锉磨方法得以改进。

"音梁"是位于乐钟内壁四侧鼓处的、自于口向内延伸的四个条状或块状凸起，因其形状的不同，又有音源、音脊等不同称谓。音梁结构最先出现在春秋时期的纽钟上，它的存在既能够加强钟体侧鼓部位的抗击能力，又可以调节正侧鼓音音量、音色的平衡。但从出土乐钟的实际情况来看，音梁结构在春秋时期尚未发育完善，仅为外形低平短小的雏形。随着音梁结构发育的日益成熟，古代钟匠在音梁上又额外留出锉磨余地，在保留内唇锉磨的基础上，当内唇锉磨达到极限却仍未达到调音要求时，转而将剩余的磨砺工作转移到音梁之上。音梁至此又被赋予了调音的功能。[1]

在笔者通过实地考察所接触到的越地编钟中，同为春秋晚期江苏邳州九女墩3号墓出土的一套编甬钟和一套编纽钟，均是使用这种多重锉磨的方法进行调音的。

从春秋晚期江苏邳州九女墩3号墓编甬钟的状况来看（见图4-3），其每件钟的于口处均有经调音锉磨的痕迹，且四侧鼓处都有隆起的音梁，音梁的尽头呈渐低平的圆弧状。其中，1号钟音梁长约18.2厘米、宽约4.0厘米，音梁隆起幅度较为平缓；2号钟音梁长约16.5厘米、宽约4.0厘米，音梁隆起幅度较1号钟略凸出；3号钟音梁长约18.0

---

① 王子初《中国青铜乐钟的音乐学断代——钟磬的音乐考古学断代之二》，《中国音乐学》2007年第1期。

253   第四章　两周越地青铜编钟音响性能分析

厘米、宽约4.0厘米,音梁隆起明显;4号钟音梁长约15.8厘米、宽约3.7厘米,音梁隆起明显。

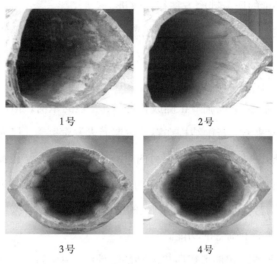

1号   2号

3号   4号

图4-3 邳州九女墩3号墓编甬钟钟腔内壁

（注：照片为笔者本人拍摄）

  从九女墩3号墓编纽钟的状况来看（见图4-4），本套编钟1号钟于口处调音锉磨痕迹明显，两正鼓处被磨至较薄，两铣处亦有不清晰的锉磨痕迹，四侧鼓音梁几被磨平，只有一处相对明显，长约80.4厘米，内腔其他部位较为平整;2号、3号钟内腔状况与1号钟相近，区别在于2号钟四侧鼓音梁均有残留,3号钟有一侧音梁几被磨平，其余三处音梁相对明显，音梁长度均在80厘米左右;4号钟正鼓部调音锉磨痕迹较重、剩余较薄，一处音梁几乎被锉磨殆尽，其余三处音梁微微隆起并不明显，音梁长度均在50厘米左右；5号钟于口处调音锉磨痕迹明显，一正鼓处被锉磨至极薄，四侧鼓音梁几被磨平，只有一处相对明显，长约60厘米；6号钟于口处调音锉磨痕迹明显，一正鼓处被锉磨至极薄，四侧鼓音梁均有残留，长约50厘米；7号、8号钟于口锉磨痕迹较重，尤其集中于两铣及两正鼓处，音梁隆起明显，约长50厘米；9号钟音梁留存较为完整，隆起明显，约长40厘米。

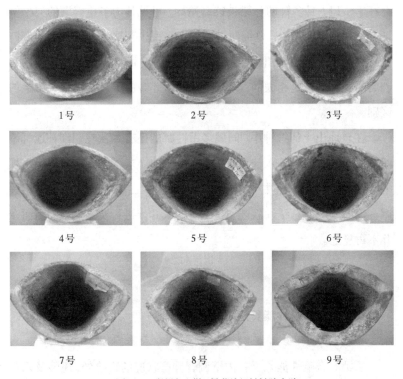

图4-4　邳州九女墩3号墓编纽钟钟腔内壁

（注：照片为笔者拍摄）

　　　第四章　两周越地青铜编钟音响性能分析

从邳州九女墩3号墓所出土的这一套编甬钟、一套编纽钟的调音锉磨及音梁设置状况来看，编甬钟的调音锉磨痕仍集中于于口内沿，音梁保存较为完整，其原因或者在于其调音方法尚处于由内唇锉磨向多重锉磨的过渡阶段，或者经过内唇锉磨已经达到调音预期要求因而不必继续锉磨音梁，但由于此套编甬钟已经残破而未经测音，无法得知正侧鼓音的音准状况，其原因只能存疑；而编纽钟的调音锉磨不但存在于于口，且多钟的音梁被锉磨殆尽，可见其为多重锉磨的典型例证。从邳州九女墩3号墓编纽钟的调音情况来观察，多重锉磨的调锉位置仍然集中于两铣角、两正鼓、四侧鼓八处，而这一状况与单纯内唇锉磨的磨砺部位是相同的，只是侧鼓处的锉磨由于口转移到音梁上的区别。

在越地出土的编钟中，同属多重锉磨的还有春秋晚期江苏邃亽编纽钟、春秋晚期江苏六合程桥2号墓编纽钟、东周江苏连云港尾矿坝编纽钟等。但由于《中国音乐文物大系》中已经载有这些编钟相关调音锉磨状况的总结性叙述，且笔者本人并未进行实地调查，因而在此不再复述。

第二节　音响性能其他相关因素分析

乐钟的音响性能除受其内壁调音锉磨状况的影响外，还涉及乐钟的形制、构造、用铜量等多方面的因素。以下将从上述三个方面逐一进行分析。

一、形制因素

　　中国先秦青铜乐钟，有着独特的合瓦形外形，也正是这种独特的外形，使得先秦乐钟先天便具有发出双音的条件。关于钟的形制对音响性能的影响，古人已有着感性的总结。《周礼·春官宗伯·典同》载："凡声，高声磛，正声缓，下声肆，陂声散，险声敛，达声赢，微声韽，回声衍，侈声筰，弇声郁，薄声甄，厚声石。"[1] 当代学者戴念祖从物理声学的角度对这段文字作出如下诠释[2]：

　　　"高声磛"：钟的上部口径太大，声音在钟里回旋不出。

　　　"正声缓"：钟的上下口径相当，声音缓慢地荡漾而出。

　　　"下声肆"：钟的下部口径太大，声音很快放出，无荡漾余音。

　　　"陂声散"：钟的一边往外偏斜，声音离散不正。

　　　"险声敛"：钟的一边往内偏斜，声音不外扬。

　　　"达声赢"：钟体大，声音洪亮。

　　　"微声韽"：钟体小，声音发哑。

　　　"回声衍"：钟体圆，声音延展，延长音多。

　　　"侈声筰"：钟口偏大，声音发咋，有大声喧哗之感。

　　　"弇声郁"：钟口偏小，声音抑郁不出。

　　　"薄声甄"：钟壁太薄，声音颤抖发散。

　　　"厚声石"：钟壁太厚，声同击石。

---

① ［清］孙诒让撰《周礼正义》，中华书局1987年版，第1874页。

② 戴念祖《中国物理学史大系·声学史》，湖南教育出版社2001年版，第130—131页。

结合戴氏从物理声学范畴的研究，从乐钟的形制方面来看，钟体的浑圆程度、修长程度、外侈程度，都会对乐钟的音响性能产生影响。而钟形对音响性能的影响从总体上来总结，即钟体大、短、阔、外侈，均为声音传出迅速、余音衰减较快的形制因素；而钟体小、长、窄、内敛，均为导致声音循环难出、余音持续较长的形制因素；此外，钟体的浑圆程度还对正侧鼓音的隔离度产生影响，钟体越偏浑圆其隔离度越差，当成为圆钟时则成为只能激发一个基音的单音钟。对钟体浑圆程度的判断，有赖于形制分析中对$\frac{舞修}{舞广}$和$\frac{铣间}{鼓间}$两组比值的观察，$\frac{舞修}{舞广}$代表的是钟体舞部的浑圆程度，$\frac{铣间}{鼓间}$所代表的是钟口部的浑圆程度，这两项的比值越大则浑圆程度越低（即钟体偏扁），反之则浑圆程度越高。

结合本书第二章第三节中，经越地编钟形制分析所反映出的区域性形制特点来看，不同地区出土的不同类乐钟都具有不同的音响特点。

从镈钟自身所共有的形制特点来看，由于镈钟的于口平齐无弧曲、两铣侧棱不明显，这些形制特点使其钟体更偏浑圆，于口部截面较接近椭圆形。钟形偏圆除有"回声衍"的效果（即声音余音较长，且同时有多个延长音存在而导致音响含混）外，还会由于钟腔合瓦形结构并不明显而使得侧鼓音存在独立性较弱、发音含混不清的状况，因此王子初曾指出"绝大多数镈钟不能证明是双音钟，镈的侧鼓音并非设计音高"[1]。除却以上所述镈钟自身所共有的音响性能特点之外，结合第二章第三节对越地编镈区域性特点的分析结果来看，江苏地区的

---

① 王子初《新郑东周祭祀遗址1、4号坑编钟的音乐学研究》，《文物》2005年第10期。

编镈与《考工记》中所载钟体形制较为相近，具有舞部及口部的浑圆程度较为接近，以及钟身正面与侧面的外侈程度较为接近的形制特征，与《周礼·春官宗伯·典同》所言"正声缓"的钟体形制较为相符。

甬钟的形制相对镈钟修长（参考本书第二章镈钟与甬钟由$\frac{铣长}{铣间}$一项的比值所反映出的修长程度），于口弧曲及两铣侧棱明显，钟体呈合瓦形，浑圆程度小于镈钟（参考本书第二章镈钟与甬钟由$\frac{舞脩}{舞广}$、$\frac{铣间}{鼓间}$两项的比值所反映出的钟体浑圆程度）。由于以上多方面因素的共同作用，使得甬钟比镈钟具有更好的双音性能，且余音的消散相对较快。除却以上所述甬钟自身所共有的音响性能特点之外，结合第二章第三节对越地编甬钟区域性特点的分析结果来看，广东地区编甬钟的钟形基本上具有舞部及口部的浑圆程度较为接近，以及钟身正、侧面的外侈程度较为接近的特点，而其区别于其他地区编甬钟最显著的特点，是这些编钟钟身的修长程度大大高于广东以外的任何区域。综合以上钟形特点来看，由于较长的钟体不利于声音快速地传出及衰减，因此会具有余音较长的特点；江西地区编甬钟的外形基本上呈现较为短阔的特点，结合其与镈钟$\frac{舞脩}{铣间}$与$\frac{舞广}{鼓间}$两项所反映出的"侧面外侈程度与镈钟相当但正面外侈程度高于镈钟"的情况来看，短阔而外侈较为明显的钟形，其声音传出较快且余音相对较短，为《考工记》所言"钟大而短，其声疾而短闻"[①]的状况。

纽钟是一种既具有甬钟优良的音乐、音响性能，又具有与镈钟相同的悬挂方式，同时又因体形相对较小而使用方便的乐钟。也正是由

---

① ［清］孙诒让撰《周礼正义》，中华书局1987年版，第3270—3271页。

于纽钟较甬钟而言体形较小、钟壁较薄，因而具有发音清脆、余音较短的音响特点。除却上述纽钟自身所共有的音响性能特点之外，结合本书第二章第三节对越地编纽钟区域性特点的分析结果来看，湖南纽钟具有仅次于广东甬钟的修长外形，这种钟形声音传出较为舒缓而不急躁，余音较长，符合"钟小而长，则其声舒而远闻"[1]的状况。

相对于镈、甬钟、纽钟来说，句鑃是一种新式钟形。所谓"新"，一方面表现在其通常所采用的"植奏"的演奏方式；另一方面也表现在其钟体形制比例与《考工记》所载比例在整体上的明显偏离（参考本书第二章中句鑃"对比标准差"的整体状况）。从本书对几套编句鑃的形制分析结果来看，这些编句鑃不但自身的形制规范较弱，其相互之间亦存在较大的形制差别，无法得出某一地区所共有的形制规范或形制特点，因此也无法从整体上由其共同的形制特点得出共有音响性能的倾向。从个例来看，战国时期江苏出土的淹城句鑃和高淳松溪编句鑃 $\frac{舞脩}{舞广}$、$\frac{铣间}{鼓间}$ 两项的比值明显高于理论值，$\frac{舞广}{铣间}$ 和 $\frac{舞广}{鼓间}$ 两项的比值则低于理论值，由此体现出钟体浑圆程度大大扁于《考工记》所载，而两铣的外侈程度则明显大于《考工记》，可见两套编句鑃的声音传出较快，余音相对较短。

关于两周时期羊角纽钟和筒形钟的音响性能，由于出土文物匮乏、形制数据不全，无法根据现有资料细致分析。但在本书第二章针对云南万家坝羊角纽钟的形制分析中已经指出，由于云南万家坝羊角纽钟 $\frac{口长}{口宽}$ 一项的值为1.16至1.19，而其他越地编钟此项的值绝大部分都在

---

① [清] 孙诒让撰《周礼正义》，中华书局1987年版，第3270—3271页。

1.30甚至1.40之上。此项数据越小则说明钟口越偏浑圆[①]，而钟体越浑圆则双音的隔离度越差，因此此套编钟双音性能很有可能不甚理想，可能存在侧鼓音音量小、不清晰、不易被激发的状况。而这应该正是秦序、吴学源二位学者在为此套钟测音时认为其"无明显一钟双音"的原因。

二、构造因素

从乐钟的构造来看，钟腔内部音梁结构、枚，都是影响乐钟音响性能的因素。

音梁出现的起因，在于合瓦形结构钟体在音响性能上所具有的先天缺陷——正侧鼓音音量不平衡，即侧鼓音的音量先天就弱于正鼓音。而位于钟腔四侧鼓位置的音梁结构，可以增加乐钟侧鼓部位承受外力撞击的能力，使其能够充分振动而增大侧鼓音的音量，从而改善双音钟的双音性能。[②]从整个越族分布地区来看，西周时期的编钟内腔尚未出现音梁；进入春秋以后，江苏地区的部分编镈、编甬钟、编纽钟，以及广东地区的部分编甬钟，出现了音梁设置。江苏编钟的音梁状况，可说是涵盖了音梁发育过程中的各个阶段，从发育尚不成熟的低矮音梁（如春秋晚期江苏六合程桥2号墓编镈、战国早期江苏邳州九女墩2号墩1号墓编镈），到已经发育成熟、兼具调音功能的音梁（如春秋晚期江苏

---

① 此处针对钟体浑圆程度的分析，应结合舞部的浑圆状况共同观察。但由于云南万家坝羊角纽钟形制特异且数据不全，在此仅能针对口长与口宽的比值进行推论。

② 王子初《中国青铜乐钟的音乐学断代——钟磬的音乐考古学断代之二》，《中国音乐学》2007年第1期。

邳州九女墩3号墓出土的编甬钟及编纽钟，以及同属春秋晚期的邃六编纽钟、六合程桥2号墓编纽钟、连云港尾矿坝编纽钟），都能找到其存在的例证。广东出土的春秋博罗陂头神编钟和清远马头岗编钟的内腔有音梁设置。这两套编甬钟的音梁均较为低平，音梁上无调音锉磨痕，应处于音梁尚未被赋予调音功能的发展阶段。除江苏、广东以外，其他地区的编钟尚未发现有音梁存在的证据。另有江西、湖南地区出土的单件钟共三例，钟腔内部设有音梁。上海博物馆藏江西临江出土春秋晚期者减钟（之一[①]）（见图4-5），钟腔内壁四侧鼓部音梁长约7.0至9.0厘米，宽约3.2至3.5厘米，音梁保存较完整，于口正鼓明显有经调音锉磨的痕迹。

 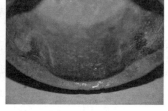

者减钟a　　　　　　　　　　者减钟b

图4-5　春秋晚期者减钟钟腔内壁

（注：照片为上海博物馆马今洪拍摄）

江西出土的战国时期修水曾家山纽钟，钟腔内壁四侧鼓音梁长约15.5厘米、宽约2.5厘米，自口沿处向舞底延伸且逐渐低平，至中腰处消失。另有春秋时期湖南岳阳烂泥港纽钟钟腔内壁设有音梁，可惜笔

[①] 据记载，者减钟共十一件，分属两套，上海博物馆馆藏一件，见马承源、王子初主编《中国音乐文物大系·上海/江苏卷》，大象出版社1996年版，第50页。

图4-6 修水曾家山纽钟
（注：照片为江西省博物馆王宁拍摄）

者未能联系上岳阳县文物管理所，对此钟音梁的具体状况尚不清楚。总之，能够关注乐钟双音音量的平衡问题并在钟腔内部设置音梁的越族分布地区，以江苏最为突出，不但设有音梁的编钟数量多，且音梁的状况涵盖了其发育过程中的各个阶段；广东地区有两套编钟内腔设有音梁，均应处于不具调锉功能的发展阶段；江西、湖南地区虽尚未发现有编钟内腔设有音梁，但在单件的钟上，亦有个别钟具音梁设置。

关于钟枚的作用，清人阮元著文曰："余乃令其别择一钟，挫其乳之锐者，乳钝而音改矣。夫乃知《考工》但著磨磬之法，而不著磨钟之法者，为其枚之易磨，人所共知，不必著于书也。"[①]他认为钟枚具有调节音高的作用，但这一理论至今未被学者证实。宋人王黼认为"枚所以节声而长短异状……枚短则声不能节而有隆杀"[②]，意即枚可以抑制钟体余音的振动。当代学者戴念祖从物理声学的角度对枚的作用作出解释，认为对称排列的钟枚"可纠正铸造不均匀性，使振动节线更为整齐。再则，它可以起振动负载作用，使其较快衰减"[③]，其解释支持了王黼的观点，即认为钟枚可以抑制钟体振动，加快余音的衰

---

① ［清］阮元撰《揅经室集·钟枚说》，邓经元点校，中华书局1993年版，第117页。

② ［宋］王黼《重修宣和博古图》（卷二十二），明万历三十一年（1603年）本，第4页。

③ 戴念祖《中国物理学史大系·声学史》，湖南教育出版社2001年版，第124页。

263　　第四章　两周越地青铜编钟音响性能分析

减。由此可见，钟枚能够减轻乐钟音响含混不清的程度，从而缓解乐钟在音乐实践活动中余音与余音之间相互干扰的状况。

一般来说，甬钟上枚的数量通常为36个，钟身两面各18枚，但在越地出土的乐钟中，尚有少数甬钟的枚并非36个。

表4-1　越地出土非36枚型式甬钟相关状况统计表　　　　　单位:个

时期	出土地	钟名	枚数	备注
西周	广东	连山三水小甬钟	24	
春秋		清远马头岗2号墓甬钟	24	
		清远马头岗编甬钟	24	
东周		兴宁古树窝编甬钟	30	正面18枚
		增城庙岭编甬钟	30	背面12枚
战国		罗定太平编甬钟(38号、40号、41号钟)	24	其余3钟36枚
		德庆落雁山钟	24	
		云浮大绀山钟	24	
春秋	湖南	单面纹钟	12	背面无枚
战国	湖南①	细虺纹甬钟	20	每面10枚

从表4-1对越地所出土的非36枚型式乐钟的总结状况来看，这类钟集中出现于广东、湖南地区，且以广东地区为多。此外，广东地区有24、30枚的状况，而湖南则与广东并不一致。枚数的不同是根据乐钟自身状况所作出的应机调整，还是系当地越民族的传统或创新钟式？其与常见的36枚钟从音乐声学的视角来看具有什么差别？这些问题尚待深入研究。

笔者认为，结合东周时期湖南、广东地区的乐钟所存在的简化、

---

① 收集品,藏于湖南省博物馆。

省略钟上纹饰的客观状况来看（见表5-1），钟枚数量的减少、钟体两面枚数不等的状况，应是由于越地乐钟的设计与铸造越发不复先前般受重视，工艺粗糙、纹饰马虎、不符合规范、偷工减料的原因。对于古今学者对钟枚作用的剖析，笔者赞同宋人王黼与今人戴念祖的结论，即钟枚能够在一定程度上抑制钟体的振动，从而加快余音衰减，减轻乐钟音响含混不清的程度，其目的应为缓解编钟在音乐实践活动中所存在的余音与余音之间相互干扰的状况。从这个切入点去思考，越地部分乐钟的钟枚数量不合传统的现象，其本质也许是乐钟地位的下降。钟枚是具有实用功能的，它能够对乐钟的音响性能产生影响，但要承认的是，与纹饰的装饰、象征作用、乐器的演奏性能等显性功能相比较，钟枚所具有的功能是相对隐性的，不易被使用者所意识到。在本书第五章第一节针对乐钟纹饰的分析中认为，乐钟在越地有着从"神器"到"礼器"再到"乐器"的地位变化。也就是说，编钟的设计与铸造逐渐更重实用性，在保留编钟原有音乐性能的同时，通过简省纹饰而大量减少设计、铸造编钟所耗费的时间、人力与财力。且由于钟枚的功能性并不易被察觉，逐渐被认为是仅具外形上的装饰功能也是可能的。在这种状况下，对虽具实用功能却不被知觉的钟枚，在数量上出现或减少或两面不一的有悖传统的型式是不难理解的。

三、用铜量

从乐钟的材质方面来看，乐钟整体所用的用铜量也对乐钟的音响性能产生影响。对乐钟用铜量的关注，是王子初首先提出并使用的方法，即观察乐钟钟身高度与钟体重量的比值，比值越小则用铜量越高、铜胎越厚，反之则越薄。王氏所用这一方法的依据，在于不同厚度的钟体受到外力撞击时的振动模式不同。当铜胎较薄或厚薄不匀时，钟体受到外力撞击便会产生较大的形变，钟体呈不规则、不稳定的振动模式，导致声音颤抖不聚；只有在铜胎具有一定厚度时，钟体承受外力撞击的能力才较强，形变较小，从而能够保持稳定的振动发声。导致铜胎较薄或薄厚不匀的原因是多样的，如铸造过程中的偷工减料，抑或是调音过程中的过度锉磨等。现将越地出土编钟$\frac{\text{钟身高}}{\text{钟体重}}$的状况总结如下：

表4-2 越地出土青铜编钟用铜量二十二联表

时期	钟名	编号	钟身高/钟体重
春秋晚期	江苏六合程桥2号墓编镈	10:16947-1	5.63
		10:16947-2	6.07
		10:16947-3	6.39
		10:16947-4	6.20
		10:16947-5	5.72

时期	钟名	编号	钟身高/钟体重
春秋晚期	江苏邳州九女墩3号墓编镈	93PJM3:1	残
		93PJM3:2	残
		93PJM3:3	残
		93PJM3:4	2.23
		93PJM3:5	2.94
		93PJM3:6	3.28

时期	钟名	编号	钟身高钟体重
春秋早中期	江苏东海庙墩编钟	449	7.63
		450	3.43
		451	3.36
		452	3.51
		454	残
		453	6.35
		455	残
		456	残
		457	5.73

时期	钟名	编号	钟身高钟体重
春秋晚期	江苏遵邙编镈	10:25291	4.55
		10:25292	4.15
		10:25293	5.69
		10:25294	5.87
		10:25295	6.32

时期	钟名	序号	钟身高钟体重
战国早期	江苏邳州九女墩2号墩1号墓编镈	1	3.06
		2	3.95
		3	4.02
		4	5.10
		5	5.93
		6	7.08

时期	钟名	编号	钟身高钟体重
春秋晚期	江苏邳州九女墩3号墓编组钟	93PTM3:11	7.32
		93PTM3:12	残
		93PTM3:13	8.53
		93PTM3:14	10.40
		93PTM3:15	11.75
		93PTM3:16	12.18
		93PTM3:17	12.10
		93PTM3:18	13.38
		93PTM3:19	残

时期	钟名	编号	钟身高 钟体重
春秋晚期	江苏遂谼编钟	10:25274	5.64
		10:25275	7.19
		10:25276	8.79
		10:25277	11.15
		10:25278	7.11
		10:25279	11.27
		10:25280	10.18

时期	钟名	编号	钟身高 钟体重
春秋晚期	江苏六合程桥2号墓编钟	10:16946	5.97
		10:16947	5.85
		10:16948	6.99
		10:16949	6.84
		10:16950	7.32
		10:16951	8.73
		10:16952	8.06

时期	钟名	编号	钟身高 钟体重
春秋末期	江苏六合程桥1号墓编钟	10:8721-1	4.25
		10:8721-2	4.39
		10:8721-3	5.00
		10:8721-4	5.11
		10:8721-5	4.82
		10:8721-6	5.00
		10:8721-7	6.04
		10:8721-8	5.85
		10:8721-9	6.05

时期	钟名	序号	钟身高 钟体重
战国早期	江苏邳州九女墩2号墩1号 墓编纽钟	1	7.32
		2	6.00
		3	6.88
		4	9.60
		5	9.71
		6	10.67
		7	11.27
		8	8.43

时期	钟名	序号	钟身高 钟体重
战国	江苏淹城句鑃	1	5.18
		2	5.86
		3	8.34
		4	11.37
		5	12.67
		6	14.82
		7	17.07

时期	钟名	序号	钟身高 钟体重
战国	江苏高淳松溪编句鑃	1	12.12
		2	16.45
		3	22.77
		4	25.80
		5	33.33
		6	48.00
		7	41.50

时期	钟名	编号	钟身高 钟体重
春秋	横8字纹编钟	21918	6.02
		21914	5.72
		21913	7.33

时期	钟名	编号	钟身高 钟体重
西周	江西吉水甬钟	296	2.50
		297	3.53
		298	4.76

时期	钟名	编号	钟身高 钟体重
春秋	广东博罗陂头神编钟	0638	残
		0639	1.78
		0640	2.22
		0641	3.23
		0642	3.40
		0643	残
		0644	残

第四章 两周越地青铜编钟音响性能分析

时期	钟名	编号	钟身高 钟体重
春秋	广东兴宁古树窝编钟	0001	2.74
		0002	2.78
		0003	3.20
		0004	3.44
		0005	残
		0006	3.67

时期	钟名	编号	钟身高 钟体重
战国	广东罗定太平编钟	甲4832	7.94
		甲4833	9.52
		甲4834	15.33
		甲4835	残
		甲4837	残
		甲4836	残

时期	钟名	编号	钟身高 钟体重
春秋早期	浙江江山编钟	1	7.61
		2	10.71
		3	13.00
		4	19.06
		5	18.75
		6	21.75

时期	钟名	编号	钟身高 钟体重
战国	广东肇庆松山编钟	甲4235	3.62
		甲4236	4.87
		甲4237	5.40
		甲4246	6.97
		甲4238	9.11

时期	钟名	编号	钟身高 钟体重
春秋	广东博罗苏屋岗编钟	甲1705	2.97
		甲1704	2.70

时期	钟名	编号	钟身高/钟体重
战国早期	湖南浏阳纸背村编钟	22022 1/9	18.30
		22022 2/9	22.38
		22022 3/9	20.63
		22022 4/9	23.17
		22022 5/9	21.43
		22022 6/9	25.09
		22022 7/9	23.09
		22022 8/9	24.44
		22022 9/9	24.22

时期	钟名	编号	钟身高/钟体重
春秋	安徽广德编句鑃	045·1	5.77
		045·2	6.68
		045·3	8.29
		045·4	7.42
		045·5	6.56
		045·6	残
		045·7	12.00
		045·8	残
		045·9	残

从以上所总结的越地编钟用铜量状况,可以清晰地看到每套钟甚至同套钟中每件钟的状况。$\frac{钟身高}{钟体重}$的值较小,则说明钟身的高度较小或钟体重量较重,即用铜量相对较大;反之则说明用铜量相对较小。当用铜量相对较大时,钟体的铜胎较厚,则乐钟发音稳定、音质较好;用铜量相对较小,则钟体铜胎偏薄,发音颤抖而不稳定,音质相对较差。

笔者认为,在对比各钟$\frac{钟身高}{钟体重}$的值时,应注意不同类乐钟的自身构造对这一比值的影响,镈钟、纽钟的数值在一定程度上可以相互对比,甬钟、句鑃的数值在一定程度上可以相互对比;其余钟之间的对比,偏差理应较大。这是因为,作为分子的"钟身高"是指钟体通高减去甬、纽部的高度所余的钟身高度；分母"钟体重"是指乐钟整体的重量。
镈钟与纽钟纽部的重量，在通常状况下会比甬钟及句镶甬部（有时含泥芯）的重量轻，在"钟体重"的数据已经包含甬、纽部重量的情况下，由于分母偏小则数值偏大，镈钟及纽钟$\frac{钟身高}{钟体重}$的数值会由于纽与甬在重量上的差别而比甬钟、句镶的数值偏大，从而在数值的大小上表现出铜胎较薄的表象。此外，钟身在相同高度、相同重量下所存在的窄、阔程度的差别，不会对$\frac{钟身高}{钟体重}$的数值产生影响，却肯定会在钟体铜胎的厚薄程度上存在差别，这也会造成对用铜量判断的偏差——较窄的乐钟铜胎较厚，偏阔的乐钟则铜胎较薄，但在$\frac{钟身高}{钟体重}$的比值中无法显示出来。

　　总之，$\frac{钟身高}{钟体重}$的值对用铜量的反映，可以从总体上看出同一套编钟内部各钟铜胎大致的厚薄，并可由其体现一套编钟音质的总体状况及个体差别；在对比不同乐钟的时候，不论是否属于同一类钟，都需要结合其钟身形制特点以及甬、纽部的状况去综合考量，而非直接将$\frac{钟身高}{钟体重}$的值进行对比。换言之，笔者认为，$\frac{钟身高}{钟体重}$对用铜量的反映可做笼统的观察，而非精确的量化分析。

第五章
两周越地青铜编钟的存在状态

所谓"存在状态"，这里是指越地编钟在其所属时代中所处的地位及存在、发展的状况等问题。不同时期钟上纹饰的特点及纹饰风格的转变，是否蕴含乐钟自身地位的变化？各个时期、各个地域的乐钟形制，是否具有相对统一的规范性要求？各时期、各地区的乐钟，其钟上双音所处的状态是否相同？以上问题，都是笔者试图在本章进行论述的内容。

笔者认为，对两周越地青铜编钟存在状态的观察，需要尽可能穷尽相关出土资料。对虽不属本书核心范畴，但却确实相关的资料的分析，是观察两周越地青铜编钟存在状态所不可缺少的支撑材料；更何况，由于编钟出土分布的状况并不均匀，一些地区的编钟出土状况并不足以作出相对深入的分析与结论。因此，笔者在本章的论述中，结合了商代以及两周时期的未成编乐钟来共同分析，以求得出更加全面且客观的结论。

第一节　纹饰及其风格的转变

　　纹饰，是我国古代青铜器的重要组成部分，对其进行研究是十分重要且必要的。由于青铜器的纹饰随时代的不同有着不同的发展和变化，不同地域的青铜器纹饰又各具特点，李学勤指出："青铜器的纹饰是青铜器分期、分域的最好标准之一。因为纹饰比铭文普遍得多，素面也是一种纹饰。纹饰就和语言一样，你只要看得懂，就能看出它是什么时期的、什么地区的。"[①]笔者认为，在考古学界对各套编钟的大致年代已经有了基本判断的状况下，对越地编钟主要纹饰的统计，以及特色纹饰符号的分析，能够反映出越地各地区所具有的区域性装饰风格。在对不同时期的纹饰特点进行总结时，笔者将会结合未成编乐钟的纹饰一同参照，至少从目前看来，青铜乐钟的纹饰主要是带有时代、地域审美的特性，成编或不成编并不会直接导致纹饰风格的迥异。因此，将所有乐钟综合考虑，会使本书对越地乐钟纹饰特点的总结更加全面且可靠。

　　青铜器的纹饰可以归纳为自然物象纹、动（植）物形象纹、几何图形纹、人物形象纹四类。其中，自然物象纹反映了古人对云、雷、水等自然物象的观察与抽象；动（植）物形象纹据信源自氏族的图腾，是一种关于人类起源的崇拜与幻想；几何图形纹是一些由圆形、三角形等几何图形组成的图案；人物形象纹既包括如曾侯乙编钟铜人立柱

---

① 李学勤《中国古代文明十讲》，复旦大学出版社2003年版，第144页。

一般的圆雕,亦包括青铜器表面人物形象的图案①。商周越地乐钟的钟体纹饰主要集中于前三类。

一、商

从出土状况来看,越族分布地区除两周时期的乐钟外,还出土有大量的商铙。从对目前越地大铙出土状况的统计来看,商代大铙主要集中于湖南和江西地区,且以湖南地区数量最多,纹饰亦最具特色;皖南、福建亦有个别出土。

从越地出土铙的纹饰来看,商铙最为常见的纹饰是"兽面纹"与"云雷纹"的组合。"兽面纹"是一种将动物头部正面图像夸张化的狰狞图案,宋人曾根据《吕氏春秋》中的记载将其称为"饕餮纹"。但由于"饕餮"在记载中是一种有首无身的怪兽形象,而青铜器上的怪兽有些是有身躯的,因此学者们认为用"饕餮"去概括所有的怪兽形象是不合适的,故改称此类纹饰为"兽面纹"。"云雷纹"是一些连续的回旋状线条,源自古人对自然现象中的云与雷的观察、描绘与抽象。其中,圆弧卷曲的为"云纹",方形回折的为"雷文",云纹与雷文又统称为"云雷纹"。

除兽面纹与云雷纹这两种最为常见的纹饰外,湖南出土的大铙上还有幻想动物纹"夔龙"及写实动物"蛙""鱼""龟""象""虎"的纹饰,这些纹饰既能搭配使用,亦有单独出现的情况。"夔龙纹"是

---

① 张跃进《青铜时代之二——青铜器上的纹饰》,《收藏家》2005年第4期。

"夔纹"与"龙纹"的统称,所描绘的是一种侧身、似龙、仅一足的神兽①。夔龙纹与龟(株洲兴隆铙)、与鱼(宁乡师古寨象纹大铙,湖南省博物馆馆藏编号39202)形纹饰的搭配,以及蛙形纹饰的使用(浏阳柏嘉铙),应是象征着水性的能量,祈祷相应的庇佑。"象纹"首见于商代晚期,据统计研究表明,除山东地区出土了卷象鼻足鼎的个例之外,商代晚期的象纹青铜器集中于湖南地区。另外,从考古发掘现状来看,属于先越文化圈的河姆渡、崧泽文化遗存的墓葬中,出土了象牙雕刻、象牙手镯等象牙制品,可见越地青铜器上的"象纹"应是财富与地位的象征。②"虎纹"亦出现于湖南地区的大铙纹饰中。湖南商铙上的虎纹,既有如宁乡师古寨虎纹大铙侧鼓部立虎、宁乡师古寨编铙鼓部虎纹的偏于平面的纹饰,亦有宁乡北峰滩四虎大铙于内腔四侧鼓处的四只立体虎饰。据相关研究认为,"虎纹"应是源自氏族的图腾崇拜。③此外,由于青铜乐器自身所具有的音乐性能,虎纹对铙的装饰除代表对图腾祖先的崇拜之外,亦可能是对青铜乐器所发音效的震慑效果与"虎啸"的比拟。特别是宁乡北峰滩四虎大铙于内腔四侧鼓处的四只立体虎饰,让人很容易将青铜钟的音效与猛虎的吼啸声联系起来。

总之,商代大铙上的纹饰,集中于自然物象纹与动物形象纹,总体上主要有兽面纹与云雷纹两种;湖南大铙除以上两种纹饰外,还有幻

---

① 段勇《商周青铜器幻想动物纹研究》,上海古籍出版社2003年版,第62页。
② 马强《商周象纹青铜器初探》,《中原文物》2010年第5期。
③ 熊传新《商周青铜器的动物造型和纹样与古代图腾崇拜》,《南方民族考古》(第三辑),四川科学技术出版社1991年版,第63—68页。

想动物纹"夔龙"及写实动物纹"蛙""鱼""龟""象""虎"的纹饰，较其他地区大铙的纹饰更具特色。

越地还出土有两例商代的镈——江西新干大洋洲镈与湖南邵东民安镈。此两件镈共同的纹饰特点是钟身都有鸟形装饰物。新干大洋洲镈的舞部两端各饰有一鸟，邵东民安镈钟体正中的扉棱上部饰有一高冠凤鸟。此时的鸟形装饰，虽然并非像标示乐钟侧鼓音的凤鸟纹那般印证着乐钟所具有的双音性能，但凤鸟自古便与乐律相关。从这一意义上来思考，新干大洋洲镈和邵东民安镈上的纹饰虽然仍保留令人心生畏惧的兽面纹，但由于凤鸟更像是传递上界福音的使者而非作乱人间的怪兽，因而凤鸟装饰的出现使得钟上的纹饰风格由沉重转向轻松，由震慑威武转向轻盈飘逸。

二、西周

西周时期的大铙仍然集中出土于湖南和江西地区，但江西出土铙的数量已经呈现出与湖南地区平分秋色的局面了；另有江苏与福建地区有个例出土。越地出土的西周大铙，除江苏地区的江宁许村兽面纹大铙外，其他大铙的纹饰已经不见醒目狰狞的兽面纹，而是改以云雷纹为主；商代时装饰于湖南大铙之上的夔龙纹，此时亦在江西大铙上出现；几何图形纹继自然物象纹与动（植）物形象纹之后，成为越地大铙的常见纹饰。湖南出土大铙上的几何图形纹，以C形纹与圆点纹最为常见，二者既可搭配使用（醴陵有枚铙、安仁荷树铙），亦有单独出现的状况。江西大铙上的几何图形纹类型多样，有圈点纹、栉纹、三角纹等，无某一纹饰被明显集中使用的现象。这一时期的江西大铙上还出现了窃曲纹。窃曲纹是由早期的饕餮纹、象鼻龙纹变形发展而来的，[①]是动物形象纹的一种，江西大铙的这一纹饰特点是其他地区所未见的。西周早期的湖南安仁荷树铙，其钲间饰有立鸟。这种立鸟的装饰与商代江西新干大洋洲镈以及湖南邵东民安镈的鸟饰虽然装饰部位不同，但同属"饰"的性质，并非与一钟双音相关联的凤鸟纹。

湖南出土了三例西周镈钟，其他越族分布地区未见西周镈钟出土。从镈上的纹饰来看，除资兴云纹镈由于扉棱残缺纹饰不明外，衡阳金兰市镈和浏阳黄荆村镈都保留有商代镈钟纹饰所见的兽面纹与凤鸟装饰，可见仍然延续了商代晚期镈钟的装饰风格。但在这些镈钟上，兽面纹已经大大简化。特别突出的例子是衡阳金兰市镈，钟上共有上下两个兽面，每个兽面均简化为由中间的鼻形纹和两边的乳钉纹组合而成，已不复商代兽面纹所自有的纹饰繁复、肃穆狰狞之感，而是线条简洁明晰，表现出一种删繁就简的变化趋势。

西周甬钟在越地的出土，主要集中于湖南、江西、广东三地，以湖南地区最多；福建亦有零星出土。这一时期的甬钟，也许由于钟体表面的分区越发精细，再加上枚的存在，已无较大空间留给纹饰。兽面纹已经不再出现，而是以云雷纹为主，江西地区的甬钟上还出现夔龙纹、窃曲纹的搭配使用（鹰潭甬钟，南昌李家庄甬钟），广东博罗地区出土甬钟的纹饰使用了夔龙纹和辫纹的结合（横岭山18号墓钟，横岭山1号墓钟），湖南临武钟和福建建鸥南雅甬钟上使用了蝉纹。一般

---

① 彭裕商《西周青铜器窃曲纹研究》，《考古学报》2002年第4期。

研究认为，"蝉"经常被作为居高食露、高贵清洁的典型，且由于"蛴螬化为复育，复育转而为蝉"①，蝉又有死而转生的寓意。据学者对带有蝉纹的青铜器的研究显示，蝉纹是商代晚期中原地区青铜器较常使用的一种纹饰②，湖南临武钟和福建建鸥南雅甬钟上之蝉纹，很有可能是受到了中原商周青铜器装饰风格的影响。此外需要提及的是，西周甬钟中的广东连山三水小甬钟，其背面无纹饰。结合连山三水小甬钟自身钟形的不规范状况来考虑——该钟仅具24枚而非甬钟通常所有的36枚，此甬钟背面无纹饰的原因应是越地青铜乐钟的铸造逐渐不复先前一般备受重视，且忽视规范、偷工减料、纹饰马虎。而这一简化、省略钟上纹饰的做法，在东周时期的越地甬钟中出现的数量更多。

西周甬钟的纹饰，最最突出且重要的特点是出现了标示侧鼓音的凤鸟图案。江西地区出土的鹰潭甬钟、南昌李家庄甬钟，湖南地区出土的湘乡马龙钟、湘潭洪家峭钟、临武钟，以及广东博罗出土的横岭山1号墓、18号墓钟，其右侧鼓处均有凤鸟纹。凤鸟纹的出现与存在，可以说是作为乐器的"钟"最最重要的纹饰，亦是青铜器纹饰从带有象征意味的"装饰"向具有实用意义的"标识"的转变。中国先秦青铜乐钟所具有的合瓦形外形，使得乐钟先天便具有发出双音的条件，即具有"原生"的双音性能，但处于"原生"状态的所谓双音钟，并非学界所谓真正的双音钟，真正的双音钟，应是存在于有意识地对侧

---

① ［东汉］王充撰、［清］董诰校《论衡·卷二》，见《钦定四库全书荟要》，乾隆御览本，第12页。

② 景闻《商、西周青铜器写实动物纹饰研究》，西北大学2010年硕士学位论文，第26页。

鼓音加以运用的基础之上的。古人究竟于何时发现了乐钟的双音性能,并逐渐摸索、掌握了调试双音的技术? 这恐怕是个无解之谜,幸运的是,古人在意识到并通过理性控制了侧鼓音的存在后,在乐钟上使用了凤鸟纹对其进行了标识。也正是凤鸟纹的存在,让几千年后的我们可以肯定侧鼓音在古代音乐实践活动中的存在。从越地的乐钟来看,凤鸟纹都出现于乐钟右侧鼓处,左侧鼓音虽与右侧鼓音的音高相同,但凤鸟纹并未重复出现。笔者认为这种纹饰的省略,是由于乐钟演奏的习惯所带来的。编钟的悬置为自左至右体量由大到小、发音由低向高,由于侧鼓音的音高高于正鼓音,按照演奏习惯来看,确实是使用右侧鼓音更为方便顺手且符合音高的走向。对左侧鼓部凤鸟纹饰的省略,虽然打破了青铜器纹饰通常所共有的对称特点,但更加凸显了凤鸟纹的实用意义。

三、东周

东周时期的大铙仅在广东与皖南地区有个别出土。广东出土的两例东周大铙,即曲江钟式铙与佛冈钟式铙,纹饰均为蟠螭纹、云雷纹和刀纹的组合,在装饰风格上具有一致性。"蟠螭纹"为"交体龙纹"的一种。交体龙纹为龙身交替缠绕的形象,其中龙体较为粗壮的被称为"蟠螭纹"[①]。皖南地区的两例铙均为宣州出土,其中,小拐村铙保留西周时期的装饰风格,为夔龙纹、云纹、涡纹的组合;车门口铙为兽

---

① 孟东风《商周青铜器上的龙类动物纹饰》,《吉林师范学院学报》1996年第11期。

面纹和云纹的组合,仍有商代晚期的纹饰特点。

越族分布地区出土的东周镈钟不多,江苏地区有四例,江西、湖南地区各出土一例。此六例镈钟的纹饰均以变体龙纹为主。其中,蟠螭纹为六钟所同有,江苏邳州九女墩3号墓编镈和江西能原镈上饰有蟠虺纹;江苏出土的镈钟上较为明显地使用了几何图形纹,有栉纹、三角纹的组合(邳州九女墩3号墓编镈),还有绳索纹、重鳞纹的组合(遆邡编镈);江西能原镈的纹饰以蟠虺纹为主,衡南对江镈的纹饰以蟠螭纹为主,从纹饰种类上已经出现了精简的态势。

越地东周甬钟的出土主要集中于广东和江苏地区,另有零星出土于浙江、江西、湖南、广西、福建地区。从这一时期甬钟纹饰的特点来看,首先,多数甬钟饰以变形龙纹(蟠螭纹、蟠虺纹、夔龙纹等)与云雷纹的组合纹饰;其次,江西地区出土的两件者减钟均饰有蝉纹,另有广东罗定太平编钟、广西恭城甬钟上亦见蝉纹,可见此种在中原地区青铜器上常见的纹饰,在越地的分布已由西周时期的湖南、福建向多地拓展;第三,除江苏东海庙墩编钟的侧鼓部仍饰有凤鸟纹外,其他甬钟的正、侧鼓部均未见这一纹饰,这应是由于时人对于乐钟一钟双音的性能特点逐渐掌握并熟悉,因而省略纹饰不再额外标记提醒的原因,而这种推测也符合这一时期对钟上纹饰减省的实际状况。钟上纹饰的简化甚至省略的现象,是越地甬钟在这一时期所具有的一个较为显著的特点。有些越地东周甬钟仅饰以连珠纹或细阳线纹起到框格界区的作用,还有相当数量的甬钟属于部分甚至整体都无纹饰装饰的情况。

表5-1　越地出土甬钟简省纹饰状况总结表

时期	出土地	钟名	纹饰特点	备注
春秋早期	湖南	平江钟洞钟	背面无纹饰	
春秋		单面纹钟	背面无纹饰	12枚,背面无枚
		复线S形纹钟	背面无纹饰	篆、钲部无纹饰
西周		连山三水小甬钟	背面无纹饰	24枚
周		连平惠阳甬钟	基本无纹饰	乳钉纹框格
春秋	广东	博罗陂头神编钟	背面篆、钲、鼓部无纹饰	
		兴宁古树窝编钟	背面无纹饰	正面18枚、背面12枚
		清远马头岗甬钟	舞、钲、篆部无纹饰	4457号钟除外;24枚
		博罗苏屋岗编钟	舞、钲、鼓部无纹饰	
		清远马头岗甬钟	基本无纹饰	细阳线框格
		清远马头岗2号墓甬钟	基本无纹饰	细阳线框格,24枚
东周		增城庙岭编钟	背面无纹饰	正面18枚、背面12枚
战国		罗定太平编钟	背面无纹饰	38号、40号、41号钟24枚
		肇庆松山编钟	舞、钲、篆部及背面无纹饰	
		增城天麻山编钟	舞、篆素面	
		德庆落雁山钟	基本无纹饰	细阳线框格,24枚
		云浮大绀山钟	舞、篆、鼓部无纹饰	24枚
春秋晚期	广西	恭城甬钟	背面无纹饰	

上表是笔者统计的纹饰存在简化或省略现象的越地甬钟。从统计结果来看:首先,从时间跨度上来看,继西周时期广东连山三水小甬钟出现了背面省略纹饰的现象之后,春秋至战国时期存在这一现象的甬钟数量显著增多,其中既包括背面省略纹饰的状况,也存在钟体表面部分区域的纹饰简化情况,可见这种简省纹饰的状况在东周时期的发展程度有所加剧;其次,这些纹饰出现简省的钟,其中相当一部分的钟枚并不符合36枚的传统形制,还有两面枚数不等或仅一面有枚的

状况存在；再次，这种纹饰简省的状况较为明显地集中于广东出土的甬钟上。由于青铜乐钟在中国先秦礼乐制度中占有相当重要的地位，其铸造工艺复杂、科技含量高，且设计铸造的技术被集中掌握于专为统治阶层服务的工匠世家。在制度、等级森严的先秦时期，如果是由于铸钟工匠自身的马虎、偷工减料而造成钟上纹饰的简省，恐怕是会累及性命的重大事故。但从这一问题存在的数量来看，应是在统治阶层内部就已经对乐钟的铸造逐渐不复先前重视，从而造成了钟上纹饰马虎、简省且形制不合传统的状况。

越地的东周纽钟主要集中于江苏地区，江西、湖南地区亦有零星出土。越地纽钟的纹饰特点与甬钟近似，多见变形龙纹（蟠螭纹、夔龙纹等）与云雷纹的组合纹饰；越地西周甬钟上所出现的用于标识侧鼓音的凤鸟纹，在江苏出土的连云港尾矿坝编钟上仍然存在，但其他纽钟上未见此纹饰。与江西、湖南地区的纽钟相比，江苏纽钟上多铸刻铭文。在钟上铸刻铭文的传统，源于商周时期的中原地区。越地乐钟有铭文者，应系受到中原文化传统的影响。与图案性质的纹饰相比，文字性质的铭文更具特殊意义，这不单是由于铭文的内容对于传承、鉴定的独特意义，更是在乐钟具有装饰象征性的纹饰逐渐简化的同时，铭文继西周时期出现于越地乐钟的、用于标记侧鼓音的凤鸟纹之后，将钟上纹饰的作用由装饰象征性向功能指示性转化。

春秋时期的青铜句鑃在越地的出土集中于安徽南部及江苏地区，浙江、湖南仅有个别战国时期的句鑃出土，广东地区仅出土有汉代的南越王墓句鑃，由此可见句鑃由起源至传播发展的空间拓展轨迹。句鑃的纹饰风格沿承东周时期钟上纹饰逐渐简省的趋势，整体或较大面积素面，常见蟠虺纹、云雷纹装饰。植物形象纹的使用是句鑃纹饰较为明显的特点，垂叶纹常搭配雷纹形成两条装饰带，饰于钟腔近舞部处。甬钟、纽钟上位于侧鼓的凤鸟纹，在句鑃上未曾发现。从越地出土的句鑃来看，虽然至今仍未发现其内腔有调音锉磨的痕迹或是音梁设置，但就句鑃正侧鼓音程及音列的分析来看，句鑃无疑是双音钟。句鑃上不见凤鸟纹，也许是在纹饰逐渐简化的大趋势下，由于对侧鼓音存在的熟知而作出的省略。

笔者认为，从以上对越地乐钟不同时期纹饰特点的总结归纳来看，各个时期的纹饰可以以"凤鸟纹"为界进行风格时期划分，体现出纹饰的功能从"装饰象征性"向"功能指示性"的变迁。"凤鸟前"时期以"动物形象纹"的兽面纹、龙纹及"自然物象纹"的云雷纹最具代表性；"凤鸟后"时期，以东周时期简省纹饰的装饰风格[1]最能体现越地乐钟在当时的纹饰特点。而这些纹饰所代表的装饰风格，与当时社会的生产力发展水平紧密联系。"生产力"是指人在生产过程中征服自然、改造自然的能力。在生产力水平较为低下时，由于人的生存对外界的依赖性很强，在"万物有灵"观念的支配下，对自然存在的敬畏与祈求庇佑，对危及生命的恶兽的恐惧与寻求安全感，使得古人通过对外界万物的观察与总结，抽象成各种装饰纹饰。这类纹饰主要起到装饰与象征的作用，此即笔者所谓"装饰象征性"的纹饰功能。"凤鸟纹"之所以被笔者作为纹饰风格界定的标志，是

---

① 李学勤曾指出"素面也是一种纹饰"，见《中国古代文明十讲》，复旦大学出版社 2003年版，第144页。

因为随着生产力发展水平的提高，人们征服、改造自然的能力得到了提升，对待未知世界的恐惧逐渐淡化，因而凤鸟的形象已经不再是猛兽神怪，而更像是自上界来到人间传递福音的使者，再加上古籍中对凤凰之鸣与十二律产生的联系，在有乐音演奏功能的乐钟纹饰中出现凤鸟纹，自然应受到重视。但从越地出土的钟上纹饰来看，商代江西新干大洋洲镈及湖南邵东民安镈，此两件镈的纹饰所具有的共同特点是钟身都有鸟形装饰物，但由于此两件镈的鸟形装饰一在舞部、一在扉棱，尚属"饰"的性质而非与侧鼓音相关的凤鸟纹，因此仍属笔者所言"装饰象征性"的功能。到了西周时期，在江西、湖南、广东三地均出土有侧鼓处饰有凤鸟标识的甬钟。此凤鸟纹虽然亦能起到美化钟体表面的作用，但其所在的位置恰恰反映了它的存在有着更为重要的意义——标记侧鼓音的存在，此即笔者所谓"功能指示性"。东周时期，频繁的战争极大地破坏了生产力的发展，编钟所代表的雅乐亦在宫廷音乐中不被喜好，铸钟作为一项劳民伤财的大事，逐渐不受或无力受到重视。在这种历史背景下，仅具装饰象征功能的一般纹饰及已被编钟演奏者所熟知的、用于标记侧鼓音的凤鸟纹被简化甚至省略的现象出现是顺理成章的。纹饰的简省，反映出编钟的设计与铸造逐渐更重实用性，在保留编钟原有音乐性能的同时简省纹饰，使得原本繁复而具震慑威力的纹饰所带来的敬畏沉重之感被淡化，同时大量减少设计、铸造编钟所耗费的时间、人力与财力。在这个发展过程中，乐钟的地位由商铙时的祭祀神器，至"乐悬制度"中具有深刻政治内涵的礼器，逐渐过渡至突出强调自身实用功能的乐器。

总之,笔者认为,越地编钟地位的变化引发自身纹饰风格的变化,其纹饰风格的变化又反映出编钟地位的变化。

第二节　形制的规范程度及特点

关于越地各区域出土编钟的形制规范,在本书第二章第三节中已有结论。在本章本节中,则会主要针对各时期、各区域的乐钟所具形制规范的程度来展开论述。虽然,乐钟在越地的出土有着分布不均匀的实际状况,但从现有出土资料所反映出的地区规范性来看,是能够体现出越地乐钟所具有的形制规范程度的。

表5-2　越地出土中原系统编钟形制规范状况总结表[①]

时期	钟类	地区	钟名	规范程度			与《考工记》关系			备注
				强	中	弱	近	中	远	
西周	甬钟	江西	吉水甬钟		√				√	数据不全,结论偏差大
	甬钟		萍乡彭高甬钟	√				√		
春秋	甬钟	不详	横8字纹编钟	√					√	
	句鑃	皖南	广德编句鑃		√				√	
	句鑃		泾县南容句鑃	√					√	

---

① 由于形制数据严重不全,安徽青阳句鑃、云南万家坝羊角纽钟和云南牟定筒形钟三套编钟无法被纳入本表。

时期	钟类	地区	钟名	规范程度			与《考工记》关系			备注
				强	中	弱	近	中	远	
春秋早中期	甬钟		东海庙墩编钟	√				√		
春秋晚期	镈	江苏	六合程桥2号墓编镈		√				√	
	镈		九女墩3号墓编镈			√			√	
	镈		蓬邖编镈		√			√		数据不全，结论偏差大
	甬钟		邳州九女墩3号墓编钟	√				√		数据不全，结论偏差大
	纽钟		蓬邖编钟	√					√	
	纽钟		九女墩3号墓编纽钟	√					√	
	纽钟		六合程桥2号墓编钟	√				√		
	纽钟		六合程桥1号墓编钟	√				√		
	句鑃	浙江	配儿句鑃		√			√		数据不全，结论偏差大
春秋	甬钟	广东	博罗陂头神编钟		√				√	
	甬钟		兴宁古树窝编钟	√					√	
	甬钟		清远马头岗1号墓编钟	√					√	
	甬钟		清远马头岗甬钟	√					√	
	甬钟		博罗苏屋岗编钟	√				√		
东周	甬钟		增城庙岭编钟						√	数据不全，结论不全
战国	甬钟		罗定太平编钟	√					√	
	甬钟		肇庆松山编钟	√					√	
战国早期	镈	江苏	九女墩2号墩1号墓编镈					√		
	纽钟		连云港尾矿坝编钟	√					√	
东周	纽钟		九女墩2号墩1号墓编纽钟		√			√		
战国	句鑃		淹城句鑃			√			√	
	句鑃		高淳松溪编句鑃			√			√	
战国早期	纽钟	湖南	浏阳纸背村编钟	√					√	

表5-2是对第二章第一节的分析结论——越地编钟钟身形制规范状况的总结,从中既可以清晰看到各套钟在形制设计、制作层面的规范程度,又可以显示其形制与《考工记》所载钟形的相符程度。对规范程度强、中、弱的界定,以第二章第一节每套编钟"总体标准差"的分析结论为准,当仅有零至三项数据的值超过0.05时,被认为是强规范性;四至八项数据的值超过0.05时,被认为是中度规范性;当有九至十五项数据的值超过0.05时,被认为是规范性弱。对与《考工记》所载形制关系近、中、远的程度界定,以第二章第一节每套编钟"对比标准差"的分析结论为准,当仅有零至三项数据的值超过0.05时,被认为是与《考工记》所载形制密切相关;四至九项数据的值超过0.05时,被认为是中度相关;当有十至十五项数据的值超过0.05时,被认为是相关度弱。

需要强调的是,对表5-2中规范程度或相关程度大小的界定,除了需要关注值超过0.05的数值数量外,还需要综合考虑数值超过0.05的幅度。比如:安徽广德编句镭和江苏九女墩3号墓编镈,这两套编钟的总体标准差中超过0.05的数值均为六项,但广德编句镭的结论为中度规范性,而九女墩3号墓编镈却被归入规范性较弱一档。究其原因,广德编句镭超标的数值在0.06至0.09之间,超过的幅度并不大;而九女墩3号墓编镈超标的数值在0.06至0.16之间,且六项中有四项大于等于0.13,可见幅度较大。正是以上原因,笔者对这两套编钟的形制规范状况所界定的结论不同,其余相同。

一、历时性结论

笔者对越地青铜编钟形制规范程度的观察,结合了越地未成编乐钟进行观照并总结。从出土状况来看,越地青铜编钟的所属时期主要集中于东周,结合未成编乐钟的形制规范状况来分析,能够得到较为全面的历时性分析结论。因此,除表5-2中所总结的越地编钟的形制规范状况外,笔者还将越地未成编乐钟的各部位形制比例加以计算整理并求得标准差,期待能从其中观察到不同时期、不同钟类、不同地域的乐钟所具形制规范性的程度。观察这些乐钟的标准差时,笔者认为由于这些钟均非设计、铸造时间相对统一的编钟,对这些未成编乐钟的形制数据偏离大小进行判断的标准可以适当放宽。前文中对编钟标准差数据的判断以0.05为标准,对这些未成编乐钟的形制标准差可以放宽至0.10,即当标准差小于0.10(含)时,形制的规范性被认为相对较强;反之则存在规范性的可能较弱。由于表格数据繁多、占用篇幅较大,囿于排版局限,特将完整表格放置于文末附录处(见附录一、附录二、附录三),本节中仅将这三个附录表格最终的标准差分析结果并列于此。

表5–3　越地未成编乐钟形制比例标准差结果汇总表

时期	统计对象	舞脩/舞广	舞脩/中长	舞脩/铣长	舞脩/铣间	舞脩/鼓间	舞广/中长	舞广/铣长	舞广/铣间	舞广/鼓间	中长/铣长	中长/铣间	中长/鼓间	铣长/铣间	铣长/鼓间	铣间/鼓间
商	商代总体	0.12	0.11	0.05	0.07	0.09	0.08	0.05	0.07	0.06	0.03	0.10	0.14	0.06	0.11	0.12
	商铙	0.12	0.06	0.05	0.07	0.08	0.06	0.05	0.07	0.05	0.03	0.05	0.11	0.06	0.11	0.12
	湖南铙	0.11	0.05	0.04	0.07	0.07	0.07	0.06	0.06	0.05	0.03	0.04	0.11	0.04	0.11	0.10
	江西铙	0.10	0.06	0.06	0.02	0.08	0.03	0.03	0.05	0.06	0.02	0.08	0.04	0.10	0.04	0.13
	皖南铙	0.13			0.01	0.02		0.02	0.02							0.05
	商镈	0.04	0.04		0.02	0.00	0.01		0.03	0.02		0.11	0.10			0.05
西周	西周总体	0.19	0.13	0.10	0.10	0.21	0.11	0.07	0.09	0.17	0.05	0.17	0.34	0.16	0.35	0.28
	西周铙	0.18	0.09	0.09	0.10	0.26	0.06	0.04	0.07	0.20	0.04	0.15	0.31	0.16	0.36	0.34
	西周甬钟	0.21	0.06	0.06	0.05	0.09	0.10	0.09	0.09	0.09	0.04	0.05	0.16	0.07	0.26	0.16
	湖南总体	0.18	0.16	0.11	0.12	0.26	0.11	0.06	0.09	0.22	0.04	0.21	0.38	0.18	0.37	0.34
	湖南铙	0.22	0.11	0.11	0.14	0.33	0.06	0.04	0.09	0.27	0.03	0.19	0.38	0.20	0.44	0.43
	西周镈/湖南镈	0.04	0.02		0.02	0.04	0.02		0.01	0.04		0.08	0.02			0.08
	湖南甬钟	0.07	0.04	0.04	0.03	0.08	0.03	0.03	0.03	0.05	0.03	0.03	0.07	0.05	0.13	0.08
	江西总体(铙)	0.11	0.04	0.04	0.03	0.08	0.05	0.03	0.05	0.03	0.04	0.05	0.09	0.06	0.08	0.11
	广东总体(甬钟)	0.32	0.08	0.07	0.06	0.08	0.15	0.12	0.14	0.12	0.06	0.02	0.24	0.04	0.33	0.21
	福建总体(甬钟)	0.12	0.04	0.05	0.06	0.09	0.03	0.01	0.06	0.05	0.03	0.06	0.03	0.11	0.09	0.09
东周	东周总体	0.21	0.13	0.14	0.12	0.25	0.11	0.09	0.12	0.18	0.07	0.20	0.40	0.25	0.41	0.28
	东周铙	0.21	0.05	0.10	0.10	0.10	0.06	0.06	0.13	0.09	0.04	0.16	0.07	0.14	0.04	0.20
	东周镈	0.08	0.03	0.03	0.04	0.41	0.06	0.06	0.01	0.24		0.09	0.60	0.09	0.60	0.42
	东周甬钟	0.25	0.13	0.11	0.12		0.16	0.09	0.07	0.13	0.15	0.12	0.24	0.11	0.29	0.17
	东周纽钟	0.21	0.07	0.05	0.05	0.12	0.06	0.07	0.12	0.08		0.11	0.07	0.09	0.14	0.14
	东周句鑃	0.09	0.05	0.06	0.11	0.11	0.05	0.05	0.06	0.05	0.01	0.17	0.28	0.21	0.34	0.10
	皖南总体	0.24		0.10	0.12	0.13		0.05	0.12	0.10				0.01	0.02	0.17
	皖南铙	0.01		0.10	0.09	0.11		0.05	0.05	0.06				0.01	0.02	0.05
	皖南句鑃	0.08			0.15	0.12			0.08	0.04						0.13
	湖南总体	0.31	0.09	0.12	0.11	0.40	0.12	0.09	0.13	0.27	0.08	0.12	0.40	0.16	0.29	0.39
	湖南镈	0.02	0.01	0.01	0.00	0.09	0.00	0.00	0.01	0.04	0.00	0.02	0.08	0.02	0.08	0.10
	湖南甬钟	0.38	0.09	0.09	0.13	0.16	0.16	0.10	0.14	0.23	0.04	0.08	0.04	0.03	0.17	0.13
	江西总体	0.09	0.11	0.10	0.14	0.09	0.06	0.06	0.09	0.03	0.06	0.16	0.11	0.21	0.19	0.15
	江西甬钟	0.00	0.03	0.02	0.16		0.02	0.01	0.12	0.00		0.13	0.05	0.17	0.04	0.18
	江西纽钟	0.12	0.08	0.04	0.03	0.14	0.01	0.01	0.04	0.03	0.04	0.10	0.02	0.05	0.10	0.11
	广东总体	0.10	0.12	0.11	0.04	0.08	0.12	0.11	0.04	0.01		0.16	0.33	0.20	0.43	0.12
	江苏总体	0.06	0.04				0.05									

从表5-3数据中的"商代总体""西周总体""东周总体"三行数据来看,自商至西周时期,越地未成编乐钟形制的总体标准差呈明显增大的趋势,即在这一时间过渡中,未成编乐钟的形制在整体上呈现出规范程度明显减弱的趋势;西周至东周时期,虽然仍基本维持这种发展趋势,但减弱的幅度变缓,并不明显。这一方面自然是由于商代至周代乐钟的类型越来越多的原因,从商代主要集中于铙,西周时以甬钟最多,至东周时则又出现了纽钟与句鑃。乐钟类型的不同与增多,必然会由于不同类乐钟自身所固有的形制特点不同,而影响整体的规范程度。从另一方面来看,将同类乐钟在不同时期的标准差进行比对,即观察表5-3中关于铙("商铙""西周铙""东周铙")、镈("商镈""西周镈""东周镈")、甬钟("西周甬钟""东周甬钟")三类乐钟形制标准差的相关数据,会发现根据商末的江西新干大洋洲镈和湖南邵东民安镈形制比例所计算的标准差,与西周镈基本一致,相差不大,但东周镈的标准差明显较之前时期变大,可见商镈与西周镈的规范程度相当,但东周镈的规范程度较之前有所减弱。铙的形制自商至西周的标准差明显增大,西周至东周虽仍呈增大趋势但程度减缓,可见此类乐钟形制的规范程度随时代的推延逐渐减弱。甬钟自西周至东周,形制数据的标准差亦有所增大,可见其形制规范程度逐渐减弱。综上可见,不论是将商、西周、东周三个时期整体的乐钟形制整合来看,还是从各时期同类乐钟的形制分别来看,越地未成编乐钟自商至周其形制标准差总体呈增大趋势,反映出在自商至周的过渡中,越地未成编乐钟形制的规范程度有所减弱。结合表5-2中所总结的两周越地编钟的形制规范状况来看,与未成编乐钟形制的规范程度在东周时期最弱的状况相较，大部分东周编钟形制的规范性反而是较强的，反映出东周乐钟的设计者十分重视成编乐钟的形制在整体上的一致性；对未成编乐钟的形制则不过分纠缠细节，并不用整体上的强规范性去制约它们。

二、地域性结论

以下将分地区对越地各地区乐钟形制的规范程度及特点进行总结。

1. 江苏地区

从表5-2对两周越地出土中原系统编钟的形制规范状况所作出的总结可以看出，虽然由于笔者将数据判定标准制定得较为严格，使得该表格中所设置的与《考工记》关系"近"的一列空置，但从属于"中"一列的编钟来看，其中绝大部分的编钟都为江苏地区所出土。由此可见，江苏地区的编钟与《考工记》所载钟形的相符程度明显超过其他地区。

在第二章第三节中已有结论，江苏地区成编、未成编的甬钟，其形制数据均在不同程度上显示出与《考工记》所载理论钟形相符。纽钟的形制特点分为两类：一类为遭阝编钟、九女墩3号墓编纽钟和连云港尾矿坝编钟，三者的形制具有有别于《考工记》而自成体系的形制特点；另一类为六合程桥2号墓编钟、六合程桥1号墓编钟及九女墩2号墩1号墓编钟，三者的形制表现出既在一定程度上符合《考工记》，又不乏自身特点的强规范性，但江苏编句镶的形制特点有别于这一地区出土的其他类乐钟。从形制数据的对比标准差来看，江苏句镶的十五项形制比例几乎全与《考工记》不符。与越地其他地区所出土的编句镶相比，江苏句镶的形制数据不但与《考工记》所载钟形存在很大差别，甚至其差别的程度都高于其他地区。另外，从钟形的规范程度来看，江苏编句镶自身的规范性较差，远低于同一地区出土的其他类编钟。

总之，笔者认为，江苏编钟的形制在很大程度上与《考工记》所载的乐钟理论形制相符，这一特点是其他地区的编钟形制所不具有的。但随时代的变迁，在历经长期对中原青铜乐钟的学习并模仿之后，越地人民特有的审美逐渐显现，产生了具有越地特色的青铜乐钟，表现出越文化兼收并蓄的特点以及强大的生命力。但从形制的规范程度来看，江苏地区中原系统编钟（即镈、甬钟、纽钟）的规范性显然更强，编句镶的规范程度较弱但越民族特色更加凸显。

2. 广东地区

从表5-2的结论中可以看出，与江苏编钟的形制在整体上表现出与《考工记》所载乐钟理论形制相符的状况恰恰相反，广东地区出土乐钟的形制不但在设计、制作层面具有很强的规范性，更是在整体上具有有别于《考工记》而自成体系的鲜明特点。

相对而言,广东编甬钟中仅有博罗苏屋岗编钟一套,与《考工记》所载形制存在一定程度的相符。但从相符的程度来看,在博罗苏屋岗编钟十五项形制比例的对比标准差中,有六项与《考工记》差距较小,占所有形制比例的五分之二。这一相符程度在表5-2中的所有与《考工记》所载形制"中"度相关的编钟中是最低的。由此,笔者认为博罗苏屋岗编钟的形制特点,无碍于对整个广东地区编钟形制自成体系的判断。

在第二章第三节针对广东编甬钟的分析中,笔者将除具有不同特点的博罗苏屋岗编钟之外的七套编甬钟的形制比例数据进行了对比。由于这些编钟的形制比例数据在相当程度上表现出了近似性,因而笔者认为东周时期广东地区的甬钟铸造在一定范围内是存在较为一致的形制规范要求的。此外,从广东地区编甬钟的形制比例数据来看,与钟体修长程度相关的 $\frac{中长}{鼓间}$ 和 $\frac{铣长}{鼓间}$ 两项,其对比标准差的偏大程度相当高,这一状况是在除广东以外的其他越族分布地区所未见的,说明这些编甬钟钟身的修长程度不但大大高于《考工记》所载,更是明显高于广东以外的任何区域,这亦为广东编甬钟区别于其他地区编甬钟最显著的特点。

从对广东编甬钟形制比例数据的比照来看,这些编甬钟相同部位的比值在一定程度上较为相符,可见广东编甬钟的设计、制作规范在一定程度上是具有统一性的。这种统一虽然只是表现在部分编钟形制上的局部统一,而非整个广东地区整体的完全一致,但结合这些编钟自身所具有的强规范性以及相互间相近的形制数据来综合考虑,笔者认为广东编甬钟存在一定范围内的、统一的形制规范要求。

3. 浙江地区

青铜乐钟在浙江地区极少出土，成编的乐钟更是少见。在笔者所查找到的出土资料中，属于本书核心范畴的仅有配儿句𨱌一套，且这套编钟的形制数据不全，实难作出相对准确的结论。在第二章第三节针对浙江句𨱌的分析中，结合了同为浙江出土的、未成编的其次句𨱌形制数据来一同观察，认为其次句𨱌与配儿句𨱌的形制数据所反映出的特点并不一致。又由于其次句𨱌自身形制数据与配儿句𨱌相差较大，因而笔者认为从现有出土资料来看，东周时期浙江地区的句𨱌铸造并无统一的设计和制作规范。

与青铜乐钟的稀少形成对比，浙江越国贵族墓葬出土了大量用作明器的陶瓷质仿青铜乐钟。对于这一现象，考古学界有两种截然不同的观点。较为普遍的观点认为，越国处蛮荒之地，国家经济实力较弱，铜矿资源匮乏，加上战争对生产力的破坏，使得越国只能将有限的青铜原料集中于兵器与生产工具的生产，并没有经济实力铸造青铜礼乐器。但为了保持贵族阶层的随葬风俗并维护该有的体面，结合当地原始瓷生产较为兴旺的状况，越国贵族选择使用相对廉价的陶瓷质仿青铜乐钟，代替贵重的青铜乐钟作为随葬品中的礼乐器。但亦有学者经研究驳斥了上述观点，并指出：首先，越国的铜矿资源并不稀缺，在《越绝书》《水经注》《战国策》中就记载了当地的姑中山（即铜牛山）和赤堇山两处矿藏，更何况越国在先后灭掉吴、滕、郯、缯国后尽拥其矿,因而说这一地区铜矿资源匮乏是站不住脚的;其次,越国的民族基础是号称"百越之首"的于越,其经济实力绝非低至上层贵族连一件青铜器都无能力随葬的状况;第三,浙江地区仅有两处商周土墩墓出土青铜礼器和乐器——台州黄岩小人尖西周土墩墓和温州瓯海杨府山西周土墩墓,但其墓葬的民族属性应为瓯越而非于越,其他墓葬均无一例外的使用仿铜原始瓷礼器代替青铜器随葬,可见这是于越人所特有的葬俗,与经济实力无关;第四,在于越建国之前的西周时期,便有着使用仿铜原始瓷礼器随葬的现象,而非于越建国后迫于战事、经济、资源的压力而出现的权宜之计,可见这是于越人的葬事习俗与文化传统。[①]

不论浙江地区的于越人使用仿铜原始瓷礼器代替青铜器随葬是被迫接受还是主动选择,当地出土的仿青铜钟的形制规范性都是很差的。由于这些仿铜乐钟的材质易碎,保存状况不甚理想,笔者从其中挑选了两套保存稍好、形制数据相对较全的钟,来观察其形制规范状况。

---

① 陈元甫《越国贵族墓随葬陶瓷礼乐器葬俗探论》,《文物》2011年第4期;陈元甫《浙江地区战国原始瓷生产高度发展的原因探析》,《东南文化》2014年第6期。

表5–4　浙江海盐县黄家山原始瓷甬钟形制分析表[①]

钟名	馆藏编号	舞脩/舞广	舞脩/中长	舞脩/铣长	舞脩/铣间	舞脩/鼓间	舞广/中长	舞广/铣长	舞广/铣间	舞广/鼓间	中长/铣长	中长/铣间	中长/鼓间	铣长/铣间	铣长/鼓间	铣间/鼓间
战国浙江海盐县黄家山原始瓷甬钟	1214	1.01	0.64	0.57	0.79	1.05	0.64	0.57	0.79	1.04	0.89	1.23	1.62	1.38	1.82	1.32
	1215	1.11														
	1216	1.03	0.64	0.58	0.84	1.08	0.62	0.56	0.82	1.05	0.90	1.32	1.69	1.46	1.88	1.28
	1217	1.01	1.05	0.83	0.83	1.09	1.05	0.83	0.83	1.08	0.79	0.79	1.04	1.00	1.31	1.31
	1218	1.04	0.92	0.51	0.82	1.01	0.88	0.49	0.78	0.97	0.55	0.89	1.10	1.61	2.00	1.24
	1219	1.01														
	1220	1.14	0.62	0.56		1.19	0.55	0.49		1.05	0.89		1.91		2.15	
	1221	1.07	0.68	0.56	0.78	1.16	0.63	0.53	0.73	1.08	0.83	1.15	1.72	1.39	2.06	1.49
	1222	1.10	0.68	0.58		1.21	0.61	0.53		1.10	0.86		1.79		2.09	
	1223	1.11	0.70	0.59	0.59		0.64	0.53	0.53		0.83	0.83		1.00		
平均值		1.06	0.74	0.60	0.78	1.11	0.70	0.56	0.75	1.05	0.82	1.04	1.55	1.31	1.90	1.33
理论值		1.25	0.80	0.64	0.80	1.00	0.64	0.5125	0.64	0.80	0.80	1.00	1.25	1.25	1.5625	1.25
总体标准差		0.05	0.15	0.09	0.09	0.07	0.16	0.10		0.04	0.11	0.21	0.32	0.23	0.26	0.08
对比标准差		0.19	0.16	0.10	0.09	0.13	0.17	0.12	0.15	0.26	0.11	0.21	0.44	0.24	0.43	0.11

表5–5　浙江海盐县黄家山原始瓷句鑃形制分析表

钟名	馆藏编号	舞脩/舞广	舞脩/中长	舞脩/铣长	舞脩/铣间	舞脩/鼓间	舞广/中长	舞广/铣长	舞广/铣间	舞广/鼓间	中长/铣长	中长/铣间	中长/鼓间	铣长/铣间	铣长/鼓间	铣间/鼓间
战国浙江海盐县黄家山原始瓷句鑃	1224	1.01	0.63	0.54	0.78	1.02	0.63	0.54	0.77	1.02	0.85	1.23	1.63	1.44	1.90	1.32
	1225	1.07	0.61	0.53	0.90	1.28	0.57	0.49	0.84	1.19	0.87	1.48	2.10	1.70	2.41	1.42
	1226	1.12	0.62	0.52	0.78	1.04	0.56	0.46	0.69	0.93	0.83	1.25	1.68	1.50	2.02	1.34
	1227	1.10	0.75	0.62	0.79	1.12	0.68	0.56	0.72	1.02	0.82	1.05	1.50	1.28	1.82	1.42
	1228	1.10	0.63	0.54	0.81	1.21	0.57	0.49	0.73	1.10	0.85	1.28	1.92	1.50	2.24	1.50
	1229	1.09	0.66	0.58	0.79	1.15	0.60	0.53	0.72	1.05	0.88	1.21	1.75	1.38	1.99	1.45
	1230	1.16	0.70	0.59	1.09	0.88	0.61	0.51	0.94	0.76	0.84	1.55	1.26	1.85	1.50	0.81
	1231													1.43		
	1232	1.09	0.69	0.58	0.85	1.11	0.63	0.54	0.78	1.02	0.85	1.23	1.62	1.45	1.91	1.31
	1216															1.31
	无编号	残损严重，只剩一片面积为9×8.5厘米的残片														
平均值		1.09	0.66	0.56	0.85	1.10	0.61	0.51	0.78	1.01	0.85	1.29	1.68	1.50	1.97	1.32
理论值		1.25	0.80	0.64	0.80	1.00	0.64	0.5125	0.64	0.80	0.80	1.00	1.25	1.25	1.5625	1.25
总体标准差		0.04	0.05	0.03	0.10	0.11	0.04	0.03	0.08	0.12	0.02	0.15	0.24	0.16	0.26	0.20
对比标准差		0.16	0.15	0.08	0.11	0.15	0.05	0.03	0.16	0.24	0.05	0.32	0.49	0.31	0.49	0.22

① 浙江省海盐县黄家山原始瓷甬钟和原始瓷句鑃的形制数据采自《中国音乐文物大系·浙江卷》（未出版）。

从表5-4、表5-5的数据中可以看出，虽然海盐县黄家山出土的原始瓷句鑃的总体标准差较原始瓷甬钟稍小，即规范度略高，但两套原始瓷钟整体的形制规范性都是很差的；从对比标准差来看，其与《考工记》所载钟形的偏差相当大，两者存在关联的可能性极弱。从这两套钟的形制状况，可以管窥浙江地区作为随葬品的仿青铜钟的形制规范状况，它们的制作者似乎并不关心其形制规范，而只求貌似。

4. 湖南地区

湖南地区出土了大量属于商至西周时期的铙。虽然这些铙均未成编，[①]但从本书附表一所总结的未成编乐钟形制比例的标准差来看，由于这些比例的十五项标准差只有四项超过0.10，其余十一项都在0.05左右，可见商代湖南大铙的形制在一定程度上是具有统一的规范性要求的。这种统一的规范性存在于未成编乐钟，而非具有统一设计理念的编钟，更显难得。但到了西周时期，湖南大铙形制的统一规范性急剧减弱（见附表二）。从这些铙形制比例的标准差来看，十五项标准差仅有四项在0.10以下，其余十一项的值为0.11至0.44，可谓毫无统一性可言。湖南未成编甬钟的形制也出现了和铙相近的状况。将湖南出土的西周甬钟与东周甬钟的形制标准差相对比可见，由于西周时期的十五项标准差仅有一项大于0.10，而东周时期却增加到八项，可见在这一时期的过渡中，湖南甬钟形制规范的统一性明显减弱。

---

① 有部分学者研究认为宁乡师古寨铙并非编铙，笔者认同这一观点。

湖南镈的形制规范状况与铙和甬钟却不同。从西周至东周时期镈的形制比例标准差来看，虽然湖南西周镈的部分数据不全，但仍能粗略显示出这一地区所出土的西周镈与东周镈在形制规范上的统一程度基本相当，西周镈也许要更加统一一些，但程度有限。关于湖南镈的形制规范特点，可将成组的衡南对江镈与其他未成编镈钟的形制数据并列来看：

表5-6　湖南衡南对江镈形制分析表

钟名	馆藏编号	舞脩舞广	舞脩中长	舞脩铣长	舞脩铣间	舞脩鼓间	舞广中长	舞广铣长	舞广铣间	舞广鼓间	中长铣长	中长铣间	中长鼓间	铣长铣间	铣长鼓间	铣间鼓间
衡南对江镈	31	1.44	0.75	0.75	0.87	2.00	0.52	0.52	0.60	1.39	1.00	1.16	2.67	1.16	2.67	2.30
	32	1.39	0.73	0.73	0.87	1.83	0.53	0.53	0.63	1.32	1.00	1.19	2.50	1.19	2.50	2.10
平均值		1.41	0.74	0.74	0.87	1.91	0.52	0.52	0.62	1.35	1.00	1.17	2.58	1.17	2.58	2.20
理论值		1.25	0.80	0.64	0.80	1.00	0.64	0.5125	0.64	0.80	0.80	1.00	1.25	1.25	1.5625	1.25
总体标准差		0.02	0.01	0.01	0.00	0.09	0.00	0.00	0.01	0.04	0.00	0.02	0.08	0.02	0.08	0.10
对比标准差		0.17	0.06	0.10	0.07	0.92	0.12	0.01	0.03	0.55	0.20	0.18	1.34	0.08	1.02	0.96

表5-7　湖南未成编镈形制分析表

钟名	舞脩舞广	舞脩中长	舞脩铣长	舞脩铣间	舞脩鼓间	舞广中长	舞广铣长	舞广铣间	舞广鼓间	中长铣长	中长铣间	中长鼓间	铣长铣间	铣长鼓间	铣间鼓间
商末邵东民安镈	1.40	0.56		0.69	0.92	0.40		0.49	0.66		1.24	1.66			1.34
西周早期衡阳金兰市镈	1.51	0.43	0.42	0.64	0.96	0.28	0.28	0.42	0.64	0.99	1.49	2.25	1.51	2.27	1.51
西周早期资兴云纹镈	1.50	0.46		0.67	1.02	0.30		0.44	0.68		1.46	2.23			1.52
西周中期浏阳黄荆村镈	1.42	0.48		0.62	1.05	0.34		0.44	0.74		1.30	2.19			1.68
春秋晚期衡南对江镈 31	1.44	0.75	0.75	0.87	2.00	0.52	0.52	0.60	1.39	1.00	1.16	2.67	1.16	2.67	2.30
32	1.39	0.73	0.73	0.87	1.83	0.53	0.53	0.63	1.32	1.00	1.19	2.50	1.19	2.50	2.10

从湖南衡南对江镈的数据来看，其形制与江苏地区出土编镈及

《考工记》所载形制有明显区别：一方面，其$\frac{舞脩}{舞广}$的数值明显小于$\frac{铣间}{鼓间}$，即舞部的浑圆程度大大高于口部；另一方面，其$\frac{舞脩}{铣间}$的数值明显小于$\frac{舞广}{鼓间}$，即钟身正面的外侈程度明显大于侧面。由于衡南对江镈的形制是具有较强规范性的，因此从其形制数据的平均值去反推其形制的设计和制作规范是可行的。但如果想从这一套镈来反推整个湖南地区在镈钟的设计和制作层面的形制规范，可以将本套镈钟结合其他未成编镈钟在形制数据上的趋势，判断湖南镈钟整体的形制特点。从现有数据来分析：

首先，从四例镈钟$\frac{舞脩}{舞广}$、$\frac{铣间}{鼓间}$两项的比值来看，商末镈$\frac{舞脩}{舞广}$一项的比值大于$\frac{铣间}{鼓间}$，即舞部浑圆程度小于口部；西周早期镈$\frac{舞脩}{舞广}$的比值基本与$\frac{铣间}{鼓间}$一致，即舞部与口部的浑圆程度基本一致；西周中期镈浏阳黄荆村镈$\frac{舞脩}{舞广}$的比值明显小于$\frac{铣间}{鼓间}$，即舞部的浑圆程度明显高于口部。

其次，从四例镈钟$\frac{舞脩}{铣间}$、$\frac{舞广}{鼓间}$两项的比值来看，商末镈$\frac{舞脩}{铣间}$一项的比值大于$\frac{舞广}{鼓间}$，即钟身正面的外侈程度小于侧面；西周早期镈$\frac{舞脩}{铣间}$的比值基本与$\frac{舞广}{鼓间}$一致，即钟身正、侧的外侈程度相当；西周中期浏阳黄荆村镈$\frac{舞脩}{铣间}$的比值明显小于$\frac{舞广}{鼓间}$，即钟身正面的外侈程度明显大于侧面。

以上两点总结隐含着一种钟形变化的趋势，即湖南镈钟从商末时期的"舞部浑圆小于口部、正面外侈小于侧面"的钟形，发展至西周早期"舞部与口部浑圆相当、正面与侧面外侈相当"的钟形，至西周中期又出现了"舞部浑圆大于口部、正面外侈大于侧面"的钟形。而这一钟形的变化趋势与衡南对江镈的分析结论具有一致性。因为衡南对江镈是一套制作于春秋晚期的编镈，它所具有的"舞部的浑圆程度大大高于口部"，以及"钟身正面的外侈程度明显大于侧面"的形制特点，恰好符合上述两点所归纳的形制变化趋势。从这一钟形变化趋势对音响效果的影响来考虑，商末至春秋晚期，湖南镈钟的音响效果由声音释放较快、余音相对较短，转变为声音在钟腔内回旋、放出相对较慢，而这一变化对镈钟先天所具"回声衍"的音响效果来说，无疑加剧了镈钟在参与音乐实践活动中音响含混不清状况的程度。

关于这一地区出土的纽钟，从第二章对纸背村编钟及其他未成编纽钟的形制分析结果来看，湖南纽钟具有仅次于广东甬钟的修长外形。此外，湖南纽钟的形制存在较大差别，并无较为统一的形制特点。但出土实物在形制上的差异，并不能否定这一地区编钟铸造工艺所达到的高水准。一方面，浏阳纸背村编钟自身具有有别于《考工记》而自成体系的强规范性；另一方面，这套编钟的纽部形制虽并非按比例设计，但基本等大的纽部形制可以使编钟在悬挂时保持舞部持平，从而在视觉效果上更为美观。此种有目的的视觉审美，既是一种对编钟整体视觉效果的审美追求，又能够体现出对编钟形制设计的更高要求。

5. 江西地区

从江西地区未成编的铙来看，商代铙的总体标准差在 0.02 至 0.13 之间，西周铙在 0.03 至 0.11 之间，二者的标准差不但较小，而且在整体上的状况相差不大，说明江西地区的铙在形制的设计与制作层面是具有相对一致的规范性要求的，且这一状况自商至西周的时期内一直存在。

这一地区也出土了甬钟与纽钟，从标准差状况来看，江西地区这两类乐钟形制的统一性是不如铙的。但从第二章对江西甬钟形制的分析来看，两周时期江西甬钟的形制是存在较为统一的钟形特点的，即这一地区甬钟的外形基本上呈现舞部浑圆高于口部、正面外侈略大于侧面且外形较为短阔的特点，成编和未成编的甬钟均如是。

6. 云南、贵州、广西地区

在云南、贵州与广西地区均出土有羊角纽钟，其中属于本书核心研究范畴的仅有云南万家坝羊角组编钟一套。在此，笔者将未成编的、非两周时期的羊角纽钟的形制一同纳入分析，以图观察羊角纽钟的形制在整体上的情况，以及万家坝羊角组编钟的形制在其中所处的状态。

表5-8　羊角组编钟形制标准差结果总结表[①]

时期	地域	钟名	通高孔高	通高孔宽	通高口长	通高口宽	孔高孔宽	孔高口长	孔宽口宽	孔宽口长	孔宽口宽	口长口宽
东周	云南	万家坝羊角组编钟（六件）	0.45	1.17	0.09	0.10	0.11	0.02	0.02	0.01	0.01	0.01
西汉		新平漠沙羊角组编钟（四件）			0.02	0.02						0.02
		元江牛街羊角组编钟（四件）			0.02	0.01						0.01
汉	广西	浦北后背岭羊角编钟（四件）	0.07	0.19	0.06	0.06	0.05	0.01	0.00	0.00	0.00	0.02

---

① 原始数据均依据袁华韬《羊角纽钟若干问题研究》一文，广西民族大学2007年硕士学位论文，第9—10页。

表5-9　未成编羊角纽钟形制比例表①

时期	地域	钟名	通高口长	通高口宽	口长口宽
西汉	云南	石寨山羊角纽钟	1.60	2.12	1.33
		麻栗坡新堡寨羊角编钟（之一）	1.66	2.23	1.35
	广西	罗泊湾羊角纽钟	1.29	2.22	1.73
		普驮屯汉墓羊角纽钟（之一）	1.59	2.20	1.39
不详	贵州	安龙木科羊角纽钟	1.76	2.31	1.31
		安龙文昌宫羊角纽钟	1.51	2.20	1.46
云南地区标准差			0.03	0.05	0.01
广西地区标准差			0.15	0.01	0.17
贵州地区标准差			0.13	0.05	0.08

　　表格5-8中的数据是各套羊角组编钟形制标准差的计算结果，数值的大小代表每套编钟形制比例的偏离度，偏离度小则规范度高，反之则规范性差；表5-9中的数据为未成编羊角纽钟相应部位的比例关系，以及各地区羊角纽钟形制比例关系的偏离程度，偏离度小则具有地域性形制规范要求的可能性大，反之则可能性小。

　　从表5-8、表5-9的数据来看：首先，东周至汉代的羊角组编钟，其形制标准差呈减小趋势，可见至少从现有材料来看，东周时期羊角纽编钟的形制规范程度是低于汉代的；其次，从现有数据来看，由于汉代云南羊角组编钟的标准差数据更小，可见汉代云南羊角组编钟的形制规范程度应高于广西地区；再者，从未成编的羊角纽钟来看，云南地区的标准差最小，贵州次之，广西最大，由此说明云南地区的羊角纽钟具

---

　　① 原始数据均依据袁华韬《羊角纽钟若干问题研究》一文，广西民族大学2007年硕士学位论文，第9—10页。

存在统一形制规范要求的可能性较大，而另两个地区存在这种统一规范要求的可能性很低。但需要承认的是，同为云南地区出土的万家坝羊角纽编钟和石寨山、麻栗坡新堡寨钟的钟形特点并不一致，各部位比例的数值有一定差距。特别是从$\frac{口长}{口宽}$的比值来看，万家坝羊角组编钟此项比值为1.18，大大低于其他越地编钟$\frac{铣间}{鼓间}$一项的值，这一现象并未出现于其他羊角纽钟上。此项比值越小则钟口越偏浑圆，而钟体越浑圆则双音的隔离度越差，很可能存在侧鼓音音量小、不清晰、不易被激发的状况，双音性能不会理想。以上推测也可以被本套编钟的测音情况所证实。

表5–10　筒形编钟形制标准差结果总结表

时期	地域	钟名	通高口长	通高口宽	口长口宽	纽高纽宽
西汉初	广西	罗泊湾1号墓筒形编钟（两件）	0.06	0.08	0.00	
不详	云南	姚安筒形编钟[①]（四件）	0.28	0.78	0.21	0.48

云南和广西地区还出土筒形钟，其中属于本书核心范畴的仅有云南牟定筒形钟一套六件，惜其形制数据不全，无法进行形制数据的量化分析。从表5-10所总结的虽不属于两周时期，但形制数据相对较全的两套筒形编钟的形制标准差来看，广西罗泊湾筒形钟的三项标准差结果明显低于云南筒形钟，说明广西罗泊湾筒形编钟形制的规范性大大高于云南姚安筒形编钟。

---

① 本套编钟数据摘自施文辉《云南姚安首次出土一批编钟》，《四川文物》1995年第1期。

7. 皖南地区

皖南地区出土的乐钟数量较少，且数据多不全。从表5-3可以看出，皖南商铙的形制标准差除$\frac{舞修}{舞广}$一项较大外，其他项的值均未超过0.05，与同一时期的湖南、江西大铙相较，皖南商铙形制的规范性应高于另两个地区的铙。至东周时期，皖南铙形制的规范性并没有明显减弱的现象。此外，这一地区句鑃形制的规范程度，是低于同一地区所出土的铙的。但相对于出土自浙江、江苏地区的编句鑃而言，皖南地区成编的句鑃——泾县南容句鑃和广德编句鑃，其形制在设计、制作层面的规范程度是高于另两个地区的。此外，在现有出土资料的基础上来看，安徽地区在句鑃的设计、制作层面并未表现出统一的形制规范性特点。需要指出，由于皖南商铙的形制数据不全，以上推论也许会有偏差。

8. 福建

在笔者所查找的资料范围内，福建地区未见成编的乐钟出土。商代乐钟在福建地区的出土，仅见建瓯阳泽村铙一例，无法通过做标准差分析去观察其自身形制及整个福建地区乐钟形制的规范程度。这一地区还出土西周时期的甬钟三例——武平平川甬钟、建瓯南雅甬钟、建瓯梅村铙。从这三例甬钟的总体标准差来看，除$\frac{舞修}{舞广}$和$\frac{铣长}{铣间}$两项偏大外，其余数值均较小，说明福建地区出土的未成编甬钟，其舞部的浑圆程度及钟身修长程度的规范性较弱，但从整体上来看还是存在一定的形制规范的。而且，将福建与广东两地的未成编甬钟的形制数据标准差进行对比可知，福建地区未成编甬钟的形制规范程度是高于广东地区的。

从以上对越地编钟形制的分析结论来看，各地编钟的形制规范具有"同一文化内不同地域类型"的差别。虽然由于出土资料的分布状况并不均匀，有些地区出土编钟的形制规范程度能被相当明显地显现出来，有些则不足以作出深层次揭示。在此，我们不妨有多少证据说多少话，考古发掘本就是"抽样调查"的性质，不必刻意追求面面俱到。

从越地各区域间音乐文化相关状况的对比来看，江苏地区和广东地区在乐钟的形制方面所表现出来的音乐文化状态虽然同属越地音乐文化，但它们二者间不但不相近，更是具有十分鲜明的对比。从江苏和广东地区各自出土的编钟所表现出的形制规范程度及特点来看，江苏地区除句镭以外的其他钟类，均在不同程度上表现出与《考工记》所载理论钟形的相符。再结合江苏地区的地理位置等因素去思考，由于当代学者经研究认为《考工记》是齐国的官书，江苏与位于山东东北部的齐国在地理位置上的接近，使其二者确有存在文化交流的可能性。江苏本地铸造的编钟确实有可能受到了齐国钟制的影响，乐钟外形在整体上较多地反映出外来音乐文化审美的影响，本土文化的影响程度相对较少。直到句镭的出现，才改变了这一状况。江苏编句镭的形制特点有别于这一地区出土的其他类乐钟，从形制数据的对比标准差来看，江苏句镭的十五项形制比例几乎全与《考工记》不符。而且，与越地其他地区所出土的编句镭相比，江苏句镭的形制数据不但与《考工记》所载钟形存在很大差别，甚至其差别的程度都高于其他地区。另外，从钟形的规范程度来看，江苏编句镭自身形制的规范性较差,远低于同为江苏地区出土的其他类编钟。因此,笔者认为,在历经长期对中原青铜乐钟的学习并模仿之后,越地人民特有的审美逐渐显现,产生了具有越地特色的青铜乐钟,表现出越文化兼收并蓄的特点以及强大的生命力。编句镯的规范程度虽然较弱,但越民族特色更加凸显。反观广东地区,经标准差分析认为,广东出土的多套编甬钟从整体上表现出有别于《考工记》而自成体系的强规范性特点。从广东与齐国在地理位置上的差距来看,笔者认为广东本地铸造的编甬钟不但很可能与距离较远的齐国钟制差别较大,而且更可能是在相对单纯的越文化背景中被设计和铸造。虽然甬钟为中原系统的乐钟,但空间的距离应使广东本地的编甬钟受到中原地区甬钟形制的制约影响相对较少,而更多地反映出由当地越族文化所孕育的审美观念。

总之,江苏、广东两地所出土的编钟,一者表现出明显的非越文化影响的痕迹,一者表现出偏向于自成体系的土著文化特色,二者之间的对比是明显且典型的。

第三节　双音状态的发展

我国古代乐钟所具有的合瓦形外形,决定了它生来就能发出双音,但能发出双音的钟,却并非都是双音钟。根据冯光生对这一问题的总结,钟上双音有着"原生""铸生"及人工"铸调"三种存在状

态 。①乐钟的设计者及铸造者通过对合理钟形的选择和模仿,从而达到对规律性双音的理性追求与把握及实现对侧鼓发音精准程度的要求,这与合瓦形钟体天生就具有发出双音的能力不可相提并论。笔者认为,双音状态的区别,关键在于"理性"因素的参与程度。从理性因素在双音性能中的参与程度,可以推断双音状态的发展状况。在此,笔者意图使用统计学标准差的方法,对越地乐钟正侧鼓音程音分值的偏离程度进行分析,同时结合本章第二节关于各时期、各地区乐钟形制规范程度的分析结论,进而观察越地编钟正侧鼓双音关系的存在状态。

使用统计学标准差的方法,对乐钟正侧鼓音程音分值偏离程度的分析,其结果所指向的并非音程的准确性,而是音程的统一性。也就是说,对音分值进行分析的标准差数据的大小,能够说明音分值的偏离程度。偏离度越小,则音程音分值的大小越统一,越可能存在对双音关系的理性约束。音分值的偏离程度虽与音程的准确性相关,却并不等同。笔者认为,由于乐钟的定音尚处于"以耳齐其声"的阶段,对双音状态发展程度的推断不能仅以准确性来衡量,而应兼顾统一性;当多件钟的正侧鼓音程音分值标准差较小时(即偏离度较小),即使与相应音程的理论音分值之间有所偏差、音程关系尚未达到精准的程度,亦能反映出该音程在钟上双音中所表现出的统一性与理性约束;当多件钟正侧鼓音程音分值标准差较小,且与相应音程理论音分值较为相符时,则能反映出对音程关系理性约束的统一性与音程的精

---

① 冯光生《周代编钟的双音技术及应用》,《中国音乐学》2002年第1期。

准性并重的状态。当然，对音程音分值偏离程度的观察，还需视情况而与乐钟的形制规范状况结合分析，比如当多件钟的正侧鼓音程关系不合理但音分值却相差不大时，需考虑是否存在因钟形近似而产生的原生双音音分值接近或偶然相等的状况。

一、历时性结论

为分析有关越地乐钟双音性能的历时性结论，笔者除了将成套编钟的正侧鼓音分差及其所属的音程关系做成表格进行总结外，还将越地出土的未成编乐钟的状况也作出统计。由于表格数据多、篇幅占用很大，特将完整的表格放置于附录处（见附表五、附表六、附表七），在此仅列出用统计学标准差的方法对各统计对象音程关系偏离程度计算结果的汇总。

表5-11 越地编钟正侧鼓音程音分值标准差统计表

统计对象	小二度	大二度	小三度	大三度	纯四度
所有越地编钟	16	19	31	28	24
越地东周编钟	16	19	31	27	15
江西/西周编甬钟			0	30	0
江苏编钟	0	19	31	27	15
江苏编镈、甬钟、纽钟			27	27	15
江苏编句鑃		12	12	0	
广东(编甬钟)	0	10	0	25	
湖南（编纽钟）		29	0	21	
音程数量	2	17	33	28	6
音程占百分比	2%	20%	38%	33%	7%

表5-12 越地未成编乐钟正侧鼓音程音分值标准差统计表

时代	统计对象	小二度	大二度	小三度	大三度
商	商代总体	23	23	39	0
	湖南铙	25	18	41	0
西周	西周总体		25	26	20
	西周铙		24	27	7
	西周甬钟		27	17	23
	江西(铙)		27	18	0
	湖南总体		24	32	14
	湖南铙		19	11	9
	湖南甬钟		0	0	15
	广东甬钟		6		31
东周	东周总体		0	37	25
	湖南总体			32	25
	湖南甬钟			36	

　　表5-11、表5-12是使用统计学标准差的方法,分别对越地出土的成编、未成编乐钟钟上双音所呈音程的音分值在总体上的偏离程度所做的计算并总结。除数值为0外,其数值越小,则被统计的正侧鼓音程音分值的偏离程度就越小,说明统计对象所呈该音程的音分值较为稳定,对音程关系存在理性约束的可能性较大;反之,则偏离程度大、存在理性约束的可能性低。数值"0"说明统计对象中只有1例属于该音程,因此其音分值对于它自身的偏离程度为0,但这一看似规范程度最高的值,实则对规范程度的分析是无意义的,因此可以忽略,但为了区别于统计对象中并无该音程存在的状况,因此将数值"0"保留。空置的表格说明统计对象中无该音程存在,因此无须计算各钟正侧鼓音分值的偏离程度。

从笔者对越地未成编乐钟正侧鼓音程的统计结果来看，商代大铙的正侧鼓音程关系基本上集中于大、小二度音程。属于大三度音程的仅有一例（宁乡师古寨兽面纹大铙），属于小三度音程的仅有三例（湖南出土的宁乡师古寨铙之一、株洲兴隆铙和江西出土的泰和大铙），且其音程音分值的标准差为39，与二度音程相比偏离程度很大，在音程关系的形成上应该具有一定的偶然性。而从小二度音程与大二度音程的状况来看，不但数量多，且音程音分值的标准差均为23，与三度音程相比偏离程度并不大，可见二度音程的音分值比三度音程呈现出更为稳定的状态。但乐钟的正鼓在受到敲击时，侧鼓音亦会伴随发声，而二度音程本身是一种不协和音程，很难想象商代乐钟上的二度音程是设计、铸造者有意而为之。结合本章第二节中对湖南、江西出土商代大铙形制的规范程度所作出的分析来看，由于大铙的形制在商代时是具有相对统一的规范性要求的，形制的相对规范理应会导致此种形制所原生的双音音程偏差不会太大。换句话说，商代大铙的双音尚处于"原生"状态，并非凭理性而追求的双音，虽然这些商代大铙的正侧鼓音程音分值的偏离度并不大，但应该不是出于对二度音程准确度的理性追求；商代越地大铙形制数据的标准差相对较小，说明具有相对统一的形制规范要求，而其形制的相对统一，正是其正侧鼓音程的音分值偏离度不大的原因。

西周时期，越地未成编乐钟的正侧鼓音程关系已不见小二度音程，而是较为平均地分布于大二度以及大、小三度三种音程关系。从这些音程音分值的偏离程度来看，大二度音程的标准差25比商代时的23略有上升，说明音分值的偏离程度略有增大；但小三度的标准差则由商代的39骤降至26，可见西周越地未成编乐钟的正侧鼓所呈小三度音程，其音分值的偏离度明显减小，音程关系的统一性大大提高，应已由商代时带有偶然性的状态发展至西周时期更为稳定且理性的阶段。结合本章第二节中对乐钟形制在整体上的标准差分析来看，自商至西周，越地各类未成编乐钟的形制标准差均呈现出增大趋势，反映出在这一时间过渡中，越地未成编乐钟形制的统一性有所减弱。在钟形并不统一的状况下，大二度音程音分值的偏离度仅略有增加，小三度音程音分值的偏离度不但未增反而大大降低，其中明显蕴含对音程关系的理性约束，以及对音程关系统一性甚至准确性的理性追求。也就是说，越地乐钟的双音状态，至西周时期应已发展至“铸生”的阶段，乐钟形制规范性较弱所反映出的钟形不统一的情况，并未影响这一时期钟上双音的音程关系，反而由于在铸钟实践中所历经的、对能发出和谐双音的钟形的重复与模仿，逐渐作出对会生成刺耳双音关系的钟形的调整，以及对钟上准确双音关系的理性追求。此外，在属于西周时期的编钟——江西吉水甬钟上，出现532音分的类似纯四度音程，但与纯四度理论音分值498偏差明显。结合这套编钟钟腔内壁无调锉痕迹的状况来看，笔者认为纯四度音程在此时的出现应为偶然状况，很可能属于钟上铸生双音的失控状态。

越地出土的东周时期未成编乐钟不多，这些乐钟正侧鼓所呈音程集中于三度关系，且以小三度关系为多；大二度音程仅有江西者盪钟（故宫博物院藏）一例，无小二度音程关系存在。东周时期，越地未成编乐钟在形制上的统一规范程度越来越弱，正侧鼓音程音分值的偏离度有所增加，特别是小三度音程音分值的偏离度由西周时期的26

骤增至37，只比商代"原生"状态时的偏离度39略小。与数量不多的未成编乐钟形成对比的是，越地出土了大量东周时期的编钟，但多套编钟由于保存不佳而无法测音，有测音数据的编钟则主要集中于江苏地区，因此，对江苏编钟正侧鼓音程音分值的分析数据最具说服力。另外，出土于广东地区的四套有测音数据的编钟中，正侧鼓音程关系以大二度为多。由于数据越多越利于标准差分析的准确性，因此笔者认为广东编钟的大二度音程也应被纳入观察。从表5-11的统计结果来看，越地编钟的正侧鼓音程以占总体比例38%的小三度关系最多，其次为大三度关系占33%，再次为大二度关系占17%。另有少量小二度与纯四度音程存在，其中小二度关系只有两例，分别在江苏和广东地区，笔者认为可忽略而不作常例。这一时期大二度音程音分值的偏离度很小，特别是广东地区，不但音分值偏离度仅为10，且音分值的大小与大二度音程理论值204音分可谓非常贴合；纯四度关系有六例，除一例在江西出土的西周甬钟上外，其余都集中于江苏地区的东周编钟上，江苏编钟上之纯四度音程，也许并非乐钟双音在失控状态下的偶然。总之，笔者认为，与西周时期未成编乐钟双音关系所具有的"无小二度音程且大二、小三、大三度音程数量相当"的局面来比较，东周编钟双音所呈音程明显集中于三度关系。从表5-11"越地东周编钟"一行可见，东周时期越地编钟正侧鼓音程音分值的偏离度明显小于商代；与西周时期相比，东周编钟正侧鼓音程中的三度音程偏离度明显偏大，大二度音程的偏离程度明显较小。这一从东周时期成编乐钟总结出的双音音分值偏离程度的状况，与这一时期未成编乐钟所反映出的状况相近。在广东编钟的正侧鼓音程中，存在多例十分精确的大二度音程，这些钟的内腔虽无调音锉磨的加工痕迹，应处于铸生双音的状态，但亦有可能是由于音程关系十分准确而被认为无需调锉的状况,总之表现出相当明显的被理性因素制约的痕迹。此外,广东编钟形制所普遍具有的强规范性，亦是大二度音程音分值偏离很小的原因。

此外, 从标准差分析的结果来看，东周时期新出现的纯四度双音关系的偏离度仅为15，为所有音程中之最小。特别是江苏地区，出现了多例纯四度音程的存在，且这些音程的偏离度小、规范度高，结合这些钟均经调锉的状况来看，有可能已通过理性掌握了将钟上双音铸调为纯四度的技术。但综合乐钟研究的现有成果来看，先秦双音钟正侧鼓音呈纯四度音程的状况确实少见，因此笔者对上述推论暂持保留态度。

二、地域性结论

以下将分地区对越地各地区乐钟双音状态的发展进行总结。

1. 广东

广东地区的两周乐钟中,有四例西周未成编甬钟及四套东周编甬钟[1]有测音数据,我们可以从这些钟入手,分析广东乐钟的双音状态。

---

① 增城庙岭编钟一套两件,其中1号钟哑,因此仅2号钟有测音数据。孔义龙、刘成基主编《中国音乐文物大系Ⅱ·广东卷》,大象出版社2010年版,第46页。

笔者认为，与成编的编钟相比，广东四例西周未成编甬钟的状况也许更值得关注。

表5-13　广东出土西周未成编甬钟形制分析表

时期	钟名	舞脩/舞广	舞脩/中长	舞脩/铣长	舞脩/铣间	舞脩/鼓间	舞广/中长	舞广/铣长	舞广/铣间	舞广/鼓间	中长/铣长	中长/铣间	中长/鼓间	铣长/铣间	铣长/鼓间	铣间/鼓间
西周	博罗横岭山18号墓钟	1.31	0.89	0.70	0.85	1.27	0.68	0.54	0.65	0.96	0.79	0.96	1.42	1.21	1.80	1.49
	博罗横岭山1号墓钟	1.26	0.83	0.67	0.81	1.17	0.66	0.53	0.64	0.93	0.80	0.97	1.40	1.21	1.74	1.44
	连山三水甬钟	1.85	0.73	0.57	0.73	1.31	0.39	0.30	0.39	0.71	0.77	1.00	1.79	1.29	2.32	1.79
	连山三水小甬钟	1.98	0.70	0.55	0.71	1.38	0.35	0.28	0.36	0.70	0.79	1.01	1.97	1.28	2.50	1.95
总体标准差		0.32	0.08	0.07	0.06	0.08	0.15	0.12	0.14	0.12	0.01	0.01	0.24	0.04	0.33	0.21
博罗横岭山甬钟标准差		0.03	0.03	0.02	0.02	0.05	0.01	0.01	0.01	0.02	0.01	0.00	0.01	0.00	0.03	0.02
连山三水甬钟标准差		0.06	0.02	0.01	0.01	0.03	0.02	0.01	0.02	0.01	0.01	0.01	0.09	0.01	0.09	0.08

表5-14　广东出土西周未成编甬钟形制及测音数据表

时期	钟名	正鼓音	侧鼓音	音分值	通高	舞脩	舞广	中长	铣长	甬长	铣间	鼓间
西周	博罗横岭山18号墓钟	f^1+14	$^\sharp a^1$-45	441	30.9	14.3	10.9	16.1	20.3	10.8	16.8	11.3
	博罗横岭山1号墓钟	b^1-17	$^\sharp d^2$-37	380	29.0	12.6	10.0	15.1	18.8	10.1	15.6	10.8
	连山三水甬钟	d^2-10	e^2+13	223	33.2	13.9	7.5	19.0	24.6	9.0	19.0	10.6
	连山三水小甬钟	d^2+14	e^2+48	234	21.5	9.1	4.6	13.0	16.5	5.4	12.9	6.6

　　表5-13、表5-14是这四例甬钟的形制、比例、标准差，以及测音数据的总结。首先，从表5-13中的形制比例及其标准差来看，四例甬钟整体的总体标准差较大，说明它们的形制在总体上并不一致；其次，从

这四例甬钟的形制比值中不难发现，同为博罗出土的两例甬钟之间，以及同为连山三水出土的两例甬钟之间的比例数据较为接近；第三，从这两地甬钟各自的标准差来看，由于数值较小，说明西周时期这两地的甬钟各自具有统一的形制规范，虽然它们之间的规范并不一致。在以上结论的基础上，我们再来看表5-14中各钟形制的具体尺寸数据和正侧鼓音数据，可以发现这两组甬钟均为"大小不等但音程关系相同"的状况。特别是连山三水的两例甬钟，虽然形体大小差别明显，但发音相同，更重要的是，两钟正侧鼓音程的音分值相差极小。在这种状况下，我们有理由相信，西周时期的广东地区至少在连山三水地区钟上双音已经达到"铸生"的状态。"铸生"是一种通过理性去获取双音的状态，是历经对合理钟形的选择、模仿与重复，再经铸造而获得的结果，[①]有别于且高于"原生双音"的状态，也为更加成熟、对乐钟发音要求更加精确的"铸调双音"的状态做好了准备。

　　从目前的出土状况来看，明确出土于广东地区的有调音锉磨痕迹且保存较好有测音数据的两周乐钟，有博罗出土的春秋时期陂头神编钟一套七件（其中一钟已哑）。但从第三章的第一、二节对该套编钟测音数据的分析结果来看，其中两件（2号、3号）的正侧鼓音程关系相对准确，一件（6号）偏差明显，另有至少两件的音分值分别为574、599音分，双音关系处于失控状态，原音程设计的意图不明。由此可见，博罗陂头神编钟虽然经过调音，但其无论是各钟的正侧鼓音程关系还是整套编钟的正鼓音列，音准状况均不理想，所呈双音的规律

---

① 冯光生《周代编钟的双音技术及应用》，《中国音乐学》2002年第1期。

性不强。相对于博罗陂头神编钟所存在的铸调失控状况,清远马头岗1号墓出土的编甬钟一套三件虽无调音锉磨痕迹,但其正侧鼓音程均为十分准确的大二度,且三者音分值的偏离度极小,表现出对规律性双音的理性把握。当然,这套编钟也存在铸造完成后被认为无须调音的可能。总之,从双音的状况来看,东周时期广东编钟的双音状态主要处于铸生阶段,虽有部分乐钟经过调锉,但音准控制不佳。此外,广东地区钟上双音的音程关系以大二度音程最为常见,且音分值偏离度大大低于其他音程,并与大二度的理论值十分贴合,可见较为规范且精确。这一状况从连山三水出土的两件西周未成编甬钟的测音数据中就已能看出。至东周时期,编钟上的大二度音程更加精确,表现出在"铸生"状态下对规律性双音的理性追求与把握。

2. 江苏

明确出土于江苏地区且有测音数据的乐钟,主要集中于东周时期的编钟[①]。与广东编钟正侧鼓音程以大二度关系居多的状况不同,江苏地区编镈、编甬钟、编纽钟的正侧鼓音程主要集中于三度关系,编句鑃则是大二度与小三度并重。

江苏地区的两套编句鑃——淹城句鑃、高淳松溪编句鑃,其钟腔内部都未发现调音锉磨的痕迹。从表5-11中"江苏编句鑃"一行的

---

① 另有西周早期的江宁许村兽面纹大铙,只有正鼓测音数据,侧鼓音高不明确,因此未纳入观察。参见马承源、王子初主编《中国音乐文物大系·上海/江苏卷》,大象出版社1996年版,第167页。

音分值标准差来看，江苏编句镯正侧鼓音程中的大二度、小三度的标准差均为12，可见两个音程各自的偏离度很小，音分值较为接近。从音分值的准确度来看，大二度的音分值范围在183至206音分，与大全音204音分较为接近，音程关系较为准确；小三度音程的音分值范围在252至280音分，与五度律小三度294音分相比，有两钟较为准确，两钟偏差较大。将以上状况与这两套编句镯自身形制的标准差大、规范性弱的状况结合来推断，东周时期的江苏编句镯能够通过铸生的方式较为稳定地把握住大二度音程的准确性；小三度音程音分值自身的偏离程度虽不大，但与小三度理论音分值相比仍然有偏差明显的状况存在，可见对这一音程关系的把握尚未达到较为准确的层次。

江苏地区出土的编镈、编甬钟、编纽钟，除遒邱编镈的钟腔内壁状况不详外，其他均经调锉。在这些编钟上，小三度与大三度均为最常见的正侧鼓音程关系，另有四例小二度音程、五例纯四度音程存在。从表5-11中"江苏编镈、甬钟、纽钟"一行的数据可以看出，这些编钟虽经调锉，但其各个音程音分值的偏离度是高于东周时期的广东地区，以及同为江苏出土的编句镯的。这一地区编钟的正侧鼓音程中有多例纯四度存在，且从其标准差仅为15来看，音分值偏离度较小；从具体的音分值来看，音程关系准确度尚可。此外，这些钟均经调锉，上述均表现出江苏编钟上纯四度音程也许并非乐钟双音在失控状态下的偶然。

3. 湖南

湖南出土未成编乐钟的数量，在越地未成编乐钟中占有相当大的比重。也正是这个原因，湖南未成编乐钟在双音状态上的发展状况，与整个越族分布地区的历时性特点基本一致。

湖南地区商代大铙的正侧鼓音程主要集中于大、小二度关系。从表5-12中"商·湖南铙"一行的数据可以看出，小二度音程与大二度音程不但数量多，且音程音分值的标准差大大低于小三度的标准差，可见商代湖南大铙正侧鼓所呈二度音程音分值的稳定程度大大高于小三度。正侧鼓音呈相对稳定的二度音程关系的湖南商铙，其钟上双音究竟是处于原生状态还是铸生状态？由于"铸生双音"是通过对理想钟形的模仿、重复，达到对音程关系的理性把握；同时，在乐钟正鼓音被激发的同时，侧鼓音亦会伴随发声，发出不谐和二度音程的钟形被作为合理钟形而进行模仿的可能性较小，而二度音程本身也不应是乐钟设计、铸造者的本意。因此，笔者认为，湖南商铙所发出的双音仍处于原生双音的状态。但湖南大铙的原生双音，为什么会在音程的音分值上表现出偏离度不高的现象？笔者认为，这一问题需结合本章第二节对湖南乐钟形制规范程度的结论共同分析。从标准差分析的结果可以看出，湖南大铙的形制在商代是具有相对统一的规范性要求的，而拥有较为稳定外形的钟所原生的双音，其音程关系并不会偏离很大。也就是说，恰恰是商代湖南大铙在形制规范上所具有的稳定性，使得这些商铙所发出的二度音程虽属原生状态而非真正意义上的双音，但其音分值的偏离程度并不会很大。

西周时期，湖南未成编乐钟的正侧鼓音程关系较为平均地分布于大二度、小三度和大三度之上。从表5-12中关于湖南乐钟钟上双音的音分值标准差来看，与商代相比，大二度音程的偏离度明显升高，小三度的偏离度明显降低，大三度音程的偏离度很小。结合本章第二节对湖南未成编乐钟形制的标准差分析来看，自商至西周，湖南未成编乐钟的形制标准差明显增大，这一方面反映出湖南地区在西周时期的乐钟种类的增多，另一方面也反映出在这一时间过渡中湖南部分乐钟（铙）的形制规范性有所减弱。在乐钟形制的规范性在整体上有所减弱、钟形并不统一的状况下，小三度音程音分值的偏离程度反而明显降低，且大三度音程音分值的偏离度很小，这其中明显蕴含对准确音程关系、特别是三度音程关系的理性追求。也就是说，湖南未成编乐钟的双音，至西周时期应已发展至"铸生"的阶段。

东周时期，湖南未成编乐钟的正侧鼓音程关系中已不见二度音程而均为三度音程。这一时期未成编乐钟形制的标准差比西周时期的偏离程度稍大，但并不明显，同属规范程度较低的状态。从正侧鼓音程音分值的偏离度来看，这一时期的湖南未成编乐钟所呈小三度音程音分值偏离程度与西周时期相当，而大三度音程的偏离程度则由西周时期的14增至25。但从正侧鼓音程关系为大三度的乐钟（衡南对江铸一套两件）来看，其于口内是有调音锉磨的痕迹的。另一件经过调锉的未成编乐钟为衡阳毛家钟，不知是由于保存问题还是其自身的问题，测音的结果显示此钟侧鼓音不明确。[①]湖南出土的东周编钟有浏阳纸背村编纽钟一套九件，从《中国音乐文物大系Ⅱ·湖南卷》中所公布的钟腔内部照片资料来看，至少1号钟是未经锉磨的。但从这套编钟相同正侧鼓音程关系的音分值偏离程度来看，音程所具的规范程度

---

① 高至喜、熊传薪主编《中国音乐文物大系Ⅱ·湖南卷》，大象出版社2006年版，第116页。

并不高，偏离度较大。综合上述状况来综合考虑，东周时期湖南虽有乐钟腔体内部存在调音锉磨的痕迹，但相同音程关系的音分值偏离度比西周时期偏大明显，可见尚未达到铸调双音的成熟与精确的层次。

4. 江西

有测音数据的商代江西未成编乐钟有三例——新干大洋洲大铙（江西省博物馆13922号）、宜丰牛形山大铙、泰和大铙。从这些铙的测音数据来看，除新干大洋洲大铙正侧鼓音所呈小二度较为准确外，宜丰牛形山大铙的正侧鼓音分差比大全音204音分偏小49音分，泰和大铙的正侧鼓音分差比五度律小三度294音分偏小34音分，偏差较为明显。从以上状况来看，江西商代乐钟的钟上双音应该处于原生双音的状态。

西周时期，江西未成编乐钟的正侧鼓音程关系集中于大二度与小三度，另有江宁许村兽面纹大铙为大三度关系。从表5-12"西周·江西（铙）"一行的数据分析来看，江西未成编乐钟大二度的偏离程度略高于湖南地区，但小三度的偏离程度与其他地区相比，明显是较低的。从这些未成编乐钟正侧鼓音程的音分值来看，大二度偏离程度较高的原因在于其中的一件铙——宜春蜈公塘小铙，其音分值162音分与理论值偏差较大，拉大了全体大二度音程的偏离度，如果不考虑这一特例，其他大二度音程的标准差仅为11。因此笔者认为，西周时期江西未成编乐钟正侧鼓双音的偏离度很小，且音程关系较为集中、准确，其中明显蕴含有别于原生双音的理性因素，应已达到铸生双音的层次。江西地区还出土两套西周时期的编甬钟。关于这两套编甬钟的正侧鼓音程，第三章第一节中已有分析结论：吉水甬钟一套三件，仅2号钟的音程关系较为准确，1号、3号两钟均偏大明显，可见在音程关系方面所具有的规范性并不强；而萍乡彭高甬钟的音程关系十分准确，两件钟的音分值与理论值偏离较小，表现出对规律性双音关系的理性把握。总之，从整体上来看，江西西周甬钟的钟上双音，应主要处于铸生双音的状态。

东周时期的江西乐钟，有出土于临江的两例者减钟有测音数据。其中，现藏于上海博物馆的者㴰钟不但有音梁，还有调音锉磨的痕迹，其正侧鼓音程的音分值为343音分，与纯律小三度的理论值316音分相比偏大27音分，偏差较为明显。由于物证少，无法对东周时期的江西乐钟在整体上的双音状态作出推断。

5. 云南、广西

云南和广西地区羊角纽钟的所属时期主要集中于东周与西汉。另有收藏于广州市博物馆的一件羊角纽钟年代未定，以及出土于广西浦北县官垌公社平石大队大岭脚村后背岭的一套四件被定为汉代遗物。

为观察羊角纽钟的双音状态，笔者将有测音数据的羊角纽钟的正侧鼓音分差及其所属的音程关系列表进行总结，完整的表格放置于附录处（见附表八），在此仅列出用统计学标准差的方法对不同时期羊角纽钟各音程关系偏离程度的计算结果（见表5-15）。

表5-15　羊角纽钟音分值标准差统计表

统计对象	小二度	大二度	小三度	大三度
东周羊角纽钟音分值标准差	0	16	0	0
汉代羊角纽钟音分值标准差	36	31	12	0
总标准差	36	21	19	1

东周时期万家坝羊角组编钟中，有三件钟的正侧鼓音程为大二度关系，小二度、小三度、大三度音程各有一件。从这些音程音分值的偏离程度来看，二度音程的准确性较高且偏离度小，小三度音程的偏离度相对较大。这套编钟在第二章的形制分析中，通过对形制数据的分析，认为其双音性能不佳、隔离度较差，很可能存在侧鼓音音量小、不清晰、不易被激发的状况。因此，对于本套编钟测音数据所反映出的大二度音程偏离度小、较为规范的现象，应是由于在钟形较为接近的情况下所出现的原生或铸生双音音分差相近或偶然相等的情况。但由于羊角纽钟形制特异，其形制数据无法像中原系统乐钟那般详细测算，因此上述结论仅是在现有数据分析基础上的个人推测。

汉代的羊角纽钟，其正侧鼓音程关系较为平均地分散于小二度、大二度和小三度；另有广西浦北县官垌公社平石大队大岭脚村后背岭羊角纽编钟中的3号钟，正侧鼓音程为大三度关系。从汉代羊角组钟正侧鼓音程音分值的标准差来看，小二度、大二度音程音分值的偏离程度明显大于东周时期，可见二度音程的规范性较弱。从各钟具体的音分值来看，小三度音程的偏离度很小，说明汉代羊角纽钟正侧鼓音程的规范性明显高于东周时期。

羊角纽钟的相关资料较少,仅能在有限的程度上进行观察。但关于东周万家坝羊角纽编钟的双音状况,笔者认为无论是从各钟的正侧鼓音程关系来看还是从其形制数据所反映出的双音性能来看,万家坝羊角纽编钟正侧鼓发音的不同应为"原生"的状态,而非真正意义上的双音钟。从汉代羊角纽钟的测音数据来看,二度音程的偏离度比东周时期大,这主要是因为容县六王公社龙井坺羊角纽钟自身的双音音准较差导致的,这套钟的钟上双音应仍处于原生状态,但这一时期小三度音程的准确性却大大提高,有可能处于原生双音向铸生双音转变的过渡阶段。此外,筒形钟的资料不足以对这类钟的双音性能进行观察,因而在此不进行总结性论述。

从以上对越地编钟双音状态的分析来看,越地各区域出土编钟的双音状态具有"同一文化内不同发展层次"的差别,这一问题与越地各区域的青铜音乐文化发展水平密切相关。由于出土资料分布状况的不均匀,笔者在此将根据出土资料的现实状况,针对由双音状态所能明显反映出来的越地各区域间音乐文化的对比来加以总结,对不足以显示出音乐文化特征的地区则并不强求。

从越地各区域之间由钟上双音的状态所反映出的青铜音乐文化发展状况的来看,同属越地的江苏、广东两省之间,还是存在突出且典型的可比性的。在本章第二节针对越地乐钟形制规范程度的分析与总结中指出,从江苏地区出土编钟的形制来看,很可能先是受到了越文化之外的文化影响,特别是在历经长期对中原青铜乐钟的学习并模仿之后,越地人民特有的审美才逐渐显现,产生了具有越地特色的青铜乐钟——句𨮯。从钟上双音的状态来看,江苏地区青铜音乐文化的发展水平在越地各区域中无疑是较为先进的。这一地区的钟上双音,在逐渐集中于三度关系的规律性双音之同时,还有可能逐渐通过理性掌握了将双音关系铸调为纯四度的技术,可见该地域青铜音乐文化发展程度之一斑。而广东地区钟上双音的状态有别于越地的其他区域,该地的钟上双音并未表现出集中于三度音程的现象,反而能够相当清晰地反映出大二度音程的稳定存在。但广东地区钟上双音中所常见的大二度音程,又有别于湖南、江西地区未成编乐钟呈二度关系的原生双音状态,不但音分值的偏离度相当小,还与大二度音程的理论值十分贴合,表现出音程的统一性与准确性并重的状态。这些广东乐钟上虽无调锉痕迹,但是也存在铸成后被认为无须调音的可能性,总之表现出了在不低于"铸生"的状态下,对规律性双音的理性追求与把握。总之,江苏、广东两个地区由钟上双音所处的状态反映出的青铜音乐文化具有不同的特点,二者均具有先进性。江苏地区青铜音乐文化的先进性表现在受到外来文化的影响而达到的成熟层次;广东地区的先进性则体现在由颇具特色的钟上双音的音程关系所表现出的本土文化的特色及规律、规范性。

结语

　　本书是以我国越族分布地区出土的两周时期青铜质编钟为关注点，通过对相关资料的搜集、整理、分析，以及对分析结果在理论层次的提升所进行的专题研究。文中除较为常规的对编钟的纹饰、音列、宫音高度进行分析外，笔者还力图采用"定量分析"的模式，使用统计学标准差的方法，对两周越地青铜编钟的形制特点、形制规范性、与《考工记》所载钟形的关系，以及乐钟正侧鼓音程的音分值及偏离程度等一系列问题进行探索，以图揭示蕴含在乐钟数据资料中却不易被传统的"定性分析"所觉察的现象与规律，挖掘其中有理性因素参与或制约的痕迹。

　　关于统计学标准差的方法，在本书第一章第二节中已对其从功能优势、学科融入历程、具体操作方法等多方面给予介绍。使用标准差的方法对编钟形制数据进行分析，是研究方法上的新尝试。笔者经过审慎的思考，对书中使用标准差的方法求得编钟形制总体标准差，以及对比标准差的意义进行总结。

　　首先，求钟体各部位数据比例"总体标准差"的意义在于：第一，成编列的钟，其总体标准差的大小所指向的是此套钟在设计、制作层面的规范程度，总体标准差越小则全套钟的设计与制作越规范，反之则规范程度越弱；第二，同一地域所出土的同类、单件钟，其总体标准差的大小是此地区对此类钟在设计层面是否具有统一规范的显示，标准差越小则代表越可能具有一定之规，反之则代表形制差异较大而规范度较弱；第三，当总体标准差较小时，则可将所统计的此组比值之平均值，视为此组钟体设计的相对规范，并将此相对规范与《考工记》所载理论规范相对比，进一步分析形制的差异；第四，不同统计对象同组数据（如均为$\frac{舞修}{舞广}$）的总体标准差可以进行比较，其所指向的是不同编钟相同部位设计规范程度的对比；第五，相同统计对象的不同组数据之总体标准差可以进行比较，其所指向的是同一套编钟不同部位之间设计规范程度的差别；第六，不同统计对象的不同组数据之总体标准差，笔者认为对其进行比较是无意义的。

其次，求钟体各部位数据比例"对比标准差"的意义在于：第一，将《考工记》所载钟体各部位数据的比例作为 μ 值代入标准差公式，则得出所统计的钟体各部位数据比例与《考工记》所载比例的标准差，本书中称其为"对比标准差"；第二，总体标准差较小的钟组，可通过对比标准差来与《考工记》所载钟形的设计规范相对比，对比标准差值的大小，所指向的是统计对象与《考工记》所载钟形在设计规范层面的离合程度，差值越大则说明其形制越有别于《考工记》，反之则说明其与《考工记》所载钟形在一定程度上相符，且存在相关的可能；第三，不同统计对象同组数据之间的对比标准差可以进行比较，其所指向的是不同编钟相同部位的形制与《考工记》所载离合程度的对比;第四,相同统计对象的不同组数据之对比标准差可以进行比较,其所指向的是同一套编钟不同部位的设计规范与《考工记》所载钟形差别的大小;第五,不同统计对象的不同组数据之对比标准差,笔者认为对其进行比较是无意义的;第六,统计对象的总体标准差与对比标准差越接近,则说明其平均值越贴近《考工记》所载比例;第七,某组数据的总体标准差较小但对比标准差较大时,可将这组数据的平均值与《考工记》理论比例相比较,进一步分析此比值偏大或偏小与分母、分子的关系,进而把握钟体形制的细微区别;第八,当数据分析结果呈现出总体标准差和对比标准差均较大的状况时,由于总体标准差大说明统计对象自身所具有的统一规范性弱,因此哪怕是与《考工记》相对比的对比标准差亦大,也不能说明统计对象有别于《考工记》而趋向于自成体系,因其形制的统一性差而无所谓"体系"可言。

此外,标准差的分析方法亦可以用来观察具有相同音程关系的、不同音分值的偏离程度,这一分析方法已在第五章第三节针对越地乐钟正侧鼓音程音分值偏离程度的分析中加以使用,标准差大则音分值的偏离程度大,乐钟正侧鼓音程关系受理性因素制约的程度小;反之,则理性因素参与的可能性高,乐钟所发双音更可能摆脱了原生状态,而向更高层次的铸生、铸调阶段发展。需要强调的是,使用统计学标准差的方法,对乐钟正侧鼓音程音分值偏离程度的分析,其结果所指向的并非音程的准确性,而是音程的统一性。由于乐钟的定音尚处于"以耳齐其声"的阶段,对双音状态发展程度的推断不能仅以准确性来衡量,而应兼顾统一性;当多件钟的正侧鼓音程音分值标准差较小时(即偏离度较小),即使与相应音程的理论音分值之间有所偏差、音程关系尚未达到精准的程度，亦能反映出该音程在钟上双音中所表现出的统一性与理性约束；当多件钟正侧鼓音程音分值标准差较小，且与相应音程理论音分值较为相符时，则能反映出对音程关系理性约束的统一性与音程的精准性并重的状态。

总之，笔者对本题的定位，是通过对两周越族分布地区出土的青铜质编钟进行技术分析，从而为越族分布地区的音乐文化、青铜文化全貌的研究贡献一分力量。

以下将以地域划分的方式，对本书的主要研究结论加以总结。

1. 江苏地区

江苏地区的编钟与《考工记》所载钟形的相符程度之大，是在除江苏以外的其他地区所未见的。江苏编镈具有"舞部及口部的浑圆程度较为接近"以及"钟身正面与侧面的外侈程度较为接近"形制特征，且江苏地区的东周镈钟在设计、铸造方面是存在较为统一的形制规范要求的。江苏地区成编、未成编的甬钟，其形制数据均在不同程度上显示出与《考工记》数据的相符。编组钟的形制特点分为两类：一类为有别于《考工记》而自成体系；另一类则表现出既在一定程度上符合《考工记》，又不乏自身特点的强规范性。编句鑃的形制特点有别于以上状况，与同为江苏出土的其他类乐钟以及越地其他地区出土的编句鑃相比，江苏编句鑃的形制数据不但与《考工记》所载钟形存在很大差别，甚至其差别的程度都高于其他地区的编句鑃，且江苏编句鑃自身的规范性较差，不仅远低于同为江苏出土的其他类编钟，更是不如其他地区所出土的编句鑃。由此可见，在历经长期对中原青铜乐钟的学习并模仿之后，越地人民特有的审美逐渐显现，产生了具有越地特色的青铜乐钟，表现出越文化兼收并蓄的特点以及强大的生命力。但从形制的规范程度来看，江苏地区中原系统的编钟（即镈、甬钟、纽钟）的规范性显然更强，编句鑃的规范程度较弱但越民族特色更加凸显。

东周时期，江苏编镈有五至六件成编的编制，其编列及正鼓音列的设置呈现较为稳定的模式，正鼓音列的排列均以徵音为首，排列为由徵、羽、宫、商、角组成的四声或五声音列，在此基础上可重复首钟或次钟的正鼓音"徵""羽"。从正侧鼓音程关系来看，春秋晚期的江苏编镈，其正侧鼓音程关系除编钟最为常见且规律的大、小三度音程外，还有纯四度音程以及介于大、小二度之间而无法确定的音程关系。从正侧鼓音程关系的准确程度来看，九女墩2号墩1号墓编镈无疑是突出的。这一突出，主要表现在五件有测音数据的镈钟中，有三件的正侧鼓音程为小三度，且音分值分别为336、335、335音分，从其中所具有的统一性以及与纯律小三度理论音分值较小的偏离程度，不但能表现出这套编镈的正侧鼓音程关系所具有的规范性，更是表现出在乐钟铸调过程中对精确双音关系的理性把握。从正侧鼓音列所能构成的音阶性质来看，江苏出土的三套编镈均在侧鼓有"和"的音位。同时，完好保存了正鼓音位为"徵"的钟的两套编镈，其侧鼓音位均为"闰"，这种一致性使江苏编镈所能构成的音阶明显带有清商音阶的特征。江苏出土的、有测音数据的编甬钟，目前仅见春秋早中期的东海庙墩编钟一套，从其正侧鼓音程关系来看，江苏地区至晚于春秋早中期时，在对甬钟的铸调过程中就已能做到对大、小三度音程关系理性且准确的把握。江苏地区六套编组钟的编列数目有七、八、九件制不等，正鼓音列的排列状况可分为三类；一类是九件套编组钟"徵—羽—宫—商—角—羽—商—角—羽"的正鼓音列典型模式；一类是与典型模式整体近似、局部有调整的音列；一类（仅连云港尾矿坝编钟一例）则呈现与典型模式明显不同的面貌。江苏地区东周编组钟，其正侧鼓音程关系除编钟最为常见且规律的大、小三度音程外，尚有小二度、大二度、纯四度及小六度音程，宫音的高度相对集中、稳定。从正侧鼓音列所能构成的音阶性质来看，遾邶编钟正侧鼓音列可构成#F宫正声音阶，六合程桥2号墓编钟的正侧鼓音列可构成#F宫正声音阶和#F宫下徵音阶，连云港尾矿坝编钟和邳州九女墩2号墩1号墓编组钟的正侧鼓音列则分别可构成G宫与E宫的清商音阶，可见东周江苏编组钟上所能实践的音阶性质较为丰富。战国时期，江苏编句鑃有七件成编的编制，正鼓音列中"徵—羽—宫—角—徵"的排列较为稳定，可见其编列及正鼓音列的设置具有相对稳定的模式。从正侧鼓音程关系来看，除大、小三度音程外，大二度音程也是江苏编句鑃正侧鼓音程关系中所常见的。但从正侧鼓音程的准确性来看，个别音程对理论音分值的偏离稍大；从呈相同音程关系的钟来看，不同钟上相同音程关系的音分值偏离较大，表现出对该音程的把握尚不精确、规范。此外，两套编句鑃的调高并不一致，且从正侧鼓音列来看，均无Ⅳ级音位存在，松溪编句鑃的Ⅶ级音位的存在尚有疑问，因此无法观察正侧鼓音列所能构成的音阶性质。

　　江苏地区的编镈、编甬钟、编组钟，除遾邶编镈的钟腔内壁状况不详外，其他均经调锉；两套编句鑃（淹城句鑃、高淳松溪编句鑃）的钟腔内部均无调音锉磨的痕迹。笔者曾对其中四套编钟的调音锉磨状况进行实地考察。其中，东海庙墩编甬钟采用挖"隧"的方式进行调音；邳州九女墩3号墓编镈采用"内唇锉磨"的方式调音；邳州九女墩3号墓出土的一套编甬钟和一套编纽钟则均是使用内唇、音梁多重锉磨的方法进行调音。从音响性能来看，江苏编镈与《考工记》中所载钟体形制较为相近，符合《周礼·春官宗伯·典同》所言"正声缓"的钟体形制，编句鑃自身的形制规范性较弱，各套句鑃之间亦存在较大的形制差别。从个例来看，淹城句鑃和高淳松溪编句鑃的钟体浑圆程度大大偏于《考工记》所载，而两铣的外侈程度则明显大于《考工记》，可见两套编句鑃的声音传出较快，余音相对较短。

从钟上双音的状态来看，东周江苏编句鑃能够通过"铸生"的方式较为稳定地把握住大二度音程的准确性；小三度音程音分值的偏离程度虽不大，但与小三度理论音分值相比仍然有偏差明显的状况存在，可见对这一音程关系的把握尚未达到精准的层次。江苏地区的编镈、编甬钟、编纽钟虽多经调锉，但其各个音程音分值的偏离度是高于东周时期的广东地区以及同为江苏出土的编句鑃的，可见偏差相对较大。此外，这一地区编钟的正侧鼓音程中有多例纯四度存在，这些纯四度的音分值在整体上偏离度较小、音程关系准确度尚可且均经调锉，上述三点均表现出这些纯四度音程所具有的规范性以及理性因素，这一地区有已通过理性掌握了将钟上双音铸调为纯四度的技术的可能。

2. 广东地区

与江苏编钟在整体上所表现出的与《考工记》所载钟形的相符

恰恰相反，广东乐钟的形制不但在设计、制作层面具有很强的规范性，更是在整体上表现出有别于《考工记》而自成体系的鲜明特点。广东编甬钟的形制基本上是一种"舞部及口部的浑圆程度较为接近"，以及"钟身正、侧面的外侈程度较为接近"的钟形。同时，由于这些编钟的形制比例数据在相当程度上表现出了近似性，因而笔者认为东周时期广东甬钟的设计、铸造，在一定范围内是存在较为统一的形制规范要求的。此外，从广东编甬钟的形制数据分析来看，与钟体修长程度相关的$\frac{铣长}{铣间}$和$\frac{中长}{鼓间}$两项，其对比标准差偏大程度相当高，在一项数据的标准差超过0.05就算偏大的统一标准下，广东甬钟该两项的对比标准差达到0.50至0.76，这一状况是在广东以外的其他越族分布地区所未见的。从具体数据分析可知，这些编甬钟的钟身、特别是于口以上的修长程度，高于广东以外的任何区域。而这亦为广东编甬钟区别于其他地区编甬钟最显著的特点。

有测音数据的三套广东编甬钟均为春秋时期遗物，编列数目有二、三、七件制不等，正鼓音列的设置并无相对统一的模式。从正侧鼓音程关系来看，除编钟最为常见且规律的大、小三度音程外，大、小二度音程是广东编甬钟正侧鼓音程关系中一个相当稳定的存在。广东出土的三套编甬钟的宫音高度在#D+23音分至F—14音分之间相去不远。由于这三套编甬钟均无Ⅳ级音位的呈现，因而无从判断其正侧鼓音列所能构成的音阶性质。

广东出土的多套编甬钟的钟腔内部，都有音梁及调音锉磨的痕迹。其中既有调音锉磨痕迹、保存较好且有测音数据的两周乐钟，有博罗出土的陂头神编钟一套七件（其中一钟已哑），其中两件（2号、

3号）的正侧鼓音程关系相对准确，一件（6号）偏差明显，另有至少两件的音分值分别为574、599音分，双音关系处于失控状态，原音程设计的意图不明。由此可见，博罗陂头神编钟虽然经过调音，但无论是其各钟的正侧鼓音程关系，还是整套编钟的正鼓音列，音准状况均不理想，所呈双音的规律性不强。相对于博罗陂头神编钟所存在的铸调失控状况，清远马头岗1号墓出土的编甬钟一套三件，虽无调音锉磨痕迹，但其正侧鼓音程均为十分准确的大二度，且大二度音分值的偏离度极小，表现出对规律性双音的理性把握；当然，这套编钟也存在铸造完成后被认为无需调音的可能。总之，东周时期广东编钟的双音状态应主要处于"铸生"阶段，虽有部分乐钟经过调锉，但音准控制不佳，未表现出铸调双音对音准要求的精确度。此外，广东地区钟上双音的音程关系以大二度音程最为常见，且音分值偏离度大大低于其他音程，并与大二度的理论值十分贴合，可见非常规范、精确。这一状况从连山三水出土的两件西周未成编甬钟的测音数据中就已能看出。东周时期的广东编钟上所出现的大二度音程更加精确，表现出在"铸生"状态下对规律性双音的理性追求与把握。此外，从音响性能来看，广东编甬钟的钟形基本上具有"舞部及口部的浑圆程度较为接近"以及"钟身正、侧面的外侈程度较为接近"的特点，而其区别于其他越族分布地区编甬钟最显著的特点，是这些编钟钟身的修长程度大大高于广东地区以外的任何区域。综合以上钟形特点来看，由于较长的钟体不利于声音快速地传出及衰减，因此会具有余音较长的特点。

对广东地区的乐钟还有一点不得不提，就是这一地区有为数不少的甬钟存在纹饰的简化、省略，以及枚的数量不合传统型式的现象。这类甬钟在湖南地区也有少量出现，但主要集中于广东地区。关于纹饰的简省，笔者认为，由于青铜乐钟在中国先秦礼乐制度中占有相当重要的地位，其铸造工艺复杂、科技含量高，且设计、铸造的技术被集中掌握于专为统治阶层服务的工匠世家。在制度、等级森严的先秦时期，如果是由于铸钟工匠自身的马虎、偷工减料而造成钟上纹饰的简省，恐怕是会累及性命的重大事故。但从这一问题存在的数量来看，应是在统治阶层内部就已经对乐钟的铸造逐渐不复先前重视，从而造成了钟上纹饰马虎、简省且形制不合传统的状况。笔者认为，这种纹饰的简省，反映出编钟的设计与铸造逐渐更重实用性，在保留编钟原有音乐性能的同时简省纹饰，使得原本繁复而具震慑威力的钟上纹饰所带来的敬畏沉重之感被淡化，同时大量减少设计、铸造编钟所耗费的时间、人力与财力。关于甬钟的钟枚所出现的数量的减少、钟体两面钟枚数量不等的状况，笔者认为，钟枚能够在一定程度上抑制钟体的振动，从而加快余音衰减，减轻乐钟音响含混不清的程度，其目的应为缓解编钟在音乐实践活动中余音与余音之间相互干扰的状况。从这个切入点去思考，钟枚数量不合传统的现象，其本质也许是乐钟地位的下降。钟枚是具有实用功能的，它能够对乐钟的音响性能产生影响，但要承认的是，与纹饰的装饰性、乐器的演奏性能等显性功能相比较，钟枚所具有的功能是相对隐性的，不易被使用者所意识到。也正是由于钟枚的功能性并不易被察觉，其逐渐被认为是仅具外形上的装饰功能也是可能的。在这种状况下，对虽具实用功能却难被知觉的钟枚，在数量上出现或减少或两面不一的非传统型式是有可能的。

3. 湖南地区

湖南地区的镈钟形制，从商末时期的"舞部浑圆小于口部、正面外侈小于侧面"的钟形，发展至西周早期"舞部与口部浑圆相当、正面与侧面外侈相当"的钟形，至西周中期又出现了"舞部浑圆大于口部、正面外侈大于侧面"的钟形，而春秋晚期衡南对江镈所具有的"舞部的浑圆程度大大高于口部"及"钟身正面的外侈程度明显大于侧面"的形制特点，亦恰好符合上述形制变化趋势。从这一钟形变化趋势对音响效果的影响来考虑，商末至春秋晚期，湖南镈钟的音响效果由声音释放较快、余音相对较短，转变为声音在钟腔内回旋、放出相对较慢的状态，而这一变化对镈钟先天所具"回声衍"的音响效果来说，无疑加剧了镈钟在参与音乐实践活动中音响含混不清的程度。

湖南地区的编纽钟，目前仅见浏阳纸背村编钟一套。结合未成编的纽钟来看，湖南纽钟的形制特点并不一致，甚至存在较大差别。但出土实物在形制上的不统一，并不能否定这一地区纽钟铸造工艺的高水准。从对浏阳纸背村编钟的形制分析结果来看，这种高水准一方面表现在浏阳纸背村编钟自身所具有的、有别于《考工记》而自成体系的强规范性，另一方面又表现在由这套编钟的纽部形制所反映出的对编钟整体视觉效果的审美追求。在其他编钟的甬、纽部尺寸都与钟身尺寸保持一定比例关系的情况下，湖南浏阳纸背村编钟的纽部尺寸基本一致，这会使编钟在悬挂时舞部基本齐平，从而在视觉效果上更为美观。笔者认为，这是一种有目的的视觉审美，反映出这一地区在编钟设计层面的更高要求。此外，湖南纽钟所具有的、仅次于广东甬钟的修长外形，亦使其能够在较大程度上与其他地区的纽钟相区别。从这一钟形特点对音响效果的影响来考虑,修长的钟形声音传出较为舒缓而不急躁,余音较长。

从测音数据来看,衡南对江镈应为两件镈的拼合而非编镈。从正侧鼓测音数据的音分差来看,本套镈所含两件镈的正侧鼓音程关系均为大三度,但2号镈的正侧鼓实测音分差与1号镈差距较大,可见相同音程关系的规范性不强。但从两件镈具有相同音程关系且于口内有调音锉磨痕的状况去考虑,湖南地区至少在春秋晚期之时,对镈钟的音乐性能是存在理性追求的。湖南出土的、有测音数据的编纽钟,目前仅见战国早期浏阳纸背村编钟一套,其正鼓音列被推定为"徵—(羽)—宫—(商)—角—(羽)—商—角—(羽)",是非常典型且稳定的九件套纽钟正鼓音列模式,其正侧鼓音列所能构成的音阶性质为 ${}^\sharp$F宫正声音阶。从正侧鼓音程关系来看,此套编钟相同音程关系的音分值差别明显,可见规范性较弱。结合湖南未成编的两件纽钟的音准状况来看,这一地区的纽钟从现有出土资料所表现出的音准状况并不理想。

从乐钟形制的规范性来看,湖南商铙的形制在一定程度上是具有统一的规范性要求的。这种统一的规范性由于存在于未成编的乐钟而非具有统一设计理念的编钟,则更显难得。但到了西周时期,湖南铙的形制规范程度急剧减弱,从这些铙形制比例的标准差来看,可谓毫无规范性可言。湖南地区未成编甬钟的形制也出现了和铙相近的状况,自西周至东周这一时期的过渡中,湖南甬钟形制的规范程度明显减弱。湖南镈的形制规范状况则与铙和甬钟不同。从西周至东周时期镈钟形制比例的标准差来看,虽然湖南地区西周镈的数据有部分不全,但现有数据仍能粗略地显示出这一地区的西周镈与东周镈在形制上的规范程度基本相当,西周镈应该要更加规范些,但程度有限。

从钟上双音的状态来看,在湖南商代大铙的正侧鼓音程关系中,小二度与大二度音程不但数量多,且音程音分值的标准差大大低于小三度,可见二度音程音分值的稳定程度明显高于小三度,其原因在于湖南大铙的形制在商代时是具有相对统一的规范性要求的,而拥有较为稳定外形的钟所原生的双音并不会偏离很大。也就是说,恰恰是商代湖南大铙在形制规范上所具有的稳定性,使得商铙所发出的二度音程虽属原生状态而非真正的双音,但其音分值的偏离程度并不大。西周时期,湖南未成编乐钟的正侧鼓音程关系较为平均地分布于大二度、小三度和大三度之上,且与商代相比,大二度音分值的偏离程度明显增大,小三度的偏离度明显降低,大三度音程的偏离度很小。结合对湖南未成编乐钟形制的标准差分析来看,自商至西周,湖南未成编乐钟的形制标准差明显增大,在乐钟形制的规范程度整体上有所减弱、钟形并不统一的状况下,小三度音程音分值的偏离程度反而明显降低,且大三度音分值的偏离度很小,这其中明显蕴含对准确音程关系的理性追求。也就是说,湖南未成编乐钟的双音,至西周时期应已发展至"铸生"的阶段。东周时期,湖南未成编乐钟的正侧鼓关系均为三度音程,虽有未成编的湖南乐钟腔体内部存在调音锉磨的痕迹,但相同音程关系的音分值偏离度比西周时期偏大明显,可见尚未达到铸调双音的、成熟与精确的层次。

此外,湖南地区与广东地区一样,都出土有简省纹饰以及枚的数量不合传统型式的甬钟,但这类甬钟主要集中于广东地区,湖南地区数量较少。在对广东此类甬钟的分析中，笔者认为，纹饰的简省反映出乐钟的设计与铸造逐渐更重实用性，在保留乐钟原有音乐性能的同时简省纹饰，大量减少设计、铸造编钟所耗费的时间、人力与财力。关于钟枚所出现的数量减少、钟体两面钟枚数量不等的状况，笔者认为，钟枚是具有实用功能的，它能够对乐钟的音响性能产生影响，但与纹饰的装饰性、乐器的演奏性能等显性功能相比较，钟枚所具有的功能是相对隐性的，不易被使用者所意识到，因此，钟枚逐渐被认为是仅具外形上的装饰功能而不被重视，在数量上出现或减少或两面不一的非传统型式是有可能的。

4.江西地区

两周时期，江西地区在甬钟形制的设计与制作方面是存在较为统一的钟形特点的，编甬钟的外形基本上呈现舞部浑圆高于口部、正面外侈略大于侧面且外形较为短阔的特点。

江西出土的两套编甬钟均为西周遗物，编列数目有两件制和三件制，其编列数目较少，且正鼓音列所呈现的排列形态并不统一也不近似。从正侧鼓音程关系来看，江西地区在西周时期对甬钟的铸调中，大二度应为比纯四度更为稳定且已被理性所把握的音程，并已对小三度音程关系有着规律、规范且理性的追求。从宫音的高度来看，江西两套编甬钟的调高在$^\#$D+23音分至$^\#$F-14音分，相去不远。从音准状况来看，萍乡彭高甬钟正侧鼓音程关系的准确性明显高于正鼓音列；吉水甬钟正鼓音列的准确性尚可，但正侧鼓音程的准确性并不理想。笔者认为，这种并不一致的状况所反映出来的本质，恰恰是西周时期江西地区对甬钟音乐性能的把握并不成熟，从而不能从整体上保证编钟音准状况的原因。

从音响性能来看，江西编甬钟的外形基本上呈现较为短阔的特点，结合其"侧面外侈程度与镈钟相当、正面外侈程度高于镈钟"的情况来看，短阔而外侈较为明显的钟形，其声音传出较快且余音相对较短，为《考工记》所言"钟大而短，则其声疾而短闻"[①]的状况。

从乐钟形制的规范性来看，江西大铙在设计与制作的层面是具有相对一致的规范性要求的，且这一状况自商至西周一直存在。这一地区也出土了甬钟与纽钟，从标准差状况来看，江西地区这两类乐钟形制的规范性是不如铙的。

从双音状态来看，江西商代乐钟的钟上双音应该正处于原生双音的状态。西周时期，江西未成编乐钟的正侧鼓音程关系集中于大二度与小三度，正侧鼓双音的偏离度很小，且音程关系较为集中、准确，其中明显蕴含有别于原生双音状态的理性因素，应已达到铸生双音的层次。而江西西周编甬钟的钟上双音，应亦为铸生状态。由于物证少，无法对东周时期江西乐钟在整体上的双音状态作出推断。

5. 浙江地区

青铜乐钟在浙江地区极少出土，成编的乐钟更是少见。在笔者所查找到的出土资料中，属于本书核心范畴的仅有江山编甬钟以及配儿句鑃，而这两套编钟的形制数据不全，且无测音数据，实难推断出较为

---

① ［清］孙诒让撰《周礼正义》，中华书局1987年版，第3270—3271页。

准确的结论。在本书针对浙江句镩的分析中,结合了同为浙江出土的、未成编的其次句镩的形制数据来一同观察,认为其次句镩与配儿句镩形制数据所反映出的特点并不一致。又由于其次句镩自身形制数据与配儿句镩相差较大,因而笔者认为从现有出土资料来看,浙江句镩的形制并无统一的设计、制作规范。

与青铜乐钟的稀少形成对比,浙江地区的越国贵族墓葬出土了大量用作明器的陶瓷质仿青铜乐钟。对于这一现象,考古学界有两种截然不同的观点。较为普遍的观点认为,越国处蛮荒之地,国家经济实力较弱,铜矿资源匮乏,加上战争对生产力的破坏,使得越国只能将有限的青铜原料集中于兵器与生产工具的生产,并没有经济实力铸造青铜礼乐器。但为了保持贵族阶层的随葬风俗并维护该有的体面,结合当地原始瓷生产较为兴旺的状况,越国贵族选择使用相对廉价的陶瓷质仿青铜乐钟,代替贵重的青铜乐钟作为随葬品中的礼乐器。但有学者经研究驳斥了上述观点并指出:越国的铜矿资源并不稀缺;越国的民族基础是号称"百越之首"的于越,其经济实力绝非低至上层贵族连一件青铜器都无能力随葬的状况;使用仿铜原始瓷礼器代替青铜器随葬是于越人所特有的葬俗,与经济实力无关;在于越建国之前的西周时期,便有着使用仿铜原始瓷礼器随葬的现象,而非于越建国后迫于战事、经济、资源的压力而出现的权宜之计,可见这是于越人的丧事习俗与文化传统 。[①]总之,从本书的形制分析结果来看,不论浙江地区

---

① 陈元甫《越国贵族墓随葬陶瓷礼乐器葬俗探论》,《文物》2011年第4期;陈元甫《浙江地区战国原始瓷生产高度发展的原因探析》,《东南文化》2014年第6期。

的越人使用仿铜原始瓷礼器代替青铜器随葬是被迫接受还是主动选择，当地出土的仿青铜钟整体形制的规范性都是很差的；从对比标准差来看，其与《考工记》所载钟形的偏差相当大，两者存在关联的可能性极弱。应该由于是明器的原因，它们的制作者似乎并不关心其形制规范，而只求貌似。

6. 云南、贵州、广西地区

在云南、贵州与广西地区，均出土有羊角纽钟，其中属于本书核心研究范畴的仅有云南万家坝羊角纽编钟一套，由于羊角纽钟所具有的独特外形，对其形制进行分析是一件值得尝试的新实验。从比值、平均值、总体标准差的计算结果来看：第一，所有与"通高"相关的比值，其总体标准差均很大，说明此套羊角纽钟通高的尺寸与其他四处数据在设计层面存在稳定比例关系的可能很小；第二，所有与"口长""口宽"相关的比值，其总体标准差都很小或相对小，再结合 $\frac{口长}{口宽}$ 一项的总体标准差仅为0.01来看，本套羊角纽钟钟口横宽与纵宽的形制应该是存在较为稳定的比例关系的；第三，从 $\frac{口长}{口宽}$ 的比值来看，本套编钟此项比值低于1.20，大大低于其他越地编钟 $\frac{铣间}{鼓间}$ 一项的值。此项比值越小，则说明钟口口宽越接近于口长，即钟口越偏浑圆，而钟体越浑圆则双音的隔离度越差，考虑到本套编钟 $\frac{口长}{口宽}$ 的比值大大低于其他编钟，因此此套编钟双音性能可能并不理想，很可能存在侧鼓音音量小、不清晰、不易被激发的状况。但需要承认的是，同为云南出土的石寨山、麻栗坡新堡寨钟的钟形特点与万家坝羊角纽编钟并不一致，各部位比例的数值有一定差距。特别是万家坝羊角纽编钟 $\frac{口长}{口宽}$ 一项的比值大大低于其他越地编钟$\frac{\text{铣间}}{\text{鼓间}}$比值的现象，并未出现于其他羊角纽钟上。结合未成编的、非两周时期的羊角纽钟的形制来看：首先，东周至汉代，羊角纽编钟的形制标准差呈减小趋势，可见至少从现有材料来看，东周时期羊角纽钟的规范程度低于汉代；其次，与广西汉代羊角纽编钟相比，由于汉代云南羊角纽编钟的标准差数据更小，可见汉代云南羊角纽编钟的形制规范程度更高；再者，从未成编的羊角纽钟来看，云南地区的标准差最小，贵州次之，广西最大，由此说明云南羊角纽钟具有较大可能存在统一的形制规范性要求，而另两个地区存在这种统一规范要求的可能性很低。

从音准方面来看，云南万家坝羊角纽编钟除3号钟外，正鼓音列的音分补正数起伏较小；从正侧鼓音程关系来看，除经过焊接的5号钟音准欠佳外，其他钟的正侧鼓音程关系均较准确，可见本套编钟的音准状况尚可。但从本套编钟所历经的两次测音状况来看，由于第一次测音的学者认为其无明显一钟双音的情况，反映出这套羊角纽钟的双音性能似乎欠佳。而本书对本套编钟形制因素的分析结论认为，本套钟很可能存在侧鼓音音量小、不清晰、不易被激发的状况，此亦可以从另一角度为第一次测音的学者所测音的结论给予解释与支持。

从钟上双音的存在状态来看，万家坝羊角纽编钟的正侧鼓音程中，二度音程的准确性较高且偏离度小，小三度音程的偏离度相对较大。结合形制分析的结论来考虑，对于本套编钟测音数据所反映出的大二度音程偏离度小、较为规范的现象，应是由于在钟形较为接近的情况下，所出现的原生或铸生双音音分差相近或偶然相等的情况。但由于羊角纽钟自身形制特异，其形制数据无法像中原系统乐钟那般详细测算，因此上述结论仅是在现有数据分析基础上的个人推测。汉代羊角纽钟的正侧鼓音程关系，较为平均地分散于小二度、大二度和小三度；另有广西浦北县大岭脚村后背岭羊角组编钟中的3号钟，其正侧鼓音程为大三度关系。从汉代羊角纽钟正侧鼓音程音分值的标准差来看，小二度、大二度音程音分值的偏离程度明显大于东周时期，但这主要是受到容县六王公社龙井坯羊角纽钟自身的双音音准较差的影响所导致的；从各钟具体的音分值来看，小三度音程的偏离度很小，可见汉代羊角纽钟正侧鼓音程的准确性明显高于东周时期。总之，羊角纽钟的相关资料较少，仅能在有限的程度上进行观察。但关于东周时期万家坝羊角组编钟的双音状况，笔者认为无论是从各钟的正侧鼓音程关系来看，还是从其形制数据所反映出的双音性能来看，万家坝羊角组编钟正侧鼓发音的不同应为"原生"的状态，而非真正意义上的双音钟。从汉代羊角纽钟的测音数据来看，二度音程的偏离度比东周时期大，说明容县六王公社龙井坯羊角纽钟自身的双音音准较差、钟上双音应仍处于原生状态的原因，但这一时期小三度音程的准确性却大大提高，这些羊角组钟有可能处于原生双音向铸生双音转变的过渡阶段。

云南和广西地区还出土有筒形钟，其中属于本书核心范畴的仅有云南牟定筒形钟一套六件，惜其形制数据不全，无法进行形制分析。结合虽不属于两周时期，但形制数据相对较全的两套筒形编钟的形制标准差来看，广西罗泊湾筒形钟的三项标准差明显低于云南筒形钟，说明广西罗泊湾筒形编钟形制的规范性大大高于云南姚安筒形编钟。

从测音数据来看，云南牟定筒形钟仅有正鼓音的耳测结果，无仪

结语

器测音数据。虽然耳测的准确性理应大大低于仪器,但从耳测的结果来看($^\flat$e-g-$^\flat$e-$^\flat$b-$^\flat$e-$^\flat$e^1),基本呈 do-mi-sol 三音列的单一模式,相信哪怕在音区、音高上可能会存在误差,但音程关系理应容易把握,其准确的可能性应该并不低。从耳测的结果来看,$^\flat$e 在本套筒形钟的正鼓音列中是一个相当重要的存在,其他音围绕 $^\flat$e 构成大三度、纯五度和纯八度音程,其音位分别为宫、角、徵的可能性很大。而这又令人不难联想到我国当代西南少数民族民歌中所存在的四度、五度三音列的状况。刘正维曾指出,在我国云南地区的彝族音乐中,有不少曲调是以 do-mi-sol 的五度三音列构成,[1]而本套筒形钟所出土的牟定,正是云南省楚雄彝族自治州的中部地区。但跨越几千年的相似也许只能是巧合,而难以成为确凿的证据。

此外,筒形钟的资料不足以进行这类钟的双音性能观察,因此在此不进行总结性论述。

7. 皖南地区

从现有出土资料来看,安徽地区在句鑃的设计、制作层面并未表现出统一的规范性特点,但从泾县南容句鑃和广德编句鑃自身所具的规范性来看,相对于浙江、江苏地区而言,安徽句鑃在设计、制作层面的规范程度是较高的。

除形制分析外,由于缺少测音数据,因而无法对皖南地区的编钟进行音乐性能、双音状态的观察。

---

① 刘正维《四度三音列——传统音乐的"染色体"》,《中国音乐》2009 年第 1 期。

8. 福建地区

在笔者所查找的资料范围内，福建地区未见成编的乐钟出土。商代乐钟在福建地区的出土，仅见建瓯阳泽村铙一例，无法通过做标准差分析去观察其自身以及整个福建地区乐钟形制的规范程度。这一地区还出土有西周时期的甬钟三例——武平平川甬钟、建瓯南雅甬钟、建瓯梅村铙。从这三例甬钟的总体标准差来看，除$\frac{舞修}{舞广}$和$\frac{铣长}{铣间}$两项偏大外，其余数值均较小，说明福建地区的未成编甬钟，其舞部的浑圆程度及钟身的修长程度规范性较弱，但从整体上来看还是存在一定的规范性的，且将福建与广东两地的未成编甬钟标准差进行对比可知，福建未成编甬钟的规范程度是高于广东地区的。

参考文献

一、古籍

1.〔汉〕郑玄注、〔唐〕贾公彦疏、〔清〕臧庸校《周礼注疏》(卷二十三),见《十三经注疏》(上),中华书局1980年版。

2.〔宋〕王黼编《重修宣和博古图》(卷二十二),明万历三十一年(1603年)本。

3.〔元〕脱脱等撰《宋史·乐志》,中华书局1985年版。

4.〔清〕孙诒让撰《周礼正义》,中华书局1987年版。

5.〔清〕阮元撰《揅经室集·钟枚说》,邓经元点校,中华书局1993年版。

二、著作

1.〔美〕S.伯恩斯坦、R.伯恩斯坦著,史道济译《统计学原理》(上册),科学出版社2002年版。

2.陈荃有《中国青铜乐钟研究》,上海音乐出版社2005年版。

3.陈铁梅编著《定量考古学》,北京大学出版社2005年版。

4.崔宪《曾侯乙编钟钟铭校释及其律学研究》,人民音乐出版社1997年版。

5.戴念祖《中国物理学史大系·声学史》,湖南教育出版社2001年版。

6.段勇《商周青铜器幻想动物纹研究》,上海古籍出版社2003年版。

7.郭沫若《十批判书》,新文艺出版社1951年版。

8.高至喜、熊传薪主编《中国音乐文物大系Ⅱ·湖南卷》,大象出版社2006年版。

9.韩宝强《音的历程——现代音乐声学导论》,中国文联出版社2003年版。

10.湖南省博物馆、湖南省考古学会合编《湖南考古辑刊》(第2集),岳麓书社1984年版。

11.黄观礼主编《博罗县文物志》,中山大学出版社1988年版。

12.黄展岳《南越国考古学研究》,中国社会科学出版社2015年版。

13.蒋炳钊编《百越文化研究》,厦门大学出版社2005年版。

14.孔义龙《弦动乐悬——两周编钟音列研究》,文化艺术出版社2008年版。

15.孔义龙、刘成基主编《中国音乐文物大系Ⅱ·广东卷》,大象出版社2010年版。

16.李纯一《先秦音乐史》,人民音乐出版社1994年版。

17.李纯一《中国上古出土乐器综论》,文物出版社1996年版。

18.李学勤《中国古代文明十讲》,复旦大学出版社2003年版。

19.马承源、王子初主编《中国音乐文物大系·上海/江苏卷》,大象出版社1996年版。

20.缪天瑞《律学》(第三次修订版),人民音乐出版社1996年版。

21.彭适凡、王子初主编《中国音乐文物大系Ⅱ·江西卷/续河南卷》,大象出版社2009年版。

22.容庚《商周彝器通考》(1941),上海人民出版社2008年版。

23.邵晓洁《楚钟研究》,人民音乐出版社2010年版。

24.王清雷《西周乐悬制度的音乐考古学研究》,文物出版社2007年版。

25.闻人军《〈考工记〉导读》,巴蜀书社1988年版。

26.王文光、李晓斌《百越民族发展演变史——从越、僚到壮侗语族各民族》,民族出版社2007年版。

27.王子初《中国音乐考古学》,福建教育出版社2003年版。

28.王子初总主编《中国音乐文物大系·安徽卷》,未出版。

29.王子初总主编《中国音乐文物大系·浙江卷》,未出版。

30.袁荃猷主编《中国音乐文物大系·北京卷》,大象出版社1996年版。

31.郑国珍、王清雷主编《中国音乐文物大系Ⅱ·福建卷》,大象出版社2011年版。

32.中国艺术研究院音乐研究所编《黄翔鹏文存》,山东文艺出版社2007年版。

三、期刊论文

1.陈荃有《悬钟的发生及双音钟的厘定》,《交响》2000年第4期。

2.陈荃有《西周乐钟的编列探讨》,《中国音乐学》2001年第3期。

3.陈双新《青铜钟镈起源研究》,《中国音乐学》2002年第2期。

4.陈通、郑大瑞《古编钟的声学特性》,《科学学报》1980年第3期。

5.陈通、郑大瑞《椭圆截锥的弯曲振动和编钟》,《科学学报》1983年第3期。

6.陈应时《评"复合律制"》,《音乐艺术》1996年第2期。

7.陈应时《再谈"复合律制"》,《音乐艺术》1999年第1期。

8.陈元甫《越国贵族墓随葬陶瓷礼乐器葬俗探论》,《文物》2011年第4期。

9.陈元甫《浙江地区战国原始瓷生产高度发展的原因探析》,《东南文化》2014年第6期。

10.崔宪《曾侯乙编钟宫调关系浅析》,《黄钟》1988年第4期。

11.方建军《陕西出土西周和春秋时期甬钟的初步考察》,《交响》1989年第3期。

12.方建军《西周早期甬钟及甬钟起源探讨》,《考古与文物》1992年第1期。

13.方建军《两周铜镈综论》,《东南文化》1994年第1期。

14.方建军《吴越乐器句鑃及其相关问题》,《乐器》1994年第2期。

15.方建军《中国上古时代的钮钟》,《交响》1997年第1期。

16.方建军《中国音乐考古学的学科定位与研究方法》,见香港中文大学音乐系等编《"中国音乐研究在新世纪的定位国际学术研讨会"论文集》(上册),人民音乐出版社2002年版。

17.方建军《商周乐器地理分布与音乐文化分区探讨》,《中国音乐》2006年第2期。

18.方建军《长江流域出土商周乐器分区研究》,《星海音乐学院学报》2006年第2期。

19.方建军《出土乐器测音研究的几个问题》,《音乐艺术》2008年第4期。

20.方勤《叶家山M111号墓编钟初步研究》,《黄钟》2014年第1期。

21.费玲伢《越国乐器研究》,《南方文物》2009年第2期。

22.冯光生《曾侯乙编钟文化属性分析》,《黄钟》1998年第3期。

23.冯光生《周代编钟的双音技术及应用》,《中国音乐学》2002年第1期。

24.冯光生《随州叶家山西周早期青铜钟初识》,未发表。

25.冯时《曾侯乙编钟的所谓"变宫"问题》,《考古》1986年第7期。

26. 冯伟《皖南出土青铜句鑃的类型和年代分析》,《东方博物》第三十六辑。

27. 冯卓慧《试论青铜镈的起源》,《中国音乐学》2008年第3期。

28. 高西省《西周早期甬钟比较研究》,《文博》1995年第1期。

29. 高至喜《中国南方出土商周铜铙概论》,《湖南考古辑刊》(第2集),岳麓书社1984年版。

30. 高至喜《论湖南出土的西周铜器》,《江汉考古》1984年第3期。

31. 高至喜《论商周铜镈》,《湖南考古辑刊》(第3集),岳麓书社1986年版。

32. 高至喜《论中国南方商周时期铜铙的型式、演变与年代》,《南方文物》1993年第2期。

33. 谷建祥、魏宜辉《邳州九女墩所出编镈铭文考辨》,《考古》1999年第11期。

34. 关晓武《青铜编钟的发展脉络》,《中国科技史料》2001年第1期。

35. 关晓武《青铜编钟起源的探讨》,《文物保护与考古科学》2001年第2期。

36. 韩宝强《音乐家的音准感——与律学有关的听觉心理研究》,《中国音乐学》1992年第3期。

37. 韩宝强、刘一青、赵文娟《曾侯乙编钟音高再测量兼及测音工作规范问题》,《中国音乐学》1999年第3期。

38. 韩宝强《双音钟音乐性能之检测》,《乐器》2002年第7期。

39. 胡运宏《六合程桥春秋三墓述议》,《江南大学学报》(人文社会科学版)2006年第5卷第1期。

40. 黄德荣《云南羊角编钟初探》,《四川文物》2007年第5期。

41. 黄启善《广西西林县出土的汉代羊角钮铜编钟》,《乐器》1985年第1期。

42. 黄翔鹏《复制曾侯乙钟的调律问题刍议》,《江汉考古》1983年第2期。

43. 黄翔鹏《均钟考——曾侯乙墓五弦器研究》,见《黄翔鹏文存》(上卷),山东文艺出版社2007年版。

44. 黄翔鹏《新石器和青铜时代的已知音响资料与我国音阶发展史问题》,见《黄翔鹏文存》(上卷),山东文艺出版社2007年版。

45. 黄翔鹏《用乐音系列记录下来的历史阶段——先秦编钟音阶结构的断代研究》,见《黄翔鹏文存》(上卷),山东文艺出版社2007年版。

46. 黄翔鹏《曾侯乙钟磬铭文乐学体系初探》,见《黄翔鹏文存》(上卷),山东文艺出版社2007年版。

47. 蒋炳钊《百年回眸——20世纪百越民族史研究概述》,见《百越文化研究》,

厦门大学出版社2005年版。

48.蒋定穗《中国古代编钟论纲》,《中国音乐》1995年第1期。

49.蒋廷瑜《羊角纽铜钟初论》,《文物》1984年第5期。

50.蒋廷瑜《广西贵县罗泊湾出土的乐器》,《中国音乐》1985年第3期。

51.蒋廷瑜《略论岭南青铜甬钟》,《江西文物》1989年第1期。

52.蒋廷瑜《羊角纽铜钟补述》,《广西民族研究》1989年第4期。

53.孔令远《试论邳州九女墩三号墩出土的青铜器》,《考古》2002年第5期。

54.李家和、刘诗中《吉安地区出土的几件铜钟》,《江西历史文物》1980年第3期。

55.李晶《试谈句镭》,《考古与文物》1996年第6期。

56.李学勤《论"能原镈"》,《故宫博物院院刊》1999年第4期。

57.李幼平《楚系乐器组合研究》,《黄钟》1992年第1期。

58.刘正维《四度三音列——传统音乐的"染色体"》,《中国音乐》2009年第1期。

59.刘政《安徽广德青铜句镭初探》,《东南文化》1994年第1期。

60.马承源《商周青铜双音钟》,《考古学报》1981年第1期。

61.马强《商周象纹青铜器初探》,《中原文物》2010年第5期。

62.孟东风《商周青铜器上的龙类动物纹饰》,《吉林师范学院学报》1996年第11期。

63.倪振逵《淹城出土的铜器》,《文物》1959年第4期。

64.彭适凡《赣江流域出土商周铜铙和甬钟概述》,《南方文物》1998年第1期。

65.彭裕商《西周青铜器窃曲纹研究》,《考古学报》2002年第4期。

66.秦序《先秦编钟"双音"规律的发现与研究》,《中国音乐学》1990年第3期。

67.佘红英《两周青铜乐器组合研究》,《黄钟》1993年第3期。

68.隋郁《〈周礼·考工记·凫氏〉两种解读方式之比较》,《中国音乐》2011年第1期。

69.谭维四、冯光生《关于曾侯乙墓编钟纽钟音乐性能的浅见——兼与王湘同志商榷》,《音乐研究》1981年第1期。

70.唐兰《中国青铜器的起源与发展》,《故宫博物院院刊》1979年第1期。

71.王洪军《出土东周中原体系青铜编钟概况》,《黄钟》1998年第2期。

72.王洪军《出土东周中原体系青铜编钟编制区域特征探讨》,《黄钟》2000年第3期。

73.王洪军《信阳编钟研究成果的疑惑》,《音乐艺术》2002年第1期。

74.王洪军《测音数据在编钟律制研究中的可信度分析》,《音乐艺术》2005年第2期。

75.汪启明《〈周礼·考工记〉齐语拾补——〈考工记〉为齐人所作再证》,《古汉语研究》1992年第4期。

76. 王文光《百越民族史整体研究述论》，见《百越文化研究》，厦门大学出版社2005年版。

77. 王湘《曾侯乙墓编钟音律的探讨》，《音乐研究》1981年第1期。

78. 王友华《虢仲纽钟的音乐学断代》，《文物》2009年第4期。

79. 王子初《太原金胜村251号春秋大墓出土编镈的乐学研究》，《中国音乐学》1991年第1期。

80. 王子初《音乐测音研究中的主观因素分析》，《音乐研究》1992年第3期。

81. 王子初《晋侯苏钟的音乐学研究》，《文物》1998年第5期。

82. 王子初《音乐考古学的研究对象和相关学科》，《中国音乐学》2001年第1期。

83. 王子初《新郑东周祭祀遗址1、4号坑编钟的音乐学研究》，《文物》2005年第10期。

84. 王子初《中国青铜乐钟的音乐学断代——钟磬的音乐考古学断代之二》，《中国音乐学》2007年第1期。

85. 王子初《河南叶县旧县四号春秋墓出土的两组编镈》，《文物》2007年第12期。

86. 王子初《周乐戒商考》，《中国历史文物》2008年第4期。

87. 王子初《黄翔鹏，先秦双音钟的"先知"》，见《中国音乐考古80年》，上海音乐学院出版社2012年版。

88. 王子初《我们的编钟考古》（上），《中国音乐学》2012年第4期。

89. 吴钊《广西贵县罗泊湾MI墓青铜乐器的音高测定及相关问题》，《中国音乐学》1987年第4期。

90. 向桃初《南方系统商周铜镈再研究》，《南方文物》2007年第4期。

91. 兴宁市博物馆、黄红亮《浅谈兴宁编钟的传奇》，《大众文艺》2014年第6期。

92. 熊传薪《商周青铜器的动物造型和纹样与古代图腾崇拜》，《南方民族考古》（第三辑），四川科学技术出版社1991年版。

93. 徐孟东《句鑃发微——对一种先秦乐器历史踪迹的寻觅与思考》，《中国音乐学》1994年第2期。

94. 杨涛《先秦青铜镈研究》，《黄钟》1993年第3期。

95. 杨荫浏《信阳出土春秋编钟的音律》，《音乐研究》1959年第1期。

96. 杨荫浏《关于春秋编钟音律问题》，见《杨荫浏全集》，江苏文艺出版社2009年版。

97. 殷玮璋、曹淑琴《长江流域早期甬钟的形态学分析》，见《文物与考古论集》，文物出版社1986年版。

98.俞珊瑛《越文化青铜乐器初探》,《东南文化》2012年第1期。

99.张跃进《青铜时代之二——青铜器上的纹饰》,《收藏家》2005年第4期。

100.赵世纲《曾侯乙钟磬与中原钟磬之比较》,《华夏考古》2002年第4期。

101.郑荣达《试探先秦双音编钟的设计构想》,《黄钟》1988年第4期。

102.郑祖襄《河南淅川下寺2号楚墓王孙诰编钟乐律学分析》,《音乐艺术》2005年第2期。

103.郑祖襄《两套新郑出土编钟的乐律学分析》,《中国音乐学》2006年第2期。

四、学位论文

1.冯卓慧《商周镈研究》,中国艺术研究院博士学位论文,2008年。

2.景闻《商、西周青铜器写实动物纹饰研究》,西北大学硕士学位论文,2010年。

3.马国伟《句镰研究》,中国艺术研究院硕士学位论文,2012年。

4.任宏《晋侯墓地出土乐器的音乐考古学研究》,中国艺术研究院硕士学位论文,2008年。

5.王宏蕾《编钟双音技术的流变》,中国艺术研究院硕士学位论文,2011年。

6.王友华《先秦大型组合编钟研究》,中国艺术研究院博士学位论文,2009年。

7.袁华韬《羊角钮钟若干问题研究》,广西民族大学硕士学位论文,2007年。

8.张城《越地乐器明器——瓷制句镰研究》,上海音乐学院硕士学位论文,2008年。

9.朱国伟《无锡鸿山越墓的音乐考古发现与研究》,中国艺术研究院硕士学位论文,2010年。

五、发掘报告

1.柴福有《浙江江山出土青铜编钟》,《文物》1996年第6期。

2.程应麟《萍乡市彭高公社发现周代铜甬钟两件》,《文物工作资料》1963年1月

30 日（总第 31 期）。

3.恭城县文物管理所《广西恭城县东寨村发现一件汉代羊角钮铜钟》，《考古》2002 年第 9 期。

4.广东省博物馆、肇庆市文化局发掘小组《广东肇庆市北岭松山古墓发掘简报》，《文物》1974 年第 11 期。

5.广东省博物馆《广东罗定出土一批战国青铜器》，《考古》1983 年第 1 期。

6.广东省文物管理委员会《广东清远发现周代青铜器》，《考古》1963 年第 2 期。

7.广东省文物管理委员会《广东清远的东周墓葬》，《考古》1964 年第 3 期。

8.江苏省丹徒考古队《江苏丹徒北山顶春秋墓发掘报告》，《东南文化》1988 年 Z1 期。

9.江苏省文物管理委员会、南京博物院《江苏六合程桥东周墓》，《考古》1965 年第 3 期。

10.孔令远、陈永清《江苏邳州市九女墩三号墩的发掘》，《考古》2002 年第 5 期。

11.刘永剑《云南麻栗坡出土人面纹羊角纽钟》，《文物》2008 年第 10 期。

12.南京博物院《江苏六合程桥二号东周墓》，《考古》1974 年第 2 期。

13.南京博物院、东海县图书馆《江苏东海庙墩遗址和墓葬》，《考古》1986 年第 12 期。

14.南京博物院、徐州市文化局、邳州市博物馆《江苏邳州市九女墩二号墩发掘简报》，《考古》1999 年第 11 期。

15.绍兴市文管会《绍兴发现两件钩镶》，《考古》1983 年第 4 期。

16.施文辉《云南姚安首次出土一批编钟》，《四川文物》1995 年第 1 期。

17.王振镛《福建建瓯县出土西周铜钟》，《文物》1980 年第 11 期。

18.徐州博物馆、邳州博物馆《江苏邳州市九女墩春秋墓发掘简报》，《考古》2003 年第 9 期。

19.云南省博物馆、杨玠《云南牟定出土一套铜编钟》，《文物》1982 年第 5 期。

20.云南省文物工作队《云南祥云大波那木椁铜棺墓清理报告》，《考古》1964 年第 12 期。

21.云南省文物工作队《楚雄万家坝古墓群发掘报告》，《考古学报》1983 年第 3 期。

22.张翔《浙江萧山杜家村出土西周甬钟》，《文物》1985 年第 4 期。

23.浙江省文物考古研究所、海盐县博物馆《浙江海盐出土原始瓷乐器》，《文物》1985 年第 8 期。

附录

附表一　商代越地未成编乐钟形制比例标准差分析表

钟类	地域	时代	钟名	舞修/舞广	舞修/中长	舞修/铣长	舞修/铣间	舞修/鼓间	舞广/中长	舞广/铣长	舞广/铣间	舞广/鼓间	中长/铣长	中长/铣间	中长/鼓间	铣长/铣间	铣长/鼓间	铣间/鼓间
铙	湖南	商代晚期	望城高冲铙	1.67	0.94	0.87	0.78	1.23	0.56	0.52	0.47	0.74	0.92	0.83	1.31	0.90	1.41	1.58
			浏阳柏嘉铙	1.54	1.02	0.91	0.79	1.17	0.66	0.59	0.52	0.76	0.90	0.78	1.15	0.87	1.28	1.47
			宁乡陈家湾大铙	1.42	0.98	0.93	0.86	1.26	0.69	0.66	0.60	0.89	0.96	0.88	1.29	0.92	1.35	1.47
			宁乡月山铺大铙	1.42	0.89	0.82	0.79	1.15	0.63	0.58	0.56	0.80	0.92	0.89	1.28	0.97	1.40	1.45
			宁乡三苗地大铙	1.65	1.02	0.92	0.78	1.25	0.62	0.56	0.47	0.75	0.90	0.76	1.22	0.84	1.35	1.60
			宁乡北峰滩四虎大铙	1.59	0.93	0.85	0.79	1.16	0.59	0.53	0.50	0.73	0.91	0.85	1.24	0.94	1.37	1.46
			宁乡北峰兽面纹大铙	1.58	0.92	0.84	0.76	1.09	0.58	0.53	0.48	0.69	0.92	0.83	1.19	0.91	1.30	1.43
			宁乡师古寨虎纹大铙	1.38	0.99	0.88	0.78	1.06	0.72	0.64	0.57	0.77	0.89	0.79	1.06	0.88	1.20	1.35
			宁乡师古寨虎纹大铙	1.31	1.02	0.88	0.81	1.00	0.78	0.68	0.62	0.76	0.87	0.79	0.98	0.91	1.13	1.24
			宁乡师古寨象纹大铙	1.47	0.94	0.84	0.81	1.06	0.64	0.58	0.55	0.72	0.90	0.87	1.13	0.96	1.25	1.30
			宁乡师古寨象纹大铙	1.52	0.93	0.82	0.77	1.05	0.61	0.54	0.50	0.69	0.88	0.82	1.12	0.94	1.28	1.37
			宁乡师古寨兽面纹大铙	1.35			0.79				0.58			0.79		0.90		
			宁乡师古寨兽面纹大铙	1.53				1.15				0.75						1.28
			宁乡古寨兽面纹大铙	1.36			0.77	1.11		0.57	0.57	0.82		0.79	1.01			1.44
			宁乡古寨铙	1.43		0.84	0.81	1.08		0.59	0.57	0.76	0.88	0.79	1.09	0.97	1.29	1.33
				1.70	0.96	0.85	0.75	1.06	0.57	0.50	0.44	0.62	0.88	0.78	1.09	0.88	1.24	1.41
				1.40	1.11		0.80	1.09	0.80		0.57	0.78		0.72	0.98			1.36
				1.50	0.99	0.86	0.76	1.11	0.66	0.57	0.51	0.74	0.87	0.77	1.13	0.89	1.29	1.46
				1.41	0.99		0.78	1.09	0.70		0.56	0.78		0.79	1.11			1.39
				1.59			0.75	1.12			0.47	0.70						1.50
				1.39	0.94		0.77	1.03	0.68		0.56	0.74		0.82	1.10			1.33
				1.40	0.97		0.78	1.05	0.69		0.56	0.75		0.81	1.08			1.34

钟类	地域	时代	钟名	舞修/舞广	舞修/中长	舞修/铣长	舞修/铣间	舞修/鼓间	舞广/中长	舞广/铣长	舞广/铣间	舞广/鼓间	中长/铣长	中长/铣间	中长/鼓间	铣长/铣间	铣长/鼓间	铣间/鼓间
铙	湖南	商代晚期	岳阳费家河铙	1.38	1.00	0.94	0.82	1.17	0.73	0.68	0.59	0.85	0.94	0.82	1.17	0.87	1.24	1.44
			株洲兽面纹铙	1.35	0.86	0.81	0.74	1.08	0.63	0.60	0.55	0.80	0.95	0.86	1.27	0.91	1.33	1.47
		商代末期	赫山三亩土大铙	1.39	0.97	0.86	0.79	1.02	0.70	0.62	0.57	0.73	0.89	0.82	1.05	0.92	1.18	1.28
			株洲兴隆铙	1.59	0.89	0.77	0.76	1.24	0.56	0.49	0.48	0.78	0.87	0.85	1.40	0.98	1.61	1.64
		商末周初	株洲伞铺铙	1.41	0.98		0.76	1.13	0.70		0.54	0.80		0.77	1.15			1.48
	江西	商	新干大洋洲大铙	1.64	1.00	0.90	0.76	1.28	0.61	0.55	0.46	0.78	0.90	0.76	1.28	0.84	1.42	1.68
				1.67	0.99	0.90	0.75	1.22	0.59	0.54	0.45	0.73	0.91	0.75	1.24	0.83	1.36	1.64
			宜丰牛形山大铙	1.59	1.03	0.90	0.74	1.24	0.65	0.57	0.47	0.78	0.88	0.73	1.21	0.82	1.37	1.66
			泰和大铙	1.57	0.94	0.84	0.77	1.16	0.60	0.54	0.49	0.74	0.89	0.82	1.23	0.91	1.38	1.51
		商末	德安陈家墩大铙	1.37	0.85	0.74	0.81	1.09	0.63	0.54	0.59	0.80	0.86	0.95	1.28	1.10	1.48	1.35
	安徽	商	勾连云纹铙	1.47	1.01	0.92		1.33	0.69	0.63		0.91	0.91		1.32		1.44	
			云纹铙	1.61			0.76	1.17			0.47	0.73						1.54
				1.73			0.74	1.21			0.43	0.70						1.64
		商末	芜湖兽面纹铙	1.41														
	福建	商末	建瓯阳泽村铙	1.71			0.74	1.24			0.43	0.72						1.67
镈	江西	商	新干大洋洲镈	1.48	0.63		0.64	0.92	0.43		0.43	0.63		1.02	1.46			1.44
	湖南	商代末期	邵东民安镈	1.40	0.56		0.69	0.92	0.40		0.49	0.66		1.24	1.66			1.34
			商代总体标准差	0.12	0.11	0.05	0.07	0.09	0.08	0.05	0.07	0.06	0.03	0.10	0.14	0.06	0.11	0.12
			商代铙总体标准差	0.12	0.06	0.05	0.07	0.08	0.06	0.05	0.07	0.05	0.03	0.05	0.11	0.06	0.11	0.12
			湖南铙总体标准差	0.11	0.05	0.04	0.07	0.07	0.07	0.06	0.06	0.05	0.03	0.04	0.11	0.04	0.11	0.10
			江西铙总体标准差	0.10	0.06	0.06	0.02	0.08	0.03	0.03	0.05	0.06	0.02	0.08	0.04	0.10	0.04	0.13
			皖南铙总体标准差	0.13			0.01	0.02			0.02	0.02						0.05
			商镈标准差	0.04	0.04		0.02	0.00	0.01		0.03	0.02		0.11	0.10			0.05

附表二　西周越地未成编乐钟形制比例标准差分析表

钟类	地域	时代	钟名	舞修/舞广	舞修/中长	舞修/铣长	舞修/铣间	舞修/鼓间	舞广/中长	舞广/铣长	舞广/铣间	舞广/鼓间	中长/铣长	中长/铣间	中长/鼓间	铣长/铣间	铣长/鼓间	铣间/鼓间
铙	江苏	西周早期	江宁许村兽面纹大铙	1.53	1.00	0.92	0.78	1.12	0.65	0.60	0.51	0.73	0.92	0.78	1.13	0.85	1.23	1.44
	江西	西周	万载株潭大铙	1.66	0.96	0.86	0.79	1.28	0.58	0.52	0.47	0.77	0.90	0.82	1.33	0.91	1.48	1.62
			南昌李家庄大铙	1.36	0.90	0.70	0.73	1.13	0.66	0.51	0.54	0.83	0.78	0.81	1.26	1.04	1.62	1.55
			宜春金桥大铙	1.30	0.96	0.75	0.77	0.98	0.74	0.58	0.60	0.76	0.78	0.80	1.02	1.03	1.30	1.26
			永新乌龟岭铜铙	1.27	0.82	0.68	0.75	1.02	0.65	0.54	0.59	0.81	0.84	0.92	1.25	1.10	1.49	1.36
			新余水西铜铙	1.41	0.89	0.76	0.78		0.63	0.54	0.56		0.86	0.89		1.03		
			宜春蝦公塘小铙	1.49	0.89	0.81	0.75	1.17	0.60	0.54	0.50	0.78	0.91	0.84	1.32	0.93	1.45	1.56
			萍乡邓家田大铜铙	1.18	0.89	0.74	0.81	0.98	0.76	0.63	0.69	0.84	0.83	0.91	1.10	1.10	1.34	1.21
			新余罗坊铜铙	1.44	0.92	0.79	0.82	1.16	0.63	0.55	0.56	0.80	0.86	0.89	1.26	1.03	1.47	1.42
			安源十里埠大铙	1.35	0.84	0.74	0.82	1.12	0.62	0.58	0.60	0.83	0.93	0.97	1.33	1.43	1.53	1.38
			靖安梨树黄大铙	1.39	0.86	0.77	0.83	1.14	0.62	0.54	0.60	0.82	0.87	0.97	1.32	1.12	1.53	1.36
			樟树双庆桥大铙	1.49	0.92	0.78	0.80	1.16	0.62	0.52	0.54	0.78	0.84	0.87	1.25	1.04	1.50	1.45
			新余界水大铙	1.39	0.93	0.78	0.81	1.14	0.67	0.56	0.58	0.82	0.84	0.87	1.23	1.03	1.45	1.41
	湖南	西周早期	长沙饭桥铙	1.39	0.90	0.76	0.81	1.12	0.65	0.55	0.58	0.80	0.85	0.90	1.24	1.06	1.46	1.38
			株洲黄竹铙	1.54	0.77	0.68	0.74	1.28	0.50	0.44	0.48	0.83	0.88	0.96	1.66	1.09	1.88	1.72
			株洲头坝铙	1.34	0.91	0.75	0.82	1.14	0.68	0.56	0.62	0.85	0.82	0.90	1.24	1.10	1.52	1.38
			醴陵有枚铙	1.40	0.80	0.68	0.76	1.14	0.57	0.49	0.54	0.81	0.86	0.95	1.43	1.11	1.67	1.50
			湘乡黄马塞铙	1.48	0.82	0.77	0.74	1.24	0.55	0.52	0.50	0.84	0.94	0.90	1.51	0.96	1.60	1.67
			资兴兰市铙	2.17	1.23	1.12	0.97	1.48	0.57	0.52	0.44	0.68	0.91	0.79	1.21	0.86	1.32	1.53
			资兴天鹅山铙	1.26	0.84	0.72	0.81	2.03	0.67	0.57	0.65	1.61	0.86	0.97	2.41	1.13	2.81	2.50
			安仁荷树铙	1.36	0.87	0.75	0.80	1.93	0.64	0.55	0.59	1.42	0.86	0.93	2.22	1.07	2.57	2.40
			岳阳邹山铙	1.64	0.87	0.74	0.78	1.26	0.53	0.48	0.48	0.77	0.91	0.90	1.45	0.99	1.60	1.62
			株洲江家铙	1.63	0.80	0.73	0.76	1.31	0.49	0.45	0.48	0.81	0.92	1.63	1.64	1.76	1.78	1.01
			衡阳岳屏铙	1.32	0.89	0.76	0.86	1.13	0.67	0.56	0.65	0.85	0.83	0.97	1.27	1.17	1.53	1.31
			衡南梨头铙	1.45	0.85	0.76	0.76	1.23	0.59	0.52	0.52	0.85	0.89	0.89	1.45	1.00	1.62	1.63
			衡阳泉口铙	1.44	0.94	0.81	0.74	1.30	0.65	0.57	0.51	0.90	0.87	0.79	1.38	0.91	1.59	1.75
			衡阳贺家牌铙	1.49	0.79	0.71	0.76	0.80	0.48	0.48	0.51	0.54	0.91	0.97	1.02	1.07	1.12	1.05
			耒阳夏家山铙	1.52	0.78	0.69	0.75	1.14	0.53	0.46	0.49	0.75	0.89	0.96	1.47	0.96	2.00	2.08
			桃江石牛铙	1.26	0.77	0.65	0.81	0.73	0.61	0.52	0.65	0.58	0.85	1.06	0.95	1.25	1.12	0.90

钟类	地域	时代	钟名	舞修/舞广	舞修/中长	舞修/铣长	舞修/铣间	舞修/鼓间	舞广/中长	舞广/铣长	舞广/铣间	舞广/鼓间	中长/铣长	中长/铣间	中长/鼓间	铣长/铣间	铣长/鼓间	铣间/鼓间
镈	湖南	西周早期	衡阳金兰市镈	1.51	0.43	0.42	0.64	0.96	0.28	0.28	0.42	0.64	0.99	1.49	2.25	1.51	2.27	1.51
		西周早期	资兴云纹镈	1.50	0.46		0.67	1.02	0.30		0.44	0.68		1.46	2.23			1.52
		西周早期	浏阳黄荆村镈	1.42	0.48		0.62	1.05	0.34		0.44	0.74		1.30	2.19			1.68
甬钟		西周早期	宁乡回龙铺钟	1.26	0.75	0.65	0.80	1.05	0.60	0.52	0.63	0.83	0.87	1.06	1.40	1.22	1.61	1.32
		西周早中期	浏阳澄潭钟	1.36	0.88		0.85	1.26	0.65		0.63	0.93		0.97	1.44			1.48
		西周早中期	湘乡马龙钟	1.35		0.75	0.87	1.19		0.56	0.64	0.88				1.15	1.59	1.37
		西周中期	衡山钟	1.29	0.79	0.69	0.77	1.16	0.61	0.54	0.60	0.89	0.88	0.99	1.47	1.12	1.67	1.49
		西周中期	湘潭洪家峭钟	1.32	0.85	0.73	0.84	1.23	0.64	0.55	0.64	0.93	0.86	0.99	1.45	1.15	1.68	1.47
		西周中期	湘潭小托钟	1.36		0.76	0.86	1.19		0.55	0.63	0.88				1.14	1.58	1.39
		西周晚期	湘乡坪如钟	1.26	0.83	0.70	0.82	1.10	0.66	0.55	0.65	0.88	0.84	1.04	1.33	1.24	1.57	1.35
		西周晚期	临武钟	1.20	0.80	0.67	0.83	1.23	0.67	0.56	0.69	1.02	0.84	1.00	1.54	1.25	1.84	1.48
		西周晚期	双峰大街钟	1.46	0.85	0.68	0.85	1.32	0.58	0.47	0.58	0.90	0.80	0.96	1.56	1.21	1.94	1.56
	广东	西周中晚期	博罗横岭山18号墓钟	1.31	0.89	0.70	0.85	1.27	0.68	0.54	0.65	0.96	0.79	0.97	1.42	1.21	1.80	1.49
		西周中晚期	博罗横岭山11号墓钟	1.26	0.83	0.67	0.81	1.17	0.66	0.53	0.64	0.93	0.80	1.00	1.40	1.21	1.74	1.44
		西周	连山三水甬钟	1.85	0.73	0.57	0.73	1.31	0.39	0.30	0.39	0.71	0.77	1.01	1.79	1.29	2.32	1.79
		西周	连山三水小甬钟	1.98	0.70	0.55	0.71	1.38	0.35	0.28	0.36	0.70	0.79	1.14	1.97	1.28	2.50	1.95
	福建	西周早期	武平平川甬钟	1.42	0.80	0.66	0.91	1.28	0.56	0.46	0.64	0.90	0.83	1.12	1.61	1.38	1.95	1.41
		西周晚期	建瓯南难甬钟	1.33	0.70	0.61	0.79	1.08	0.53	0.46	0.59	0.81	0.87	1.00	1.54	1.29	1.76	1.37
		西周早期	建瓯梅村钟	1.63	0.80	0.72	0.80	1.26	0.49	0.44	0.49	0.77	0.91	1.14	1.58	1.10	1.74	1.58
			西周总体	0.19	0.13	0.10	0.10	0.21	0.11	0.07	0.09	0.17	0.05	0.17	0.34	0.16	0.35	0.28
			西周铙	0.18	0.09	0.09	0.10	0.26	0.06	0.04	0.07	0.20	0.04	0.15	0.31	0.16	0.36	0.34
			西周甬钟	0.21	0.06	0.06	0.05	0.09	0.10	0.09	0.09	0.09	0.05	0.05	0.16	0.07	0.26	0.16
			湖南总体	0.18	0.16	0.11	0.12	0.26	0.06	0.06	0.09	0.22	0.21	0.19	0.38	0.18	0.37	0.34
			湖南铙	0.22	0.11	0.11	0.14	0.33	0.06	0.04	0.09	0.27	0.19	0.19	0.38	0.20	0.44	0.43
			西周镈/湖南镈	0.04	0.02	0.04	0.02	0.04	0.02		0.01	0.04		0.08	0.02			0.08
			湖南甬钟	0.07	0.04	0.04	0.03	0.08	0.03	0.03	0.03	0.05	0.03	0.03	0.07	0.05	0.13	0.08
			江西总体（铙）	0.11	0.04	0.04	0.03	0.08	0.05	0.12	0.05	0.03	0.05	0.05	0.09	0.06	0.08	0.08
			广东总体（甬钟）	0.32	0.08	0.07	0.03	0.08	0.15		0.14	0.12		0.02	0.24	0.04	0.33	0.11
			福建总体（甬钟）	0.12	0.04	0.05	0.06	0.09	0.03	0.01	0.06	0.05	0.06	0.06	0.03	0.11	0.09	0.09

附表三　东周越地未成编乐钟形制比例标准差分析表

钟类	地域	时代	钟名	舞广/舞间	舞修/中长	舞修/铣长	舞修/铣间	舞修/舞间	舞广/中长	舞广/铣长	舞广/铣间	舞广/鼓间	中长/铣长	中长/铣间	中长/舞间	铣长/铣间	铣长/鼓间	铣间/鼓间
铙	皖南	春秋	宣州小孙村铙	1.68	1.01	0.79	0.58	1.01	0.60	0.47	0.35	0.60	0.78	0.57	1.00	0.74	1.28	1.74
		东周	宣州车门口铙	1.71		0.99	0.75	1.23		0.58	0.44	0.72				0.76	1.25	1.64
句鑃		春秋	繁昌句鑃	1.14			0.57	0.89			0.50	0.78						1.56
		战国	安徽枞阳旗山句鑃	1.30			0.87	1.12			0.67	0.87						1.29
	江苏	春秋	张家港蔡含句鑃	1.44	0.62				0.43									
		春秋末期	丹徒王家山句鑃	1.31	0.70	0.62	0.73	0.97	0.53	0.47	0.56	0.74	0.88	1.04	1.38	1.18	1.57	1.33
	浙江	春秋	其次句鑃	1.34	0.59	0.51	0.82	1.14	0.44	0.38	0.61	0.85	0.86	1.38	1.93	1.61	2.25	1.40
镈	江西	春秋晚期	能原镈	1.25	0.80	0.80	0.79	1.05	0.64	0.64	0.63	0.85	1.00	0.98	1.32	0.98	1.31	1.34
甬钟			者减钟	1.33	0.87	0.74	0.88	1.20	0.65	0.56	0.66	0.90	0.86	1.01	1.38	1.19	1.61	1.36
			者减钟	1.34	0.93	0.78	1.19	1.19	0.70	0.59	0.89	0.89	0.84	1.28	1.28	1.52	1.52	1.00
纽钟		战国	宜丰辛会纽钟	1.34	0.76	0.64	0.91	1.19	0.56	0.47	0.67	0.89	0.84	1.19	1.57	1.43	1.88	1.32
			修水曾家山纽钟	1.10	0.60	0.55	0.84	0.92	0.55	0.50	0.76	0.84	0.91	1.39	1.53	1.53	1.68	1.10
镈		春秋晚期	衡南对江镈	1.44	0.75	0.75	0.87	2.00	0.52	0.52	0.60	1.39	1.00	1.16	2.67	1.16	2.67	2.30
		春秋早期	平江钟洞钟	1.39	0.73	0.73	0.87	1.83	0.53	0.53	0.63	1.32	1.00	1.19	2.50	1.19	2.50	2.10
甬钟	湖南	春秋	道县钟	1.29		0.62	0.86	1.15		0.48	0.67	0.89		1.39	1.79	1.39	1.85	1.33
			单面纹钟	1.55	0.63	0.56	0.81	1.13	0.41	0.36	0.52	0.73	0.88	1.28	1.79	1.45	2.03	1.40
			复线S形纹钟	1.57	0.70	0.56	0.77	1.28	0.44	0.36	0.49	0.81	0.81	1.10	1.84	1.36	2.27	1.67
纽钟		春秋	岳阳烂泥港钟	0.63	0.48	0.38	0.53	0.84	0.77	0.59	0.84	1.33	0.78	0.78	1.73	1.41	2.23	1.59
			衡阳毛家钟	1.03	0.58	0.50	0.85	0.89	0.56	0.49	0.82	0.86	0.87	1.46	1.53	1.68	1.76	1.05
铙	广东	东周	曲江钟式铙	1.57	0.63	0.52	0.78	1.07	0.40	0.33	0.50	0.68	0.83	1.24	1.71	1.50	2.07	1.37
			曲江钟式铙	1.24	0.91	0.77	0.81	1.03	0.73	0.62	0.65	0.83	0.85	0.89	1.14	1.05	1.34	1.28
			佛冈钟式铙	1.33	0.89	0.78	0.85	1.10	0.67	0.59	0.64	0.82	0.87	0.95	1.23	1.09	1.41	1.29
甬钟		春秋	清远马头岗甬钟	1.53	0.75	0.62	0.87	1.23	0.49	0.41	0.57	0.81	0.83	1.16	1.65	1.39	1.98	1.43
			清远马头岗2号墓甬钟	1.34	0.80	0.60	0.77	1.13	0.60	0.45	0.57	0.84	0.75	0.96	1.40	1.28	1.88	1.46
		战国	德庆落雁山钟	1.50	0.63	0.50	0.78	1.28	0.42	0.33	0.52	0.85	0.79	1.23	2.02	1.56	2.56	1.64
			云浮大街山钟	1.33	0.58	0.49	0.77	1.11	0.43	0.37	0.58	0.83	0.85	1.33	1.93	1.56	2.26	1.44
甬钟	广西	春秋晚期	恭城甬钟	1.48	0.82	0.59	0.83	1.22	0.55	0.40	0.56	0.82	0.73	1.01	1.49	1.40	2.05	1.47

钟类	地域	时代	钟名	舞修舞广	舞修中长	舞修铣长	舞修铣间	舞修鼓间	舞广中长	舞广铣长	舞广铣间	舞广鼓间	中长铣长	中长铣间	中长鼓间	铣长铣间	铣长鼓间	铣间鼓间
			东周总体	0.21	0.13	0.14	0.12	0.25	0.11	0.09	0.12	0.18	0.07	0.20	0.40	0.25	0.41	0.28
			东周铙	0.21	0.05	0.10	0.10	0.10	0.06	0.06	0.13	0.09	0.04	0.16	0.07	0.14	0.04	0.20
			东周镈	0.08	0.03	0.03	0.04	0.41	0.06	0.06	0.01	0.24		0.09	0.60	0.09	0.60	0.42
			东周甬钟	0.25	0.13	0.11	0.15	0.12	0.12	0.09	0.13	0.15	0.05	0.12	0.24	0.11	0.29	0.17
			东周纽钟	0.21	0.07	0.05	0.05	0.12	0.07	0.07	0.12	0.08	0.03	0.11	0.07	0.09	0.14	0.14
			东周句鑃	0.09	0.05	0.06	0.11	0.11	0.05	0.05	0.06	0.05	0.01	0.17	0.28	0.21	0.34	0.10
			皖南总体	0.24		0.10	0.12	0.13		0.05	0.12	0.10					0.02	0.17
			皖南铙	0.01		0.10	0.09	0.11		0.05	0.05	0.06				0.01	0.02	0.05
			皖南句鑃	0.08			0.15	0.12			0.08	0.04						0.13
			湖南总体	0.31	0.09	0.12	0.11	0.40	0.12	0.09	0.13	0.27	0.08	0.12	0.40	0.16	0.29	0.39
			湖南镈	0.02	0.01	0.01	0.00	0.09	0.00	0.00	0.01	0.04	0.00	0.02	0.08	0.02	0.08	0.10
			湖南甬钟	0.38	0.09	0.09	0.13	0.16	0.16	0.10	0.14	0.23	0.04	0.08	0.04	0.03	0.17	0.13
			江西总体	0.09	0.11	0.10	0.14	0.11	0.06	0.06	0.09	0.03	0.06	0.16	0.11	0.21	0.19	0.15
			江西甬钟	0.00	0.03	0.02	0.16	0.00	0.02	0.01	0.12	0.00	0.01	0.13	0.05	0.17	0.04	0.18
			江西纽钟	0.12	0.08	0.04	0.03	0.14	0.01	0.01	0.04	0.03	0.04	0.10	0.02	0.05	0.10	0.11
			广东总体	0.10	0.12	0.11	0.04	0.08	0.12	0.11	0.04	0.01	0.04	0.16	0.33	0.20	0.43	0.12
			江苏总体	0.06	0.04				0.05									

附表四　两周越地编钟正侧鼓音程音分值标准差分析表

时期	钟类	地区	钟名	钟号	音分	正侧鼓音程/音分					调音/音梁
						小二度	大二度	小三度	大三度	纯四度	
西周	甬钟	江西	吉水甬钟	296	447				447		无
				297	398				398		
				298	532					532	
春秋	甬钟	？	萍乡彭高甬钟	14945-1	300			300			不详
				14945-2	375				375		
			横8字纹编钟	21918	332			332			不详
				21914	221		221				
				21913	272			272			
春秋早中期	甬钟		东海庙墩编钟	450	298			298			有调音
				451	335			335			
				452	339			339			
				454	341			341			
				453	231		231				
				455	378				378		
				456	369				369		
春秋晚期	镈	江苏	六合程桥2号墓编镈	10:16947-3	475					475	有音梁
				10:16947-5	265			265			
			蓬溪编镈	10:25293	143						不详
				10:25294	317			317			
	纽钟		蓬溪编钟	10:25274	391				391		音梁、调音
				10:25275	340			340			
				10:25276	373				373		
				10:25277	337			337			
				10:25278	367				367		
				10:25279	412				412		
				10:25280	340			340			

时期	钟类	地区	钟名	钟号	音分	正侧鼓音程/音分 小二度	大二度	小三度	大三度	纯四度	调音/音梁
春秋晚期	纽钟	江苏	九女墩3号墓编纽钟	93PTM3:11	299			299			音梁、调音
				93PTM3:12	260			260			
				93PTM3:13	228		228				
				93PTM3:14	397				397		
				93PTM3:15	293			293			
				93PTM3:16	352						
				93PTM3:17	495					495	
				93PTM3:18	354						
				93PTM3:19	616						
			六合程桥2号墓编钟	10:16946	495					495	音梁、调音
				10:16947	356				356		
				10:16948	462					462	
				10:16949	461					461	
				10:16950	357				357		
				10:16951	387				387		
				10:16952	228		228				
			六合程桥1号墓编钟	10:8721-1	396				396		调音
				10:8721-2	343			343			
				10:8721-3	350						
				10:8721-4	244		244				
				10:8721-5	358				358		
				10:8721-6	306			306			
				10:8721-7	106	106					
				10:8721-8	379				379		
				10:8721-9	445				445		

时期	钟类	地区	钟名	钟号	音分	正侧鼓音程/音分					调音梁
						小二度	大二度	小三度	大三度	纯四度	
春秋	甬钟	广东	博罗岐头神编钟	639	219		219				音梁
				640	137	137					音梁
				641	574						音梁、调音
				642	-3						音梁、调音
				643	258			258			无
				644	599						音梁、调音
			清远马头岗1号墓甬钟	甲4391	190		190				无
				甲4392	201		201				
				甲4393	203		203				
			博罗苏屋岗编钟	甲1705	368				368		无
				甲1704	418				418		无
东周	镈		增城庙岭编钟	2	194		194				无
		江苏	九女墩 2号墩1号墓编镈	1	336			336			有音梁及调锉痕迹
				2	356				356		
				3	335			335			
				4	335			335			
				6	426				426		
战国早期	纽钟		连云港尾矿坝编钟	3:6300-1	339			339			调音
				3:6300-2	402				402		
				3:6300-3	427				427		
				3:6300-4	442				442		
				3:6300-5	313			313			
				3:6300-6	805/792						

时期	钟类	地区	钟名	钟号	音分	正侧鼓音程/音分					调音/音梁
						小二度	大二度	小三度	大三度	纯四度	
东周	纽钟	江苏	九女墩2号墩1号墓编钟	1	262			262			音梁、调音
				2	290			290			
				3	186		186				
				4	332			332			
				5	341			341			
				6	393				393		
				7	355						
				8	285			285			
战国	句鑃		淹城句鑃	1	274			274			无
				2	183		183				
				3	254			254			
				4	207		207				
				5	252			252			
				6	399				399		
				7	216		216				
			高淳松溪编句鑃	1	280			280			无
				2	249						
				3	209		209				
战国早期	纽钟	湖南	浏阳纸青村钟	22022 1/9	439				439		无
				22023 3/9	397				397		无
				22024 5/9	317			317			不详
				22025 7/9	242		242				
				22026 8/9	185		185				

（续表）

时期	钟类	地区	钟名	钟号	音分	正侧鼓音程 音分					调音/音梁
						小二度	大二度	小三度	大三度	纯四度	
			所有越地编钟			16	19	31	28	24	
			越地东周编钟			16	19	31	27	15	
			江西/西周编甬钟					0	30	0	
			江苏编钟			0	19	31	27	15	
			江苏编镈、甬钟、纽钟				20	27	27	15	
			江苏编句鑃				12	12	0		
			广东（编甬钟）			0	10	0	25		
			湖南（编纽钟）				29	0	21		
			音程数量			2	17	33	28	6	
			音程占百分比			2%	20%	38%	33%	7%	

附表五　商代越地未成编乐钟正侧鼓音程音分值标准差分析表

时期	钟类	地区	钟名	钟号	音分	正侧鼓音程/音分			
						小二度	大二度	小三度	大三度
商代晚期	铙	湖南	望城高冲铙	殷[八]2:14	195		195		
			浏阳柏嘉铙	铜343	148				
			宁乡陈家湾大铙	39207	211		211		
			宁乡月山铺大铙	1001	150				
			宁乡三苗地大铙	39208	132	132			
			宁乡师古寨象纹大铙	39202	222		222		
			宁乡师古寨兽面纹大铙	1633	425				425
					345			345	
			宁乡古寨铙	1632	120	120			
					190		190		
					25				
					135	135			
					25				
					145				
					90	90			
					70	70			
			岳阳费家河铙	39205	166		166		
商末			株洲兽面纹铙	22225	218		218		
			株洲兴隆铙	20828	264			264	
			株洲伞铺铙	21919	209		209		
商末周初		江西	新干大洋洲大铙	13921	不确				
				13922	109	109			
				13923	锈蚀				
商			宜丰牛形山大铙	001	155		155		
			泰和大铙	295	260			260	
			商代总体			23	23	39	0
			湖南铙			25	18	41	0
			总平均值			109	196	290	425

附表六　西周越地未成编乐钟正侧鼓音程音分值标准差分析表

时期	钟类	地区	钟名	钟号	音分	正侧鼓音程/音分		
						大二度	小三度	大三度
西周早期	铙	江苏	江宁许村兽面纹大铙	3:7246	392			392
西周	铙	江西	万载株潭大铙	14941	341		341	
			南昌李家庄大铙		333		333	
			宜春金桥大铙	14943	295		295	
			新余水西铜铙	C1-039	162	162		
			宜春蜈公塘小铙		221	221		
			萍乡邓家田大铙	14944	335		335	
			新余罗坊铜铙	3-268	317		317	
			靖安十里埠大铙	3-269	207	207		
			靖安梨树窝大铙		296		296	
			樟树双庆桥大铙	0013	234	234		
			新余界水大铙	14942	255			
西周早期	铙	湖南	长沙板桥铙	22230				
			株洲黄竹铙	20242	260		260	
			株洲头坝铙	21915	282		282	
			醴陵有枚铙	22231	193	193		
			安仁荷树铙	31012	238	238		
			衡阳岳屏铙	1:2000	246			
			衡南梨头铙	30号	382			382
			衡阳泉口铙	20号				
			衡阳贺家牌铙	3号	399			399
			桃江石牛铙	22229	207	207		
			浏阳澄潭钟	22228	381			381
			湘乡马弓龙钟		337		337	
西周早中期	甬钟		衡山钟	40	559			
西周中期			湘潭洪家峭钟	26770	415			415
			湘乡小托钟	28902				
西周晚期			湘乡坪如钟	20301	410			410
			临武钟	21920	172	172		

时期	钟类	地区	钟名	钟号	音分	正侧鼓音程/音分		
						大二度	小三度	大三度
西周中晚期	甬钟	广东	博罗横岭山18号墓钟	甲5050	441			441
			博罗横岭山1号墓钟	甲5049	380			380
西周			连山三水甬钟		223	223		
			连山三水小甬钟		234	234		
西周晚期		福建	建瓯南雅甬钟		472			
西周早期			建瓯梅村饶		304		304	
西周总体						25	26	20
西周饶						24	27	7
西周甬钟						27	17	23
江西（饶）						27	18	0
湖南总体						24	32	14
湖南饶						19	11	9
湖南甬钟						0	0	15
广东甬钟						6		31

附表七 东周越地未成编乐钟正侧鼓音程音分值标准差分析表

时期	钟类	地区	钟名	钟号	音分	正侧鼓音程/音分		
						大二度	小三度	大三度
春秋晚期	甬钟	江西	者盇钟	26903	213	213		
			者减钟	31	343		343	
	镈		衡南对江镈	32	378			378
春秋早期	甬钟	湖南	平江钟洞钟	16	428			428
			复线S形纹钟	22237	332		332	
春秋	纽钟		岳阳烂泥港钟	86-1	261		261	
			衡阳毛家钟	4	267		267	
东周总体						0	37	25
湖南总体							32	25
湖南甬钟							36	

371

附表八　羊角组钟正侧鼓音程音分值标准差分析表

时期	地区	钟名	钟号	音分	正侧鼓音程/音分			
					小二度	大二度	小三度	大三度
不详	广州	羊角纽钟		301			301	
东周	云南	万家坝角组钟	M1:13-a	132	132			
			M1:13-b	185		185		
			M1:13-c	185		185		
			M1:13-d	220		220		
			M1:13-e	263			263	
			M1:13-f	408				408
西汉	云南	石寨山羊角纽钟	石甲M6-125	289			289	
西汉	云南	罗泊湾羊角组钟	M1:37	323			323	
汉代	广西	浦北县大岭脚村后背岭羊角纽钟	3	406		226		406
			2	226		226		
			4	164		164		
			1	310			310	
西汉	广西	容县六王公社龙井炀羊角纽钟	30-2	49				
			30-1	70	70			
			30-3	62	62			
			30-4	142	142			
不详		浦北县印刷厂广羊角纽钟		309			309	
				198		198		
		总标准差			36	21	19	1
		战国时期标准差			0	16	0	0
		汉代标准差			36	31	12	0

后记

本书是2019年度教育部人文社会科学研究青年基金项目（项目名称为"中国先秦编钟统计学标准差研究"；项目批准号为19YJC760089）的阶段性成果，并受到该项目资助。

这部音乐考古学著作的完成，要感谢郑州大学音乐学院、音乐考古研究院的鼎力支持；感谢东海县博物馆朱磊馆长、邳州博物馆程卫馆长及馆内工作人员对笔者采风的帮助；感谢上海博物馆马今洪老师、江西省博物馆王宁老师对乐钟资料的提供；感谢陈坤礼先生对本文的技术支持。在此，我更要感谢父母多年来的支持，这条求学之路，回头看，是坚持，途中看，却尽是艰辛。于我如此，于父母亦然……

关于本书，王子初先生曾评价为"在研究方法上树立了一根重要的标杆"，王师所言应指本书所提出并践行的"编钟研究的标准差分析法"。这一新方法的运用所带来的回报是可观的，因为运用新的研究方法既可以做新题也可以做旧题；但对新方法的探索也是阻力重重，这主要因为学科间的沟通障碍是对双方而言同时存在的。本人正是在前后近三年的时间里，经历过无数次"鸡同鸭讲"的苦恼，最终才摸索出了适用于编钟分析的新方法。本人认为，各学科已日渐脱离单一领域的基础研究，而向更高层次的跨学科、多学科交叉方向发展。而对新方法、新技术的应用，应该也会成为未来推动学科尖端领域发展的重要动力。

最后，谨以此文作为阶段性研究成果，向郑州大学音乐考古研究院院长王子初先生致敬，感谢恩师的悉心教导与指引。在此，也向所有关心我的亲人、师长和朋友们，致以深深的谢意！

学海无涯，共勉！

隋郁

2019年4月14日